教育与心理统计学

■ 李运华　杨新宇　编著

江西高校出版社
JIANGXI UNIVERSITIES AND COLLEGES PRESS

图书在版编目(ＣＩＰ)数据

教育与心理统计学/李运华,杨新宇编著. --南昌：江西高校出版社,2020.11(2022.3 重印)

ISBN 978－7－5493－8388－7

Ⅰ. ①教… Ⅱ. ①李… ②杨… Ⅲ. ①教育统计—心理统计—统计学 Ⅳ. ①G40－051

中国版本图书馆 CIP 数据核字(2020)第 203222 号

出 版 发 行	江西高校出版社
社 址	江西省南昌市洪都北大道 96 号
总编室电话	(0791)88504319
销 售 电 话	(0791)88522516
网 址	www. juacp. com
印 刷	天津画中画印刷有限公司
经 销	全国新华书店
开 本	890mm×1240mm 1/32
印 张	12
字 数	320 千字
版 次	2020 年 11 月第 1 版 2022 年 3 月第 2 次印刷
书 号	ISBN 978－7－5493－8388－7
定 价	56.00 元

赣版权登字 -07 -2020 -1118

前　言

大数据时代，统计与信息技术无论是在自然科学领域还是在社会科学领域，都发挥着前所未有的作用。在社会发展与知识更新日新月异的今天，学校教育与心理研究不可避免地朝着更加复杂的纵深化方向发展。如何使学校教育教学水平与领导管理从经验性走向科学性，如何使心理研究适应当前多元文化背景中学校学生心理发展的需要，成为教育与心理学研究的关键问题。科学研究的开展需要依赖科学的研究方法，研究方法与研究工具的恰当性很大程度上决定了研究结果的信度、效度、深度和广度。教育与心理统计学是教育与心理学研究的一种重要方法，它从量的关系上把握质的规定性，利用数理统计的原理和方法寻找教育与心理现象背后隐藏的客观规律，并用数据说话，为研究本身的科学性和研究结论的正确性、可推广性增强解释力，为实现教育的科学管理与高效决策提供有效工具。在教育与心理研究的实践中，研究者常常会接触到不少量化问题，例如如何考察学生的学习效果，评估教师的教学水平；如何衡量学校教育教学质量的高低；如何考察不同班级、不同年龄层次学生心理发展水平的差异；如何找出影响学生心理、行为、学校工作的因素；等等。笔者在多年的研究工作中，越发深切地感受到教育与心理统计学知识对于研究者的重要意义。基于此，我们编写了此书，旨在满足目前本科教学、教师继续教育和教育行政干部培训的需要，为教育与心理研究工作者提供帮助。本书在编写过程中注意了以下几点：

1．按照应用统计学体系安排基本架构，保证较强的系统性。

2．在内容上坚持既通俗易懂又不失知识的逻辑性、既易学实用又不失内容的科学性原则，以教育与心理统计学的基本原理与方法为主线，着重强调各种统计方法的运用和SPSS 21.0在相应统计学方法中的实例实操，注重对各类统计结果实际含义的解释。

3．各章最后附有本章小结、注意及一定数量的思考练习题，便于读者自主学习与实践。

本书可供师范院校师生、教师继续教育和各级教育行政干部使用。

受作者知识水平和编写经验所限，书中定有不当或错误之处，望读者批评指正。

编著者

2020年3月

目　　录

第一章　绪论

第一节　教育与心理统计学概述

一、教育与心理统计学的研究对象

统计学是研究统计原理和统计方法的一门科学，它包含数理统计学和应用统计学两大分支。其中，数理统计学主要以概率论为基础，对统计原理和方法给予数学证明，对统计数据的数量关系模式加以科学解释。它是数学的一个分支。应用统计学是数理统计原理和方法在各个领域中的应用。它与研究对象紧密相关，如数理统计的原理和方法应用到工业领域，称为工业统计学；应用到医学领域，称为医学统计学；应用到教育领域，称为教育与心理统计学；应用到心理领域，称为心理统计学；等等。数理统计学与应用统计学联系很紧密，一方面，数理统计学是应用统计学的理论基础；另一方面，应用统计学是数理统计学的实践和应用，它使数理统计学的内容更加丰富和完善，也为数理统计学提出了实践中需要解决的新问题。

教育与心理统计学是把数理统计学的原理及其方法应用于研究并解决教育问题的一门应用科学。它是研究如何收集、整理、分析和解释由教育调查和教育实验所获得的数据资料，并以此为依据，进行科学推断，揭示教育现象所蕴含的客观规律的一门科学。

教育与心理统计学是教育管理和教育科学研究科学的一个重要分支。它为教育管理和教育研究提供了一种科学方法，是教育管理和教育科学研究定量分析的重要工具。它不仅有助于教育管理工作者提高管理水平、实现教育决策的科学化，同时也有助于广大教育工作者提高教育、教学质量，更有助于实验设计的科学合理化。

二、教育与心理统计学的研究方法

教育与心理统计学作为一门独立科学，不仅有自己的研究对象，而且有自己的研究方法。要探究教育与心理统计学的研究方法，首先必须明确教育与心理统计工作的任务。教育与心理统计学的全部研究过程包括密切联系的三个阶段，每一阶段各有其任务。为完成统计工作各阶段的任务，我们需要应用各种不同的研究方法。

（一）教育与心理统计学的研究过程包括三个阶段

1. 第一阶段——教育与心理统计资料的收集

教育与心理统计工作的成败，和教育与心理统计资料的收集密切相关。因此，为确保统计工作的顺利进行，必须严格地收集原始资料，在收集资料的过程中必须遵循三个原则。

全面性原则。即统计资料必须全方位、多角度地收集，使统计资料具有代表性和典型性。

准确性原则。即统计资料必须力求科学性，尽可能减小误差，排除干扰，确保统计资料准确、可靠。

客观性原则。即统计资料必须实事求是，不能弄虚作假，不能因主观需要而伪造数据，保证统计资料的真实、客观和科学。

2. 第二阶段——教育与心理统计资料的整理

教育与心理统计工作的第二阶段是统计资料的整理。其内容包括对原始统计资料的检查核实；统计资料的归类分组；统计表和统计图的绘制以及计算描述数据的特征量等。这样整理教育与心理统计资料，有利于下一阶段工作的顺利进行。

3. 第三阶段——教育与心理统计资料的分析研究

教育与心理统计工作最后阶段的基本任务是对已经整理的统计资料进行分析研究。主要内容是对整理后的数据进行比较对照，分析新情况，发现新问题，揭示教育问题的规律和发展趋势，最后将分析研究资料的结果写成分析报告。

　　教育与心理统计工作的三个阶段，虽说每一阶段的任务各有侧重，而且具有一定的独立性，但三个阶段却是一个统一的整体，它们相互关联、相互渗透，不能任意割裂。因此，任意一个阶段任务完成的好坏都将影响着整个统计工作的进程和质量。其中，收集资料是教育与心理统计工作的前提和基础，整理统计资料是统计工作的关键，分析研究统计资料是统计工作的最终目的。所以，在教育与心理统计工作中，我们应注重收集资料的准确性、全面性与客观性；整理资料的直观性、简明性和有效性；分析资料的科学性、准确性与系统性。只有这样，教育与心理统计工作的质量才能得到保证，教育与心理统计工作才能有效而顺利地进行。

　　（二）教育与心理统计资料的来源

　　教育与心理统计资料的来源极其广泛，概括起来，主要有四大来源，即观察、调查、实验以及文献资料，其中主要来源为教育调查和教育实验。

　　1．教育调查

　　教育调查是取得客观、真实和可靠统计资料的一条重要途径。教育调查的方法和种类较多，就调查范围分，有全面调查和非全面调查。

　　全面调查即普查。它是对全部对象加以调查。如对某地区学龄儿童身体素质的调查，对某地区的中学生心理健康的全部调查，都是全面调查。全面调查有其优点，也有不足之处。优点在于可以全面了解调查对象的情况，结果准确、全面、可靠。不足之处在于需要消耗更多的人力、物力、时间、信息，概括起来就是不经济。

　　非全面调查即抽样调查。它是从调查总体中抽选具有代表性的一部分个体进行调查。因此，非全面调查可以节省人力、财力和时间等。非全面调查包括重点调查、典型调查和抽样调查，其中最常用的是抽样调查。

　　重点调查的调查对象在研究总体中所占比重较大，或比重虽不大，但在被研究现象的发展中起着重大的作用。一般说来，按照调查任务的要求，凡在部分单位或少数地区能够反映所研究的项目和指标时，都可采用重点调查。在抽样调查以前，为了大致了解被调查单位的一般情况可以进行重点调查；在抽样调查以后，为了深入了解某一单位的情况也可以进行重点调查。可以说，重点调查是抽样调查的补充方法，二者可以结合运用。

典型调查是研究者根据需要选择一部分具有代表性的单位（或个体）进行的调查。典型调查可在较短时间内，用较少的人力、物力和时间，取得较大的效果。这种调查便于推广先进经验，树立先进人物。正因为如此，教育管理工作者大都愿意采用这种调查方法。要搞好典型调查，关键在于选好典型。要选好典型，必须将调查对象按照某种标准分类，然后从每一类型中选出具有代表性的典型个体（或单位）。

抽样调查是根据概率论从总体的全部单位（或全部个体）中随机抽取一部分进行调查，并根据调查结果推断（或说明）总体的特征或规律。抽样调查可以以较少的人力、财力和时间进行更全面、更深入的调查。抽样调查必须遵循抽样的随机原则，即保证被研究总体中的所有个体都有同样被抽取的机会。所以，抽样调查又可称为随机调查。

抽样调查可分为单纯随机抽样、机械抽样、分层抽样和整群抽样。

（1）单纯随机抽样

单纯随机抽样是从调查总体中完全随机地抽取调查单位（或个体）的一种方法。单纯随机抽样必须保证总体中每个个体被抽中的机会是均等的（即抽样的随机性），并且保证在抽取一个个体之后总体中的成分不变（即抽样的独立性）。

单纯随机抽样可通过抽签法或随机数码表法来实现。抽签法是先将总体中每一个个体都编上号码，再将每个号码写在签上，将签充分混合后，从中抽取几个（样本的容量）签，与被抽到的签号相应的个体就进入样本。随机数码表法是根据随机数码表随机抽取样本的方法。随机数码表是按随机的原则编制的，每2个数字为1小组，每个区组包括25个小组，即每行5个小组，每列5个小组。根据需要，可将每个区组当作任意位数使用，从任何一项任何一个数目开始，从左到右或从上到下均可。比如，我们要从2000个学生中抽取100个学生作为样本，可先将2000个学生编号，然后从随机数码表中任意一个数字开始向任何一个方向摘取数字，以4个数字为1组，共取100组。假如我们在随机数目表中的第11行第1列开始向右摘取数字：1818，0792，4644，1716，5809，7983……所取的这些4位数中，凡大于2000小于4000者均减2000，大于4000小于6000者，均减4000，使每一组数字都不大于2000，即1818，792，644，1716，1809，1983……被编为这些号码的学生，就组成我们所需要的单纯随机样本。

（2）机械抽样

机械抽样是按与研究问题没有直接关系的标志把总体中的各单位（或个体）加以排列，依一定距离机械地抽取调查的对象。机械抽样可以通过把总体中的所有个体按一定的顺序编号，然后依固定的间隔取样。例如，为了了解某市中学毕业班学生的英语学习情况，假设全市毕业班学生总体有15000人，要抽取150人作为样本。可先将这15000名学生的英语测验分数由低到高排列，并从1至15000编号，然后按101，201……号码的顺序和间隔抽取样本。

机械抽样比单纯随机抽样更能保证抽到的个体在总体中的分布更加均匀，而单纯随机抽样比机械抽样的随机性强，因为单纯抽样对上例来说，只有100个可能样本：即由第1，101……号分数组成的样本，由第2，102……号分数组成的样本。至于从中取哪一个作为样本可以随机确定。

机械抽样和单纯随机抽样二者也可以结合使用。如上例先按机械抽样原则在第1，2……100号分数中抽取1个，同样在第101，102……200号分数中也随机抽取1个，如此抽下去。所组成的样本既可保持分布的均匀，又扩大了各个个体随机组合的可能性。

（3）分层抽样

分层抽样是把总体中各个个体按照一定标志分为不同类型或层次，然后从各类型或层次中随机抽取若干个体，从而构成样本。将总体按照一定标准分类的基本原则是，层内差异要小、同质性要高，层外差异要大，否则就失去分层的意义。

例如，对某校800个学生的品德情况进行了解，拟取40个学生作为样本，即抽样比率为 $\frac{40}{800} = \frac{1}{20}$。那么，可先根据一定的标准将800个学生分成优（160人）、良（320人）、中（240人）、差（80人）四部分，然后从各部分中用单纯随机抽样或机械抽样的方法，各抽取 $\frac{1}{20}$，即从优等中抽取 $160 \times \frac{1}{20} = 8$（人），从良等中抽取 $320 \times \frac{1}{20} = 16$（人），从中等中抽取 $240 \times \frac{1}{20} = 12$（人），从差等中抽取 $80 \times \frac{1}{20} = 4$（人），组成一个样本。

（4）整群抽样

整群抽样是指抽取的对象以某个群体为单位而不是以个体作为单位的抽样方法。这种方法的优点是便于组织，缺点是代表性较差，因而也较少采用。

2．教育实验

教育实验是指在预定的控制因子的影响下，对教育方面的客观事实所进行的观察和分析。

常用的实验法有单组实验、等组实验和轮组实验。

（1）单组实验

单组实验是向一组实验对象施加一个或数个实验因子，然后测量其发生的变化，借以确定实验因子的效果。

单组实验必须具备以下条件：

第一，后一实验因子与前一实验因子不发生影响；

第二，其他非实验因子所产生的影响在实验前后应保持一致；

第三，测验数据准确、可靠。

单组实验的优点是简单易行，缺点是后一实验因子易受前一实验因子的影响。

（2）等组实验

等组实验是指在甲、乙两组条件相当的情况下，对之施行不同的实验处理的实验方法。

采用这种实验方法最关键的一点是力求各组条件相当。要做到这一点，可采取以下方法：

其一，随机取样法。把各组学生编上号码，用抽签法或随机数码表法抽取若干实验对象，或把各组学生按姓氏笔画顺序排列抽取实验对象。

其二，测验选择法。对被试进行测验，使各组成绩尽量相当，即差异不显著。实验开始时要保证总平均数相当，标准差也相当。

这种实验法虽然克服了单组实验的缺点，但很难做到各组条件完全相当。

（3）轮组实验

轮组实验是将各实验因子轮流施行于各组，然后根据每一因子所产生的变化之总和确定实验效果。

假定甲组先进行集中识字实验（A 因子），然后进行分散识字实验（B 因子）。两种实验效果分别用 $C_{A甲}$ 和 $C_{B甲}$ 表示。

假定乙组先进行分散识字实验（B 因子），然后进行集中识字实验（A 因子）。两种实验效果分别用 $C_{A乙}$ 和 $C_{B乙}$ 表示。

其中，集中识字所产生的效果之总和 $= C_{A甲} + C_{A乙}$；

分散识字所产生的效果之总和 $= C_{B甲} + C_{B乙}$；

轮组实验的实验结果 $= (C_{A甲} + C_{A乙}) - (C_{B甲} + C_{B乙})$。

轮组实验的优点是，减少了无关因子的干扰，省去了谋求各组条件相当的麻烦，一定程度上保证了实验结果的准确、可靠。其缺点是，实验次数增多，带来了麻烦，也要花费更多的人力和时间。

（三）教育与心理统计学的研究方法

为更好地完成统计工作各阶段的任务，应当采取各种不同的研究方法。这些方法的总体就构成了教育与心理统计学的研究方法体系。

教育与心理统计学的研究方法主要有图表法、特征量计算法、大量观察与个案研究相结合法、统计分组法以及统计检验法等。

1. 图表法

图表法是借助几何图形或表格来表现已整理好的由教育调查和教育实验所获得的统计资料的一种方法。它有助于体现教育现象的发展趋势和特点。图表法的形式为统计图和统计表。

2. 特征量计算法

特征量计算法是用特征量（如集中量、差异量与相关系数等）来描述统计资料，用以综合地反映统计资料的一般情况的方法。特征量计算法也称综合指标计算法，教育与心理统计学之所以采用这种方法，是因为教育所研究的大量现象总是通过数量综合地把它的一般特征和典型特征表现出来。

3. 大量观察与个案研究相结合

大量观察就是对研究对象的全部或足够数量的个体进行调查研究，使其中非本质的偶然因素互相抵消或者削弱，从而显示研究对象总体的一般特征或规律性的东西。教育与心理统计学采用大量观察法的主要原因有两个：一、只有通过大量观察才能排除个别偶然因素对本质特征的影响，因为在大量综合研究的情况下，偶然因素是可以互相抵消的；二、客观事物的规律是通过大量现象才得以识别的，只有通过大量观察才能认识所研究现象的总的情况和趋势。

教育与心理统计学在研究教育问题时，除采用大量观察法外，还必须采用个案研究法，借以了解特殊现象。只有把这两种方法相结合，我们才能全面深入地认识教育现象的基本情况。

教育与心理统计学所采用的大量观察与个案研究相结合法，是根据"必然性通过偶然性表现出来，一般通过个别表现出来"的原则确定的。

4. 统计分组法

统计分组法是把大量统计资料按一定的标志划分为性质相同的若干部分的方法。教育与心理统计学采用统计分组法，是由教育现象的复杂性确定的。如果我们不用这个方法把各种不同类型的现象区别开来，就难以搞清它的特点和规律。统计分组法的任务在于区分教育现象的类型，反映教育现象的总体结构，揭示教育现象之间的内在联系和依存关系。

5. 统计检验法

统计检验法是指把教育调查和教育实验结果用数理统计方法予以处理的方法。通常的教育与心理统计检验方法有：z（或 u）检验、t 检验、F 检验和 χ^2 检验等。教育与心理统计学之所以采用统计检验法是因为统计检验法能比较客观地解释教育调查和教育实验所获得的结果，以便科学地评价结果。

在研究教育问题时，我们可根据需要选用具体方法，而且往往把上述各种方法结合运用，以便对所观察的现象从数量方面予以综合的说明和科学解释，以发现其发展趋势和规律。

三、教育与心理统计学的研究内容

教育与心理统计学的主要内容有描述统计、推断统计与实验设计三个部分。本书主要研究前两个部分。

（一）描述统计

描述统计的主要目的是简缩数据和归纳数据，把数据按特征分类，然后制成表格和绘成图形，使抽象、繁杂的统计数据变得直观和易于理解，并计算这些数据的特征量，以揭示这些数据在某方面的特征。

描述统计的主要形式有两种：统计图表以及计算特征量。

（二）推断统计

推断统计是根据样本信息在具有一定可靠性的基础上去估计和推测总体信息。推断统计实际上是从较少的一个群体的各种数据中获取信息，并把它合理地推广应用于较多的一个群体中去，从而得出科学的结论，用以指导教育实践和教育科学研究。

推断统计的主要内容包括：如何抽样，如何对假设进行检验，如何对不同实验方法进行预测等。

（三）实验设计

实验设计是为了揭示实验中自变量与因变量的关系，在实验之前所做的实验计划。由于实验对象具有复杂性和多变性，教育实验是一种非常复杂和多变的工作，因此，在进行教育实验之前，我们必须搞好实验设计。只有这样，教育实验才能收到预期的效果。

实验设计的主要内容有：确定实验课题和实验内容，选取实验样本和选择实验方法，规定实验期限以及实验数据处理等。

实验设计实质上是一种理论研究工作，理论研究工作的典型步骤有：

1. 提出实质性问题

在科学研究工作中，我们首先必须提出问题，并确定问题的焦点，即明确究竟要研究什么，然后选择材料和对象，并制定能取得论据的计划。提出实质性问题是科学研究工作的出发点。

2. 形成统计问题

形成统计问题是指选择一种统计模式用以帮助组织所收集的数据。形成统计问题的关键是必须选择好统计模式。选择的统计模式必须简单易行，且具有较强的针对性和说服力。

3. 得出统计结论

统计结论一般是指以量化方式来描述研究的效果。统计结论与数据的性质有关，即不同性质的数据应有不同类型的统计结论。比如，描述数据的集中趋势可以用平均数表示；描述数据的离散程度可用标准差表示；描述数据之间的相关程度可用积差相关、等级相关或点双列相关等表示。

4．得出实质性结论

根据统计结论可以对研究效果给予定性的评价，最后得出实质性结论。这是科学研究的最终目的。

在进行实验设计时，第一步和第二步应该一并考虑。同时，第四步也应当有所预测，有所考虑。第三步是描述统计和推断统计的内容，它不是实验设计的任务。

第二节　教育与心理统计学的作用

教育与心理统计是认识教育现象的有力武器，是教育行政工作科学化的有效工具，是进行教育研究不可缺少的科学方法，也是教师进行教学质量分析的重要工具。它对开展教育科学研究，提高教育工作质量，普及教育与心理统计知识和方法，发展我国的教育科学，都具有重大的作用。具体说来，它有以下几点作用：

一、教育与心理统计是国家了解教育情况、制定教育政策、指导教育工作，使教育行政工作科学化的有效工具

教育与心理统计是认识教育现象的有力武器。毛泽东同志在《党委会的工作方法》一文中指出：要"胸中有'数'"。这是说，一定要注意到情况和问题的数量方面，要对基本事物进行数量的分析。还说："我们有许多同志至今不懂得注意事物的数量方面，不懂得注意基本的统计、主要的百分比，不懂得注意决定事物质量的数量界限，一切都是胸中无'数'，结果就不能不犯错误。"

要实现教育事业的可持续发展，办好学校，提高教育质量，就必须按照教育的客观规律办事。而运用质量与数量辩证统一规律，从数量上了解情况，进行数量分析，是探索和认识客观事物发展变

化的一种认知手段。研究教育问题和研究其他问题一样，都必须进行调查，搜集大量的数据进行统计分析，这样才能更好地认识教育现象的发展规律和发展趋势。

教育工作的内容是极为广泛和复杂的，无论从事一般的教育行政管理工作还是学校的教务工作，如教育经费的分配，人才的培养和使用的研究，课程设置与学分的规定，学生成绩评定方法的研究，都需要运用教育与心理统计知识。

二、掌握教育与心理统计学的理论和方法，能够帮助教育科学研究工作者正确处理教育实验取得的数据，以提高科学研究的质量和效能

要发展教育事业，要建立自己的教育科学，要有所创新，摸索出现代教学与教育规律，就必须积极开展教育实验和研究。要搞实验，就必须讲究科学的方法，否则不可能认识和发现新的教学与教育规律。从事教育科学研究工作，除进行定性分析外，还必须进行定量分析，教育与心理统计中有很多分析实验数据的方法。无论是进行实验设计，还是开展教育实验研究，都需要掌握统计知识和方法。只有运用统计方法对实验研究的成果进行解释说明，才能提高科学研究的质量。

当前国内外教育和心理方面的研究报告和专著，多是采用科学的统计方法，采用统计的专门术语来分析和解释研究成果的。所以，掌握统计知识与方法，有助于教育理论知识的丰富和提高。

三、掌握教育与心理统计方法，有助教师正确比较学生学习成绩，进行教学质量分析

为了研究学生学习能力、智力和心理的发展情况，研究教学改革的实际效果，教师需要经常对学生的学习成绩进行比较，对教学质量进行分析判断。要比较学生的学习成绩，不能仅看其分数的多少，还必须考虑学生在全体学生中所处的地位，这就要我们计算标

准分数和百分等级。要分析某学科两种教学方法的教学效果有无显著差异，也不能只用两者的平均分数相比，还必须进行差异的显著性检验，才能正确地说明两种教学方法的教学效果是否真有差别。总之，教学工作需要教师掌握和运用各种教育与心理统计方法。

四、学习教育与心理统计学有助于培养学生的逻辑思维能力与实事求是的科学态度

教育与心理统计学具有严密的逻辑性，它对于培养学生的逻辑思维能力，使之形成科学的推理与思考方法和思维习惯，具有其他学科无法比拟的重要作用；同时，无论是从零乱资料中找出基本特征，还是从已知事实推断未知的总体特征，找出内在规律，都需要从实际出发，对客观事实进行去粗取精、去伪存真、由此及彼、由表及里的工作，用科学方法来研究客观存在的教育现象。因此，学习教育与心理统计学不仅能帮助学生掌握科学的研究方法，而且对于培养他们实事求是地对待一切事物的唯物主义态度，也是非常有必要的。

第三节 教育与心理统计学的基本概念

一、被试

被试是教育与心理统计研究中的一个重要概念。被试即被研究者的简称。被试通常也称为受试或研究对象。在不同研究中，被试有不同的称呼，如实验研究的对象为实验被试，观察研究的对象为观察被试。

二、总体和样本

在进行教育实验或教育调查之前，我们首先要确定研究的对

象。研究对象的全体，统计学上称为总体，总体一般用大写的英文字母N来表示。总体中的每一个研究对象称为个体。总体是由个体所构成的，个体则是总体中的分子。例如，我们要研究广东省初三年级学生的身高情况，那么，广东省所有初三年级学生的身高便构成一个总体。其中每一位初三学生的身高都是个体。当然，如果时间、人力、物力等条件允许，对事物的总体进行研究，可以得到全面而又精确的结论。如全国人口普查就是一个总体研究的典型例子。但是，有时候对总体进行研究不但没有必要，有时甚至是不可能的。比如要研究一种新的爆炸性武器的杀伤力，如果要对总体逐个进行试验，那简直是不可思议的事情。在这种情况下，我们只能在这种新产品中抽取一部分个体做试验，得到某种信息，然后通过这种信息对该新式武器的全体的杀伤力做出估计。这种在总体中抽取一部分个体所构成的集合，称为样本。样本中所含个体的个数称为样本的容量。样本的容量一般用小写的英文字母n表示。

样本是从总体中抽取出来的，它在一定程度上代表总体的特征和性质。但样本毕竟只是总体的一部分，况且在抽取样本的过程中不可避免地会发生误差，因此，样本不可能十分精确地反映出总体的性质。为了使样本更精确地反映总体的特征，我们要保证样本具有一定的代表性和容量。样本容量越大，用样本特征推断总体特征就越准确。但样本容量越大，调查、计算等各方面的工作越不便。因此，我们要根据具体问题确定样本容量的大小。

样本可分为大样本和小样本。大、小样本之分并没有明确的界限，我们要依据研究、实验的要求和条件加以确定。在统计上，一般样本容量$n \geqslant 30$称为大样本，$n < 30$称为小样本。

总体、样本和个体之分是相对的。在某种研究条件下是总体，在另外一种研究条件下却是样本，甚至是个体。反之亦然。如要研究广东省初三学生的身高情况，在这种特定的研究情境中，广东省所有初三学生的身高便是总体。若要研究全国初三学生的身高情况，那么，广东省初三学生的身高便只是一个样本了。如果以省为单位进行抽样，那么广东省所有初三学生的身高便变成一个个体了。由此可以看出，总体、样本和个体在不同情况下，是可以互相转化的。

三、变量

教育和心理研究中，在性质、数量上可以变化的量以及测量或操纵的因子或条件，称为变量。如学生的学习内容、年龄、性别、能力等，由于这些并不是固定不变的，故称为变量。与变量相反的是常数，常数是在一定条件下不会改变的一种量数。如圆周率 π 和 $\sqrt{3}$ 就是常数。

四、随机、随机事件和随机变量

随机即随机现象。具有以下两种特征的现象，称为随机现象。第一，一次试验有多种可能结果，其所有可能结果是已知的；第二，可以重复试验。例如，抛一枚硬币，有两种可能结果，不是正面朝上，就是反面朝上。究竟哪面朝上，事先不能预料，相同的条件下可以重复抛多次，这种现象是随机现象。随机现象的每一种结果叫作一个随机事件。表示随机现象各种结果的变量称为随机变量，统计处理的变量都是随机变量。

五、误差

误差是指测定的观测值与真值之差，或估计值与实际值之差。误差可以分为随机误差、系统误差和抽样误差三种类别。

随机误差指由与研究目的无关的难以控制的偶然因素所引起的误差。随机误差无法完全避免，但是，如果严格按照规则办事，则可缩小随机误差，提高测量和统计的精度。

系统误差指由与研究目的无关的因素所引起的有规律性的、相对固定的误差。引起系统误差的原因有很多，我们必须认真检查研究的各个方面，控制和消除系统误差。

抽样误差指由抽样而所生的误差。抽样误差属于随机误差的范畴。由于它在统计中具有重要地位，所以人们专门列条陈述。

六、定性研究与定量研究

对教育科学的研究可分为定性研究和定量研究两种方式，两种方式分别从不同的侧面对教育中所包含的信息进行加工和处理，从而得出研究的结论。

对教育的定性研究一般是对教育的研究内容进行质的分析，通过分类选取典型例证的方式对信息重新组织和在描述性的基础上得出结论。定性研究要注重全面把握信息，揭示信息之间的逻辑关系。

对教育的定量研究是指对教育中所包含的信息采用一定的方法、技术进行量的分析。与定性研究相比，其基本特征就在于它是将文字的、非定量的信息转化为定量的数据。定量研究虽然被称为对教育信息的数量化研究，但实际上它离不开对信息的质的把握。因此，定量研究与定性研究相结合才能增加研究的深度并弥补自身信息量化方面的缺陷和不足。

七、样本统计量和总体参数

研究总体或样本，只是研究它们中的某些特征，而这些特征，在统计学上最终以数量或数学表达式的形式表现出来。这种由样本资料直接计算所得出的能代表样本各种特征的各种量数，统计学上称为样本统计量，简称统计量。样本统计量一般用英文字母表示，如平均数 $\overline{X}$、标准差 S、相关系数 r。由总体的资料直接得到，或由样本统计量推断得到的能代表总体的各种特征的各种量数称为总体参数，简称参数。总体参数一般用希腊字母表示，如总体平均数 μ、标准差 σ、相关系数 ρ。例如，我们要研究某省所有初三学生的数学水平，由于条件限制，我们只随机抽取200名学生进行测验。那么，这200名初三学生的数学成绩的平均数和标准差就是样本统计量。若用这200名学生的成绩的平均数和标准差去估计某省所有初三学生数学成绩的平均数和标准差，则得到的这个平均数μ和标准差σ就是参数。样本统计量和总体参数是统计学中两个最重要的概念。

思考与实践

1. 简述教育与心理统计学的概念及主要研究内容。
2. 简述教育与心理统计学的研究方法。
3. 教育与心理统计有哪些功能？
4. 教育调查与教育实验有什么意义？
5. 误差的类型有哪些，分别是由什么原因造成的？
6. 比较样本统计量与总体参数的异同。
7. 抽样调查的种类有哪些？各有什么特点？请尝试与你的同伴拟定一个教育与心理研究主题，并选取恰当的抽样方式开展调查实践。

第二章　数据的整理

在教育、教学、管理等各项活动中，通过调查、测量、实验可以获得大量原始的数据。这些数据，在整理之前，呈现在我们面前的是杂乱无章的，不能为我们提供认识事物的清晰的数量特征。只有经过归纳整理的数据，才能使我们把握事物的本质和发展趋势，从而达到了解现象、认识事物的目的。

第一节　数据的一般概述

一、数据、变量和观察值

数据是对客观事物进行观察和测量所获得的数值。例如，我们称得某一学生的体重为52公斤，通过测验得到某一学生的数学成绩为83分，这里的52公斤、83分都是测量的结果，称为数据。但是，在获得结果之前，我们并不能预料到能取得什么具体的数值，而只能用X_i表示这个未知的数值。而且，随着测量对象、情境等的变化，这个X_i有可能发生变化，即可以取不同的数值，这种量称为变量。例如，在我们进行数学测验之前，我们并不能预料张三和李四此次测验的分数，因此我们只能用X_i和X_j来表示，X_i和X_j就是变量。一旦测验结束，张三和李四的分数便见分晓，例如，张三得68分，李四得85分。68和85这两个已经确定了的数值，我们称为变量X_i和X_j的一个观察值，也就是具体的数据了。从这里可以看出，变量是具有不确定性的数学符号，而数据和观察值则是已经确定了的具体数字。

二、变量或数据的种类

根据不同的分类标准，我们可以把变量或数据分成不同的种类。

（一）根据变量之间的相互关系划分，我们可以把变量分为自变量和因变量。在一个实验中，实验者所操纵的能独立变化的变量称为自变量；因为自变量的变化而变化的变量称为因变量。例如，在学生的年龄和身高这两个变量中，年龄不同，身高也不同。身高是随着年龄的变化而变化的，因此，年龄是自变量，而身高是年龄的因变量。自变量和因变量往往可以用函数式加以表示，即 $y=f(x)$，x 是自变量，y 是因变量。

（二）按变量的分布情况划分，我们可以把变量分为连续变量和间断（离散）变量。连续变量是量尺上任意两点之间都可以加以无限细分，并得到无限多个大小不等的数值的变量。如100厘米与101厘米之间，我们可以得到100.5厘米、100.512厘米等无限多个数值。这类变量就是连续变量。间断变量是指量尺上任意两点之间不能再加以细分的变量。如班级人数，有45或46人，而在45与46之间不可能再分出其他的数值。间断变量也称为离散变量，它在数轴上只表示一个点，它一般由计数得到；而连续变量在数轴上表示一段距离，而非孤立的一个点，它一般由测量得到。这就是两者的显著区别。

（三）按变量的性质划分，我们可以把变量分为称名（类别）变量、顺序变量、等距变量和等比（比率）变量。称名变量表示事物在属性与类别上的不同。例如，我们把学生按性别分类时，常用数字"1"表示男生，"0"表示女生，以便于统计、分析、处理。例如学生学习成绩的第1名、第2名……则是顺序变量。顺序变量既没有相同的单位又没有绝对的零点，只能比较顺序或大小，不能进行代数运算。等距变量是具有等值单位和相对零点的变量。例如，温度的度数就属于等距变量。等距变量因为具有等值单位，因而能够进行加减运算，而不能进行乘除运算。等比变量是既有等值单位又有绝对零点的变量。例如，学生的身高、体重等就属于等比变量。等比变量能够进行加减乘除四则运算。

三、连续数据的实限

前面说过，连续变量中的每一个值代表数轴上的一段距离，这就出现了所代表的距离有多大范围的问题，也就是数据的实限问题。一个数据所代表的实际范围，称为该数据的实限（即实际界限），包括从等于或大于该数据的下实限至小于该数据的上实限之间无数个数据。如连续数据"5"的实限是指等于或大于4.5至小于5.5之间所包含的那些实际存在的数值。4.5称为5的实际下限，简称下实限，5.5称为5的实际上限，简称上实限。

在统计学中，我们必须从测量数据的表示形式来了解它所表示的上、下实限。如我们得到某一测量数据30，这个30实际上是一种表现形式，而不是实际范围，30的实际范围是［29.5，30.5）。这是因为测量都有误差，每一个测量数据几乎都是近似值，而近似值是无法表述的。因此，我们便把［29.5，30.5）之间的任何一个数值表述成30了。

一个测量数据的上、下实限，就是这个数据分别加上或减去它最后一个数位的半个单位所得的数。例如，15这个数，它的最后一个数位是个位，个位的单位是1，所以半个单位是0.5，因此，它的上实限为15+0.5=15.5；下实限为15-0.5=14.5。又如1.5这个数，它的最后一个数位的单位是0.1，半个单位是0.05，因此，它的上实限为1.5+0.05=1.55；下实限为1.5-0.05=1.45。如果一个测量数据的表示形式为15.00，说明它的最后一个数位是百分位，百分位的单位是0.01，因此，它的上实限为15.00+0.005=15.005；下实限为15.00-0.005=14.995。其他依此类推。

第二节　数据的收集与审核

统计分析的前提是要有数据，统计数据需要我们去收集。统计资料收集是根据统计研究的目的和要求，采用一定的组织形式与科学方法，采集与研究有关信息资料的工作过程。

一、数据的来源

统计数据按照来源可以划分为两类，一种是原始数据，另一种是第二手数据。

原始数据又称作第一手数据，是反映被调查对象原始状况的资料，如原始记录数据、调查问卷数据、实验结果数据。这些数据能够直接满足统计目的的需要，是最新的数据。学生的考试成绩就是原始数据。原始数据是统计数据最基本的来源，统计调查或进行实验是数据的直接来源，它的特点表现为可靠、费时、代价高。

第二手数据是已经存在的经他人整理分析过的资料，分别有：①公开出版的统计数据，如来自官方的统计部门、政府、组织、学校和科研机构的数据。②尚未公开发表的数据，如一些报表数据。第二手数据的特点表现为便利、省时、经济，但可靠性差。使用第二手数据时需要注意以下几点：（1）注意数据的含义、计算口径和计算方法，避免误用或滥用；（2）注意数据的时效性，不能用过时的数据；（3）清楚并保证数据的来源和可靠程度；（4）注明数据的出处，以尊重他人的劳动成果。

问卷调查是我们研究的主要数据来源。研究者选取具有代表性的研究对象，利用研究工具即调查问卷对研究对象进行施测。研究对象的选取一般采用随机取样，若研究对象中存在明显的不同群体，则需要分层或分类随机抽样。分层随机抽样是先将总体按某种标志划分为若干层，然后从各层中随机抽取一定数量的单位构成样本，例如样本中有男、女不同群体，则需要分别对男、女群体进行抽样。分层抽样可以提高样本的代表性，提高研究的精度。如果有必要，可以按比例分层抽样。图2-1是一篇论文中所表述出来的收集数据时的样本情况[①]。

(一) 研究对象

选取广东省五华县、丰顺县、平远县、紫金县、和平县、龙川县共13所中小学，江西省信丰县、龙南县、定南县、全南县、寻乌县共11所中小学，福建省永定县、上杭县、武平县、长汀县、平和县、漳浦县共13所中小学，抽取以上37所学校的教师为被试。按一定比例分年级、分学科随机抽取样本，在37所中小学共发放问卷2000份，收回有效问卷1855份，回收率为92.75%。数学教师578名、语文教师650名、英语教师435名、其他学科教师192名。

图2-1

二、数据的审核整理

数据的整理也叫统计整理，是根据统计研究的目的，将统计调查所得到的原始资料进行加工，为统计分析准备资料的工作过程。统计整理是统计调查的继续，是统计分析的前提，在统计研究中起着重要的作用。

数据的整理的主要工作是对数据进行审核。为了保证数据的质量，为整理和分析打下基础，通常要对调查阶段取得的数据进行审核和筛选。我们对原始数据主要进行完整性和准确性两方面的审核，对第二手数据还要进行实用性和时效性的审核。审核统计数据主要目的是审核数据的可靠性，以确保资料的可靠性和可信性，在研究论文中一般都需要说明这一环节。图2-2是一篇论文中所表述出来的数据审核整理结果[②]。

---

① 资料来源：《基础教育》，2016年4月第13卷第2期。
② 资料来源：《武汉理工大学学报（社会科学版）》，2013年第26卷。

在 11 所高校共发放问卷 2300 份,剔除无效问
卷,回收有效问卷 2053 份,实际有效回收率为
89.26%。

图 2-2

审核资料是对原始资料进行初步的审查和核实。对审核中发现的错误,我们应当进行纠正;如不能纠正,或存在不符合要求的数据时,就需要对数据进行筛选,剔除不合格的资料。不符合要求的数据主要有三种:缺失、可疑、失误。

第一种是缺失:指数据不全或有缺项未填。例如一份资料中没有回答的问题占10%以上,或者缺少关键性资料,如研究对象是男、女的,性别那栏没有填。

第二种是可疑:指难以辨认或怀疑其真实性的数据。例如,有的被试填写的问卷全部选同一个选项(如全选A或全选B);有的被试填写的结果可以看到是一种规则的排列方式(如 A、B、C、D、E、D、B、C,A、B、C、D、E……)。

第三种是失误:指存在明确差错的数据或答案。例如,选项中没有E的,但回答选了E。

在剔除不合格问卷的过程中,我们不能把一些不符合自己主观假设的数据随意去掉。

在数据整理与审核完毕后,我们就可以根据不同类型的数据采用不同的统计方法来进行数据的处理和分析。比如,对称名数据,通常计算出各组的频数或频率,进行列联表分析和卡方检验等;对顺序数据,可以计算等级相关系数等非参数分析;对等距数据和等比数据可以用更多的统计方法进行处理,如计算各种统计量、进行参数估计和检验。我们所处理的大多为定量数据。

第三节　次数分布表和次数分布图

为了使所获得的大量原始数据能直观而清晰地反映事物的特征

和本质，必须对原始数据进行加工整理，然后用表格或图形的形式来表示。这就是统计表和统计图。本节我们主要介绍与后面的内容有重要关系的次数分布表和次数分布图。

次数分布是指一群分数中的每一个数值（或一组数值）所出现次数的分布情况。一般将这群分数按一定的标志和一定的顺序排列，便是次数分布；当数据较多时，将全部数据按大小分成若干组，将数据分别归入各组，然后用表格的形式呈现，便是次数分布表。

次数分布表和次数分布图是统计表、图的一种，这种图表对数据的整理和分析有重要的作用。

一、简单次数分布表（简称次数分布表）

让我们用例子来说明次数分布表的编制步骤。

下面是某校初二（1）班50名学生的几何期末考试成绩：

93．87、98、82、75、77、78、79、84、72、78、75、85、87、70、60、57、49、76、74、80、86、76、71、82、71、83、68、79、83、72、74、82、67、77、80、78、74、81、62、76、40、69、65、73、79、64、73、65、73。

现在，我们要把这些杂乱无章的数据变成按一定的规则排列的数据，也就是编制次数分布表。一般步骤如下：

（1）求全距。全距也称两极差，它是全部数据中最大值与最小值之差，用符号R表示。

$$R=最大值-最小值=X_{max}-X_{min} \tag{2-1}$$

在本例中，R=98-40=58。

（2）定组数。定组数就是在分数统计中把大量的数据划分为一定的分数档。一群数据究竟分为多少组为宜，统计学中没有严格规定，原则上便于使用即可。分组过多，达不到化繁为简的目的；分组过少，容易产生丢失信息的现象，造成失真。一般来说，分10～15组为宜。本题中，R=58，拟分为12组。

（3）求组距。组距是指每一组数据的间距。它是全距除以组数所得的商，用i表示。本例$i=\dfrac{58}{12}=4.8$。当i值不是整数时，为了便于计算，一般要取整数值。本题中，$i=5$。

（4）确定组限。组限就是一组分数的起点值和终点值。起点值称为下限，终点值称为上限。在统计学中，组限的写法多种多样，为了便于掌握，此题的组限可写为95—100，90—95，85—90……但必须注意，这种写法只是一种表述形式，而不是实际组限，实际组限应是94.5—99.5，89.5—94.5，84.5—89.5……

（5）求组中值。组中值是每组数据分布正中位置的点值，它是每组数据的代表值，用X_c表示。它的求法是该组数据的精确下限与精确上限之和的一半，即$X_c=\dfrac{精确下限+精确上限}{2}$。

（6）归组划记。确定组限以后，我们就可以将每个数据逐一登记，归入所属的组内。登记时一般采用画线记数（"卌"或"正"）。然后将各组数据的个数记入次数（f）栏中。表2-1的第一栏和第三栏就构成了本题的次数分布表。

表2-1 某校初二（1）班期末几何成绩划记登记表

（1）分组	（2）划记	（3）次数（f）
95—100	|	1
90—95	|	1
85—90	||||	4
80—85	卌 ||||	9
75—80	卌 卌 |||	13
70—75	卌 卌 |	11
65—70	卌	5
60—65	|||	3
55—60	|	1
50—55	|	0
45—50	|	1
40—45	|	1
总计		50

（一）累积次数分布表

累积次数分布表是指在次数分布表的基础上，将各组的次数自下而上或自上而下依次累加所形成的表。自下而上的累加称为向上累积；自上而下的累加称为向下累积。累积的最后次数应等于总次数。表2-2中的第一栏和第三栏便构成了本题的累积次数分布表。

表2-2　某校初二1班期末几何成绩相对累积次数表（向上累积）

（1）分组	（2）次数 (f)	（3）累积次数	（4）相对累积次数
95—100	1	50	1.00
90—95	1	49	0.98
85—90	4	48	0.96
80—85	9	44	0.88
75—80	13	35	0.70
70—75	11	22	0.44
65—70	5	11	0.22
60—65	3	6	0.12
55—60	1	3	0.06
50—55	0	2	0.04
45—50	1	2	0.04
40—45	1	1	0.02
总计	50	—	—

（二）相对累积次数分布表

相对累积次数分布表，是在累积次数表的基础上将各组的次数除以总次数所得的数，亦即频率。表2-2中的第一和第四栏便构成了相对累积次数分布表。

二、次数分布图

次数分布表能使人们清楚地了解数据的全貌以及数据的分布特征。但是，如果要更直观、更形象地看出数据的分布情况、差异细节和波动趋势，我们就要绘制次数分布图。次数分布图是根据次数分布表所绘制出来的图形。最常用的次数分布图有直方图、次数多边图和累积次数曲线图。

（一）直方图

直方图是以长方形的面积表示连续变量各组次数分布情况的图形。具体绘制方法如下：

（1）画直角坐标系；（2）在纵轴上从0开始等距分点，在横轴分出与组限相对应的等距离点（横轴的分点不一定从0开始）；（3）在各组限的分点上，分别画出代表各组次数的长方形；（4）写上图题。这样，次数分布直方图就绘制完成了。如图2-3是根据表2-1的数据资料绘制的次数分布直方图。

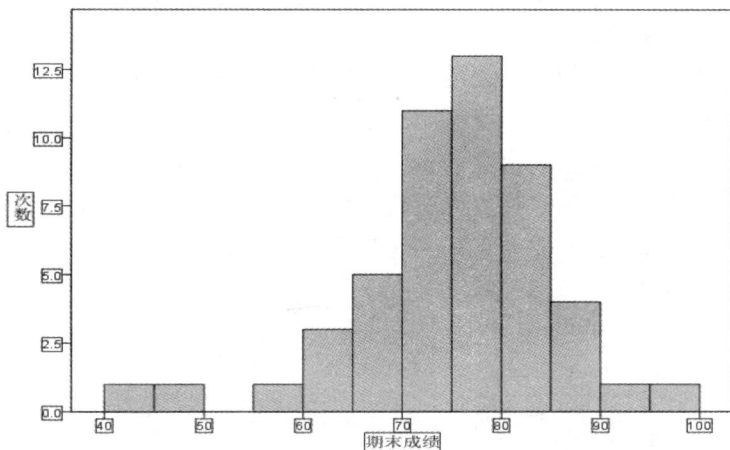

图2-3　某校初二（1）班期末几何成绩次数分布图

（二）次数多边图

次数多边图的画法与直方图大致相同。所不同的是，次数多边图以组中值作为每组数据的代表值，横坐标的等距离点表示各组的组中值，从各组的组中值点处向上画垂线，在和各组次数的相对应处描点。各点描出之后，用线段连接起来，便成为次数多边图。最低组的下一组和最高组的上一组也须在图上画出，这两组的次数是

0，所以次数多边图的首尾都在横轴上。如图2-4。

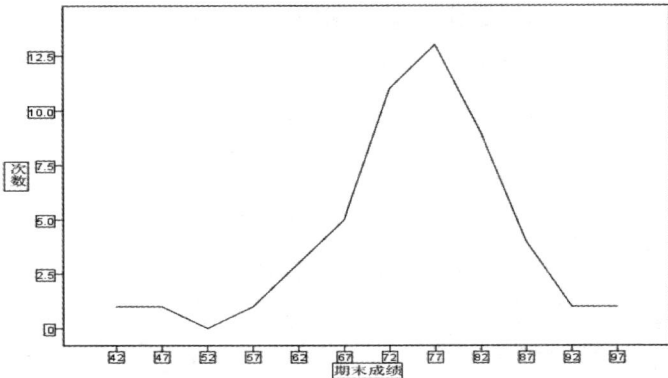

图2-4　某校初二（1）班期末几何成绩次数多边图

（三）累积次数曲线图

根据累积次数分布表可以绘制出累积次数曲线图。具体画法与次数多边图基本一致。所不同的是，累积次数曲线图的各点是各组组中值与相应组累积次数的相交点，即横轴的各点代表各组的组中值，纵轴的等距离点代表各组的累积次数。然后，把各点用光滑的曲线连接起来，便成为累积次数曲线图。如图2-5。

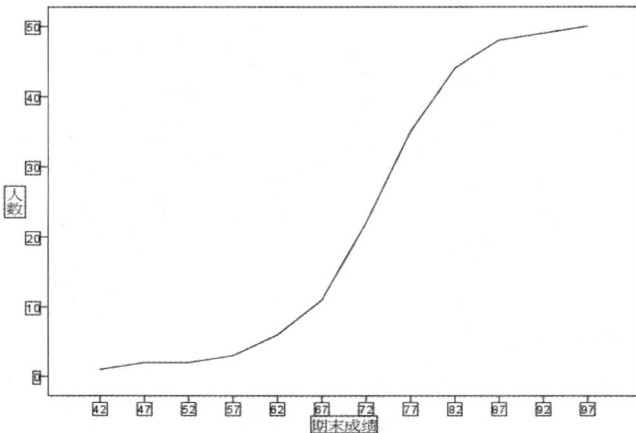

图2-5　某校初二（1）班期末几何成绩累积次数曲线图

第四节　用SPSS制作次数分布表和次数分布图

【案例分析】

例如，下面是某教育学院数学专业102名学生高等代数的考试成绩：

70；60；67；52；48；46；44；78；68；54；59；63；39；

60；51；57；41；60；66；65；74；61；76；84；56；44；

50；72；43；52；60；48；64；67；66；47；80；82；63；

90；73；62；52；77；46；53；60；86；61；63；85；38；

62；35；48；75；45；92；70；51；62；66；75；60；55；

95；77；50；44；69；90；73；72；49；68；60；87；61；

65；60；65；88；63；69；61；83；62；73；40；88；64；

56；71；78；73；74；42；91；58；85；68；73。

试编制其分组次数分布表以及次数分布图。

1.　SPSS操作步骤

（1）建立SPSS数据文件。定义一个变量"数学成绩"，变量类型为【Numeric】型。

Name	Type	Width	Decim..	Label	Values	Missing	Columns	Align	Measure
高等代数成绩	Numeric	8	0		None	None	8	🔲 Right	✏ Scale

File	Edit	View	Data		

92：

	高等代数成绩
1	70
2	59
3	74
4	60
5	73
6	85
7	62
8	90
9	65
10	64

（2）单击【Transform】中的【Visual Binning】菜单项，打开【Visual Binning】对话框，将"高等代数成绩"变量移至【Variables to Bin】框中。点击【Continue】，打开下一层对话框。

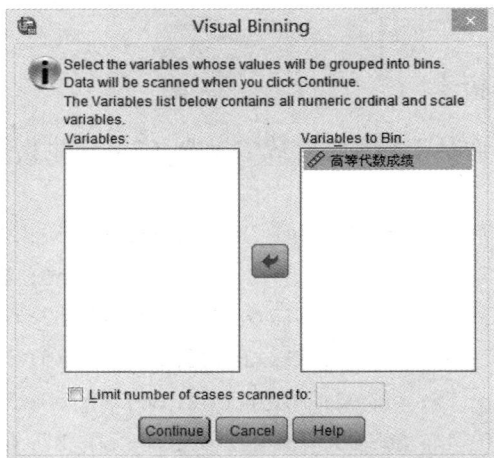

（3）从该对话框中可以得知样本数据的最大值为95，最小值为35，故可取组距 $i=12$。选择变量"高等代数成绩"，在【Binned Variable】中输入新变量的名称"分组区间"。在【Upper Endpoints】栏选择【Excluded】项。

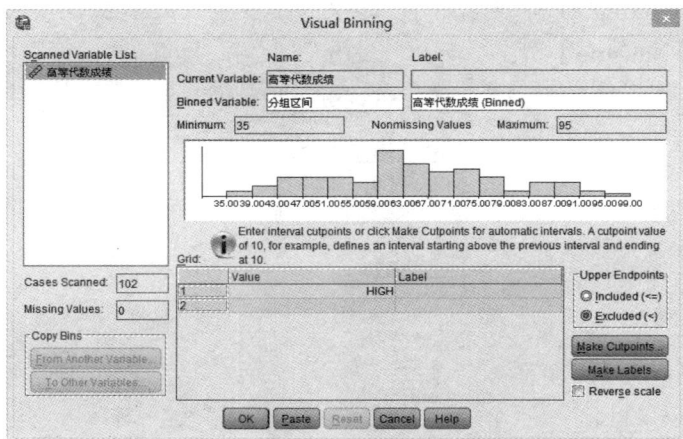

（4）单击【Make Cutpoints】，在【First Cutpoint Location】栏中输入"35"，在【Width】栏中输入"5.000"，单击【Number of Cutpoints】则显示12个组段。单击【Apply】返回。

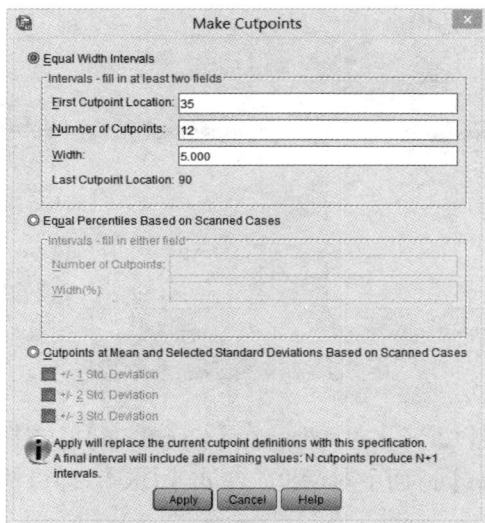

（5）单击【Make Labels】制定标签，接着单击【OK】运行，系统会自动提示产生一个新的分组变量"分组区间"，单击【OK】即可。

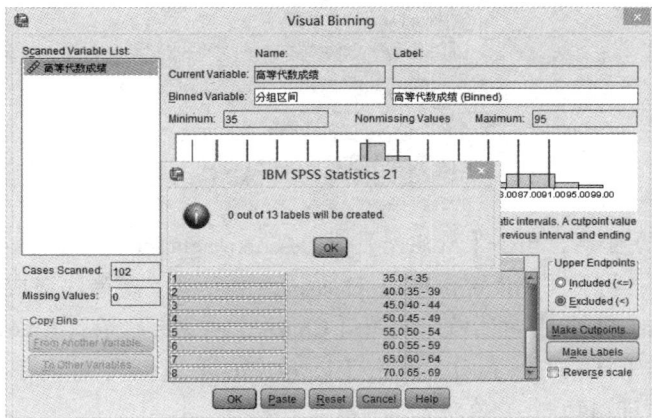

（6）此时会在数据视图窗口中看到一列新的变量"分组区间"。单击【Analyze】—【Descriptive Statistics】—【Frequencies】菜单项，打开【Frequencies】对话框，将新变量"分组区间"移入【Variable(s)】对话框。

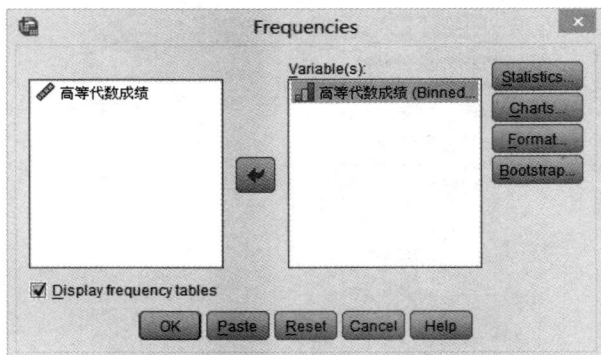

（7）打开【Charts】对话框，在【Chart Type】中选择【Histograms】。点击【Continue】返回主对话框，单击【OK】，即可执行SPSS命令。

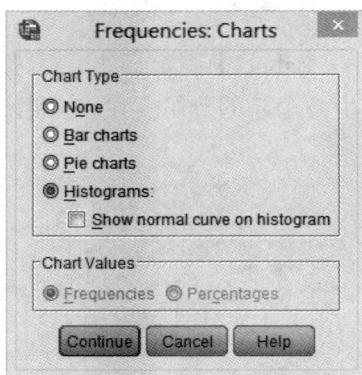

（8）最后，单击【Analyze】—【Descriptive Statistics】—【Frequencies】菜单项，打开【Frequencies】对话框，将变量"高等代数成绩"移入【Variable(s)】对话框。打开【Charts】对话框，在【Chart Type】中选择【Histograms】。点击【Continue】返回主对话框，单击【OK】，即可执行SPSS命令。

2．输出结果分析

（1）次数分布表：

高等代数成绩〔Binned〕

		Frequency	Percent	Valid Percent	Cumulative Percent
	90+	5	4.9	4.9	4.9
	85–89	6	5.9	5.9	10.8
	80–84	4	3.9	3.9	14.7
	75–79	7	6.9	6.9	21.6
	70–74	12	11.8	11.8	33.3
	65–69	13	12.7	12.7	46.1
Valid	60–64	22	21.6	21.6	67.6
	55–59	6	5.9	5.9	73.5
	50–54	9	8.8	8.8	82.4
	45–49	8	7.8	7.8	90.2
	40–44	7	6.9	6.9	97.1
	35–39	3	2.9	2.9	100.0
	Total	102	100.0	100.0	

上表中显示了102名学生高等代数成绩的次数分布表，从左到右依次给出了各个成绩区间的频数、相对次数百分比（频率）、有效相对次数百分比（有效频率）以及累积频率。

（2）次数分布直方图：

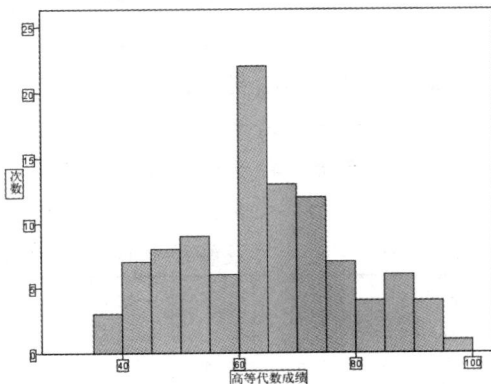

上图是102名学生高等代数成绩的直方图，它比次数分布表更生动、直观。直方图对于各组次数的多少，分布是否对称，是峻峭还是低平，显示得更清楚，使人印象更深刻。

本 章 小 结

本章主要讲如何把大量杂乱无章的数据，通过分组、归纳、概括，使之系统化和条理化，也就是数据的整理问题。次数分布表在统计分析中起着重要的作用，简单次数分布表是其他次数分布表的基础。依据次数分布可绘制出直方图、次数多边图、累积次数曲线图。

注意

1．统计学上的测量数据有表述形式和实限的区别。如数据15.00，它只是一种表述形式，或者说它的真正意义是近似于15.00，是指14.995至15.005之间所有可能的数值，而14.995和15.005就是实限。一个数据的下、上实限，分别等于这个数据减去或加上这个数据的最后一位有效数字的半个单位的值。

2．数据分组以后，所有数据中的最小数据和最大数据应分别落入最低和最高的那一组内。

思考与实践

1．什么是统计数据整理？简述统计数据整理的原则和步骤。

2．简述条形图、直方图、饼图、线形图以及散点图的各自用途。

3．简述简单次数分布表的编制步骤。

4．数据分组的原则和方法是什么？怎样确定组距和组数？

5．试举例说明变量有哪几种类型，各有什么特点。

6．有一组数据是20—29，求其精确的上、下实限和组中值。

7．试将下列20个学生的体育成绩编制成一个频数分布表。

75	76	80	81	82	77	78	79	83	84
89	86	85	87	88	84	83	83	88	89

8. 下列数据是某班学生数学期中测验的成绩：

52，54，71，74，89，76，68，71，91，65，81，61，60，82，
76，72，49，61，74，51，69，73，90，73，90，49，79，63，
84，89，87，77，80，73，53，61，90，68，64，62，78，81，
94，89，42，82，45，60，73，89，88，70，65，80，53，71，
78，61，87，72，66，52，53，78，85，55，77。

根据以上数据，试利用 SPSS 统计软件编制累积次数分布表，绘制出次数多边图和累积次数曲线图。

第三章　集中量数

　　数据经过分组归类并把它制成图表以后，就变得条理化、清晰化了。但是，如果要更深入地了解数据的特征，研究数据具体的变化趋势，仅有图表是不够的，还必须用集中趋势、离散程度、相关系数等来说明这些数据的各种特征，表示数据的大致水平和分布情况。本章介绍数据集中趋势的各种统计量数。

　　从上一章可知，数据经过整理之后，尽管分布在各组的次数不同，但仍然可以看出，大部分数据都集中在某一组、某一区间或某一点。数据这种向某点集中的趋势，称为集中趋势。代表集中趋势的量数，称为集中量数，如平均数、中位数、众数。集中量数是一组数据的代表值，它反映这组数据的一般水平。集中量数的作用有二：第一，描述和代表研究对象的一般水平；第二，用以比较多个研究对象的数值差别。

第一节　算术平均数

　　算术平均数是集中量数中应用最广泛的一种，它计算方便，容易理解，是教育工作者经常用作评估和比较的一种量数。

　　算术平均数简称平均数、均数或均值。它是各观测值的总和除以观察值个数所得的商。它用 $\bar{X}$（或 μ）表示。

　　算术平均数分为简单算术平均数和加权算术平均数两种。

一、简单算术平均数

　　当数据的个数不多且没有归类分组时，可用简单算术平均数计算。计算公式为：

$$\bar{X} = \frac{X_1 + X_2 + \cdots + X_n}{n} = \frac{\sum X}{n} \qquad （3-1）$$

例 有一组数据如下：7，3，10，9，15，10，求其算术平均数。

例中，$n=6$，代入公式（3-1）得：

$$\bar{X} = \frac{7 + 3 + 10 + 9 + 15 + 10}{6} = \frac{54}{6} = 9$$

（符号Σ，读作"西格马"，为连加号，即从第一个数据一直加至最末一个数据。）

二、加权算术平均数

当数据已归类分组，制成次数分布表以后，就必须用加权平均数计算。

例：某中学初三年级四个班期末语文考试成绩见下表，求全年级的平均成绩。

表3-1 语文成绩统计表

班级	人数	平均成绩
一	57	74.2
二	54	76.5
三	56	78.3
四	55	80.1
合计	222	

在这个例子中，各班的成绩做过初步处理，各班的人数（次数）就是对应分数的权数。如74.2的权数是57，78.3的权数是56。

计算公式如下：

$$\bar{X}_t = \frac{X_1 W_1 + X_2 W_2 + \cdots X_n W_n}{W_1 + W_2 + \cdots W_n} = \frac{\sum XW}{\sum W} \qquad （3-2）$$

式中：$X_i (i=1, 2, \cdots, n)$，为各数据的值。

Wi（$i=1$，2，$\cdots$，n），为各数据相应的权数。上例的算术平均数为：

$$\bar{X}_t = \frac{\sum XW}{\sum W} = \frac{74.2 \times 57 + 76.5 \times 54 + 78.3 \times 56 + 80.1 \times 55}{57 + 54 + 56 + 55} \approx 77.3$$

因此，全年级的语文总平均成绩为77.3。

例：某学生平时的数学成绩为72分，期中成绩为80分，期末成绩为76分，依规定，平时成绩应占20%，期中成绩应占30%，期末成绩占50%，该生本学期数学成绩应为多少分？

例中，各项成绩所占的百分数即为该项成绩的权重。由公式（3-2）得：

$$\bar{X}_t = \frac{72 \times 20\% + 80 \times 30\% + 76 \times 50\%}{20\% + 30\% + 50\%} = 76.4$$

第二节　中位数和众数

一、中位数

中位数是指一组数据按大小顺序排列，居中间位置的那个数据的数值。用符号 M_d 或 M_{dn} 表示。中位数也是一种集中量数，它可以用来表示一组数据的一般水平。

当数据的个数是奇数时，中位数就是居正中的那一个量数。如一组数据为：

3，5，4，1，7，6，3。

求这组数据的中位数，先要将这组数据按大小顺序排列：1，3，3，4，5，6，7。因为数据的个数是7，因此，居中间的是第四个数据，这个数据的值为4，故 $M_d=4$。

当数据的个数为偶数时，位于中间的已经不是一个数而是两个数了。在这种情况下，中位数为位于中间的两个数的平均数。

如一组已排序的数据：2，5，7，8，10，11。按照中位数的定义，M_{dn} 应是处于 $\frac{n+1}{2} = \frac{7}{2} = 3.5$ 位置上的那个数。但是，第3.5位上的数是不存在的，这时中位数应是位于第3位和第4位的两个数据的平均数，故 $M_d = \frac{7+8}{2} = 7.5$。一旦数据已经分组，尽管我们同样可以知道中位数的位置，但是，对应这个位置的那个数据的值，我们却无法知道，这时需用另一种方法来求中位数，计算公式为：

$$M_{dn} = L_b + \frac{\frac{n}{2} - F_{b-b}}{f} \cdot i \qquad （3-3）$$

式中　L_b 表示中位数所在组的精确下限；

F_b 为中位数所在组以下的累积次数；

n 为总次数；i 为组距；

f 为中位数所在组的次数。

下面通过例子加以说明。

例　求表3-2中数据的中位数。

表3-2　对分组数据求中位数示例

组别	次数 f	向上累积次数 F_b
65—69	1	157
60—64	4	156
55—59	6	152
50—54	8	146
45—49	16	138
40—44	24	122
35—39	34	98
30—34	21	64
25—29	16	43
20—24	11	27

（续表）

组别	次数 f	向上累积次数 F_b
15—19	9	16
10—14	7	7

计算步骤：（1）求 $\frac{n}{2}$，因为 $n=157$，所以 $\frac{n}{2}=78.5$，也就是说，中位数落在第79位数据的身上；（2）确定中位数所在组。从表中可以看出，数据积累至30—34这一组时，累积次数已达到64次，而35—39这一组有34个数据，因此，可以确定中位数落入35—39这一组内；（3）确定中位数所在组的精确下限，即 L_b，本例 $L_b=34.5$；（4）确定中位数所在组以下的累积次数，即 F_b，$F_b=64$；（5）确定中位数所在组的次数 f，$f=34$；（6）确定组距 i，$i=5$。

综上所述，本例的 $L_b=34.5$，$\frac{n}{2}=78.5$，$F_b=64$，$f=34$，$i=5$，代入公式（3-3）得：

$$M_{dn} = L_b + \frac{\frac{n}{2} - F_{b-b}}{f} \cdot i = 34.5 + \frac{78.5 - 64}{34} \times 5 \approx 36.6$$

二、众数

众数是指一组数据中出现次数最多的数值，用符号 M_o 表示。如有一组数据为2、5、7、2、2、5，在这组数据中，2出现的次数最多，故 $M_o=2$。由于众数是一组数据中出现次数最多的数值，它带有普遍性，因此，可以用来说明这组数据的一般水平。

众数的计算方法：

（一）用观察法求众数。根据众数的定义，只要我们把数据进行整理，出现次数最多的数据便是众数。如上例，2出现三次，最多，所以2便是众数。当数据已归类分组，制成次数分布表以后，众数便落入次数最多的那一组内。但是，在这一组里的无穷多个数中，究竟哪一个数为众数呢？如果只做粗略的估计，那么这一组的组中值便为众数。如表3-2中，35—39这一组的次数最多，其组中值37便可作为粗略的众数。

（二）用皮尔逊近似法求众数。英国统计学家皮尔逊研究发现，次数分布完全对称的数据资料，其算术平均数、中位数、众数三者必然重合。当次数分布不完全对称时，平均数、中位数和众数三者也有一种近似的稳定关系，这种关系可用式子（$\bar{X} - M_o$）:（$\bar{X} - M_d$）= 3：1表示，即：

$$M_o = 3M_d - 2\bar{X} \tag{3-4}$$

这就是皮尔逊近似法求众数的公式。

以表3-2的数据为例，用皮尔逊法求众数。

将M_d=36.6，$\bar{X}$=36.1代入公式（3-4）得：

$M_o = 3M_d - \bar{X} = 3 \times 36.6 - 2 \times 36.1 = 37.6$

（三）用插入法求众数。为了更精确地求取众数，我们也可以采用插入法。其计算公式为：

$$M_0 = L_b + \frac{f_2}{f_1 + f_2} \cdot i \tag{3-5}$$

式中　L_b为众数所在组的下限；

　　　f_2为众数组上限相邻一组的次数；

　　　f_1为众数组下限相邻一组的次数；

　　　i为组距。

以表3-2的资料为例求众数M_o。

题中，L_b=35，$f_2 = 24$，$f_1 = 21$，i=5，则众数：

$$M_0 = L_b + \frac{f_2}{f_1 + f_2} \cdot i = 35 + \frac{24}{21 + 24} \times 5 \approx 37.7$$

从以上计算结果可以看出，用插入法计算众数与用组中值或用皮尔逊近似法计算众数都略有出入，其中以插入法最为精确，皮尔逊法次之，用组中值估计众数最为粗略。

三、平均数、中位数、众数的优点和缺点

（一）平均数

优点	缺点
1．反应灵敏； 2．严格确定，简明易懂，计算方便； 3．适合代数运算； 4．受抽样变动的影响较小； 5．样本算术平均数是总体平均数的最好估计值。	1．一组数值中某个数值的大小不够确切时就无法计算其平均数； 2．易受极端值数值（极大值或极小值）的影响。平均数的大小与一组数据里的每个数据都有关系，因此任何一个数据的变动都会引起平均数的变动； 3．表示数据的总体水平，但无法表现个体之间的差异。

（二）中位数

优点	缺点
1．比较严格确定，简明易懂，计算简便； 2．受抽样变动影响较小； 3．中位数的大小仅与数据的排列位置有关，因此不易受极端值的影响。	1．不适合进一步的代数运算； 2．表示数据的中等水平，但不能代表整体。

（三）众数

优点	缺点
1．简明易懂，既不需要计算，也不需要排序，计数即可得到； 2．当需要快速而粗略地找出一组数据的代表值时，可以用它来反映； 3．可以利用众数帮助分析解释一组频数分布是否确实具有两个频数最多的集中点； 4．众数的大小仅与一组数据中的部分数据有关，不易受数据中极端值的影响。	1．表示数据的普遍情况，但没有平均数准确； 2．具有不唯一性，一组数据中可能会有一个众数，也可能会有多个或没有； 3．作为一组数据的代表，它可靠性比较差，因为它也只利用了部分数据。

四、平均数、中位数和众数的关系

平均数、中位数和众数的大小与次数分布的形态有关。

当次数分布呈正态时，平均数、中位数、众数三者相等，在数轴上三个集中数量完全重合（见图3-1）。

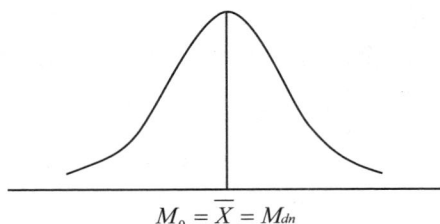

$$M_0 = \overline{X} = M_{dn}$$

图3-1 平均数、中位数和众数在正态分布中的位置

当次数分布呈偏态时，中位数居中，平均数与中位数距离较近，众数与中位数距离较远。平均数与中位数的距离约占平均数与众数距离的 $\frac{1}{3}$，而众数与中位数的距离约占 $\frac{2}{3}$，即 $\frac{\overline{X} - M_{dn}}{\overline{X} - M_0} = \frac{1}{3}$。在正偏态时，$\overline{X} > M_{dn} > M_0$，见图3-2（a）；在负偏态时，$\overline{X} < M_{dn} < M_0$，见图3-2（b）。

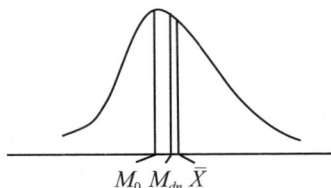

M_0 M_{dn} $\overline{X}$

图3-2（a） 正偏态

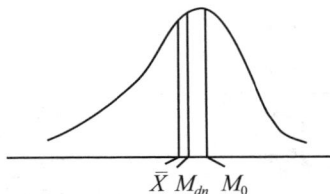

$\overline{X}$ M_{dn} M_0

图3-2（b） 负偏态

第三节 几何平均数与调和平均数

一、几何平均数

在教育预测、评价学校、评价教师的工作中，我们常常会碰到如何计算教育经费的平均增长率、学生人数的平均增长率、学生成绩的平均提高率等问题。这些问题用算术平均数、中位数或众数来衡量已经没有实际意义了，因为每次比率的变化基数是不同的。因此，我们必须采用一种新的集中量数加以比较，这就是几何平均数。

几何平均数是指 n 个数据连乘积的 n 次方根。用符号 M_g 表示。设有 X_1，X_2，…，X_n 个数据，则其几何平均数的计算公式为：

$$M_g = \sqrt[n]{X_1 \cdot X_2 \cdots X_n} \tag{3-6}$$

例 求5、7、10三个数值的几何平均数。

题中 $n=3$，由公式（3-6）得：

$$M_g = \sqrt[n]{X_1 \cdot X_2 \cdots X_n} = \sqrt[3]{5 \times 7 \times 10} = 7.05$$

再看具体应用实例。

例：某校1993—1998年在校生人数如下表，求年平均增长率。

表3-3　在校生人数发展速度统计表

年份	人数	以1993年为1的逐年发展速度
1993	896	
1994	912	1.018
1995	978	1.070
1996	1025	1.048
1997	1108	1.081
1998	1347	1.216

题析：由于每年的基数不同，因此，要求年平均增长率首先要求出每年在前一年基数上的年发展速度，然后再求出这些发展速度的平均发展速度，即几何平均数 M_g，最后用求得的几何平均数减去1，即得。具体计算步骤为：

（1）求出以1993年的基数为1的逐年发展速度如表3-3的第三栏。

（2）代入公式（3-6）求年平均发展速度。

$$M_g = \sqrt[n]{X_1 \cdot X_2 \cdots X_n} = \sqrt[5]{1.018 \times 1.070 \times 1.048 \times 1.081 \times 1.216}$$
$$= \sqrt[5]{1.501} \approx 1.085$$

（3）每年平均增长率 $=M_g-1=1.085-1=0.085$，即 8.5%。

二、调和平均数

在教学中，我们会发现这样的情况，不同水平的学生的解题速度是不同的，即使是同一位学生，解不同难度的题，解题速度也并不一样。那么，如何求学生的平均解题速度，即平均工作速度问题？这就是求调和平均数的问题。调和平均数也称倒数平均数，它是指各数据的倒数的算术平均数的倒数。用符号 M_H 表之。计算公式为：

$$M_H = \cfrac{1}{\dfrac{1}{n}\left(\dfrac{1}{X_1}+\dfrac{1}{X_2}+\cdots+\dfrac{1}{X_n}\right)} = \cfrac{1}{\dfrac{1}{n}\sum\dfrac{1}{X}} = \cfrac{n}{\sum\dfrac{1}{X}} \quad\quad （3-7）$$

例：求2、3、5三个数的调和平均数。

由公式（3-7）得：

$$M_H = \cfrac{1}{\dfrac{1}{n}\left(\dfrac{1}{X_1}+\dfrac{1}{X_2}+\cdots+\dfrac{1}{X_n}\right)} = \cfrac{1}{\dfrac{1}{3}\left(\dfrac{1}{2}+\dfrac{1}{3}+\dfrac{1}{5}\right)} = \cfrac{1}{\dfrac{31}{90}} \approx 2.9$$

再看下面的应用实例。

例：甲、乙两学生，甲生每小时做6题，乙生每小时做9题，两学生都演算18题，求平均每人每小时可做几道题。

题析：如果我们简单地用两人解题的平均数计算，则结果为（6+9）÷2=7.5。然而这个结果是错的。我们可以验算一下。两人均做18题，则甲生需3小时，乙生需2小时，共需5小时。由于以上结果平均速度为7.5，则 $5×7.5=37.5$，与题目中甲、乙共做36题不符。

本题的正确解法是求两人解题速度的调和平均数。

由公式（3-7）得：

$$M_H = \cfrac{n}{\sum\dfrac{1}{X}} = \cfrac{2}{\dfrac{1}{6}+\dfrac{1}{9}} = 7.2$$

大家可以验算这个答案是否正确。

第四节　几种集中量数的特点与应用

上面介绍的五种集中量数各有优点和缺点，在具体的统计过程中要取长避短，合理选用，才能做到科学准确。

一、算术平均数

算术平均数是一种比较严密可靠、反应灵敏、稳定性高、易于理解而又计算方便的集中量数，因而它的应用范围最广，既适用于原始数据，又适用于组限确定的分组数据的计算。但当分组数据的组限不确定时就无法计算算术平均数，且受极端数值的影响较大。

二、中位数

中位数不受极端数值的影响，意义简明易懂，且不受分组数据组限是否确定的限制，但它缺乏灵敏性。因此，中位数一般用于极端数值相差较大的数据组，也可用于组限不确定的分组数据。

三、众数

众数的特点与中位数基本相同，它主要用于一组数据一般水平的粗略估算，也可用于组限不确定的分组数据。

四、几何平均数和调和平均数

这两种集中量数的特点基本相同：它们都具有一定的灵敏性和稳定性。但是，它们的意义不易理解，而且，数据中不能有数值为0的数据，否则几何平均数也必为0，而调和平均数却不复存在。几何平均数一般用于平均发展速度或平均增长率的计算，调和平均数一般用于解决平均工作速度或平均价格一类性质的问题。

第五节 集中量数的SPSS操作方法

【案例分析】

例如，有一组数学测验成绩数据：79，67，80，91，80，83，76，79，80，76。试求该组数据的算术平均数、中位数、众数。

1. SPSS操作步骤

（1）建立SPSS数据文件。定义一个变量"数学测验分数"，变量类型为【Numeric】型。

Name	Type	Width	Decimals	Label	Values	Mis...	Columns	Align	Measure
数学测验分数	Numeric	8	0		None	None	8	Right	Scale

	数学测验分数
1	79
2	67
3	80
4	91
5	80
6	83
7	76
8	79
9	80
10	76

（2）单击【Analyze】—【Descriptive Statistics】—【Frequencies】菜单项，打开【Frequencies】对话框，将变量"数学测验分数"移入【Variables】框。

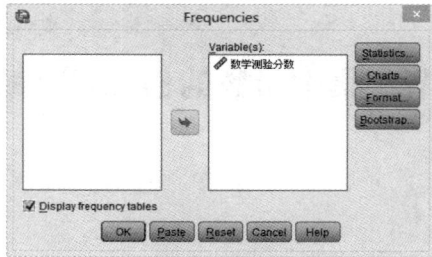

（3）打开【Statistics】对话框，在【Central Tendency】中勾选【Mean】、【Median】、【Mode】。（当然也可以根据题目要求继续选择百分位值等其他特征量数。）点击【Continue】返回主对话框，单击【OK】，即可执行SPSS命令。

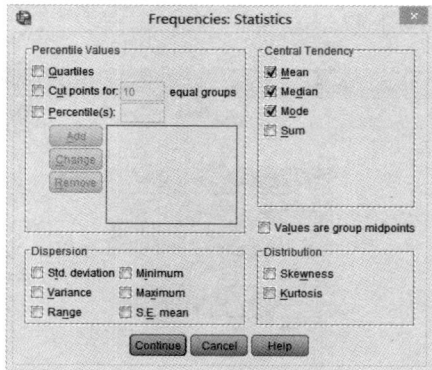

2. 输出结果分析

（1）统计量结果：

Statistics

数学测验分数

N	Valid	10
	Missing	0
Mean		79.10
Median		79.50
Mode		80

上表显示了该组数据的有效值10，缺失值0，以及该组数据的平均数79.10，中位数79.5，众数80。

注意：调和平均数和几何平均数需在个案汇总分析中进行计算。具体操作方式如下：

（1）输入或打开数据后，单击【Analyze】—【Reports】—【Case Summarize】菜单项，打开【Summarize Cases】对话框，将变量移入【Variables】框。如下图所示：

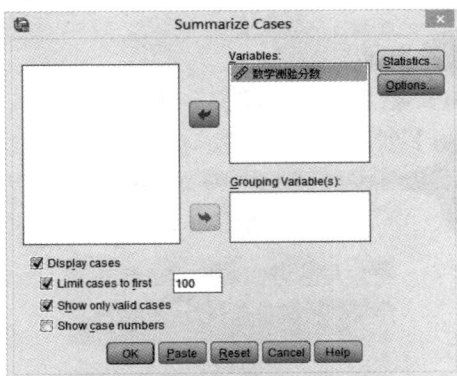

（2）打开【Statistics】对话框，在【Statistics】下拉菜单中分别将【Harmonic Mean】和【Geometric Mean】向右移至【Cell Statistics】栏中。点击【Continue】返回主对话框，单击【OK】，即可执行SPSS命令。

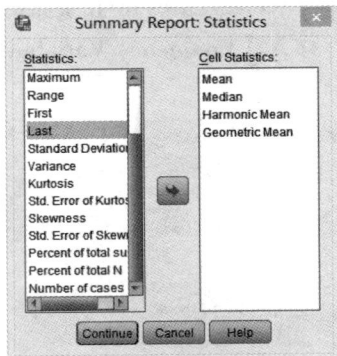

【案例分析】

例如，某市在三所中学试用英语新教材，期末考试后其测验成绩如下表所示，求这三个学校的英语测验总平均成绩。

学校	平均分数	人数
A	71.4	108
B	80.6	132
C	75.5	120

1. SPSS操作步骤

（1）建立SPSS数据文件。定义一个变量"学校平均分"，变量类型为【Numeric】型。

Name	Type	Width	Decimals	Label	Values	Missing	Columns	Align	Measure
学校平均分	Numeric	8	1		None	None	8	Right	Scale
人数	Numeric	8	0		None	None	8	Right	Scale

File	Edit	View	Data	Transform	Ar

	学校平均分	人数
1	71.4	108
2	80.6	132
3	75.5	120

（2）单击【Data】—【Weight Cases】菜单项，打开【Weight Cases】对话框，选中【Weight cases by】，激活【Frequency Variable】栏，将变量"人数"移入【Frequency Variable】栏中。单击【OK】即可完成加权。

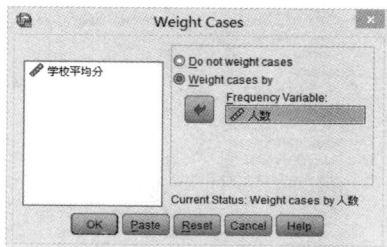

Weight Cases

学校平均分

○ Do not weight cases
● Weight cases by
　　Frequency Variable:
　　　人数

Current Status: Weight cases by 人数

OK　Paste　Reset　Cancel　Help

（3）单击【Analyze】—【Reports】—【Case Summarize】菜单项，打开【Summarize Cases】对话框，将变量"学校平均分"移入【Variables】框。

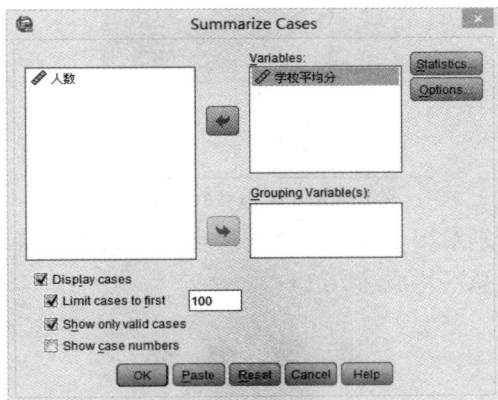

（4）打开【Statistics】对话框，在【Statistics】下拉菜单中将【Mean】向右移至【Cell Statistics】栏。点击【Continue】返回主对话框，单击【OK】即可执行SPSS命令。

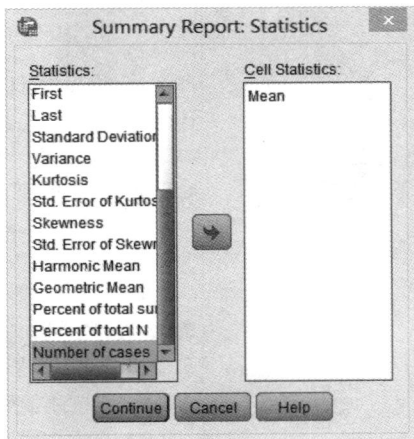

2. 输出结果分析

Case Summaries[a]

		学校平均分
	1	71.4
	2	80.6
	3	75.5
Total	Mean	76.140

a. Limited to first 100 cases.

上表中分别给出了 A、B、C 三所学校的英语测验平均成绩，以及所要求得的总平均成绩76.14。

本 章 小 结

本章主要介绍五种集中量数，即算术平均数、中位数、众数、几何平均数和调和平均数的计算、特点及其应用问题。为了便于比较记忆，现列表如下。

表3-4 五个集中量数的比较

名称	符号	计算公式	优点	缺点	适用范围
算术平均数（含加权平均数）	$\bar{X}$	$\bar{X} = \dfrac{\sum X}{n}$ $\bar{X} = \dfrac{\sum WX}{\sum W}$ （加权）	严密、可靠，代表性强，容易计算，容易理解	易受极端数值影响，使其失去代表性	使用广泛。利用次数分布表计算时，组距必须是确定的
中位数（中数）	M_d 或 M_{dn}	$M_d = L_b + \dfrac{\dfrac{n}{2} - F_b}{f} \cdot i$	意义明确，不受极端数值影响	缺乏灵敏性，不如平均数可靠，不能用代数方法计算	组限不确定的分组数据和极端数值相差较大的数据

（续表）

名称	符号	计算公式	优点	缺点	适用范围
众数	M_g	$M_0 = 3M_d - 2\bar{X}$ $M_0 = L_b + \dfrac{f_2}{f_1 + f_2} \cdot i$	不受极端数值的影响，易计算	不可靠，不能用代数方法计算	适用粗略估算，分组数据末端组限不清时无法计算 $\bar{X}$，可以众数代表集中趋势
几何平均数	M_0	$M_g = \sqrt[n]{X_1 \cdot X_2 \cdots X_n}$	可以解决比率的平均问题	数据中有0和负数，则失去意义	适用于计算平均发展率（如进步率、增长率）
调和平均数（倒数平均数）	M_H	$M_H = \dfrac{n}{\sum \dfrac{1}{X}}$	具有一定的灵敏性和稳定性	数据中有0，则失去意义	适用于求平均工作速度等问题

注意：

1. 在成绩统计中，有的人在利用各班的平均分计算年级的平均分时，不是求其加权平均数，而是直接将几个平均分相加再除以平均分的个数作为总平均分，这是错误的。因为各班的人数不一定相等，即权重不同。

2. 用原始数据求中位数必须先把数据按大小排序。

3. 若有个别数据的值为0，则不能选用几何平均数和调和平均数来计算。

4. 求平均工作速度一类的问题，应用调和平均数计算，用算术平均数计算是错误的。

思考与实践

1. 什么是集中量数？集中量数描述了一组数据的什么特征？

2. 算术平均数、中位数、众数、几何平均数和调和平均数的计算公式是什么？这五种集中量数的特点及适用范围是什么？

3. 有一组数据如下：36，45，75，82，63，75，25，46，89，75，63，90，66，75，78，71，72，75，91，75。

求这组数据的算术平均数、中位数和众数。

4. 某生的数学成绩如下：期中72，期末86。期中、期末的比重为4：6。该生的学期成绩是多少？

5. 已知某一年级各班的平均成绩如下表，求全年级的总平均成绩。

班级	人数	平均成绩（$\bar{X}$）
甲	45	79.5
乙	40	72.5
丙	50	81.0
丁	46	74.0

6. 求下列分组数据的算术平均数、中位数和众数。

组别	次数	累积次数
30—40	3	3
40—50	11	14
50—60	19	33
60—70	38	71
70—80	20	91
80—90	9	100
合计	100	

7. 下表是某校2015—2019年间的在校生人数，求在校生人数的年平均发展速度和平均增长率。照此速度发展，再过四年该校在校生人数是多少？

单位（人）

年份	2015	2016	2017	2018	2019
人数	1000	1089	1156	1276	1428

8. 甲、乙、丙、丁四位学生打完一篇300字的文章所需的时间分别是3.0、3.5、2.8和4.1分钟，求这四位学生的平均打字速度。

第四章 差异量数

在评价不同学校、不同教师的教学质量时，有些教育工作者往往仅仅靠比较算术平均数来定优劣，这是不全面的。因为我们知道，像算术平均数这样的集中量数，只能反映一组数据的集中趋势，也就是说，它只能表达一组数据的一般水平，而不能完整地描述一组数据的全貌。为什么？请看下面的例子。

现有甲、乙两位教师，教同一年级、同一科目、人数相等、原来水平差不多的甲、乙两班学生。现经过统考，甲、乙两班各班的平均成绩均为72分，但是，甲班学生的最高成绩为97分，最低成绩为36分；而乙班学生的最高分为88分，最低分为59分。如果我们仅仅比较平均分，便可能得到两位教师的教学效果一样的结论。但是，如果我们更深入地加以分析，便可发现这个结论是不全面的。这是因为尽管平均分相等，但是，两个班的学生的最高成绩和最低成绩却不相等，甲班既有尖子，又有低等生，学生成绩参差不齐，而乙班学生成绩相差不大。如果我们以能否培养优等生为评价标准，那么，可以说甲教师的教学效果较好。如果我们以能否得到大面积丰收为评价标准，那么我们将得到乙教师教学效果较好的结论。反之，若两个班的最高成绩和最低成绩相等，但其平均分不等，我们也不能说这两个班的成绩是一样的。

我们从这个例子可以看出，要了解一组数据的全貌，仅有集中量数是不全面的，还必须了解这组数据的离散程度，即离中趋势。这就是本章所要研究的差异量数。

所谓差异量数就是描述一组数据离中趋势或差异程度的量数。常用的差异量数有全距、平均差、方差和标准差等。

第一节　全距与平均差

一、全距

全距又称两极差，它是指一组数据中的最大值与最小值之差。用符号 R 表示。基本计算公式为：

$$R = X_{max} - X_{min} \tag{4-1}$$

式中，X_{max} 表示最大值数据；

$\qquad X_{min}$ 表示最小值数据。

（一）原始数据求全距

例：有一组数据如下：7，3，10，9，15，10，28，36，14，求其全距。

该组数据中，最大的数据为36，最小的数据为3，因而，全距 $R = X_{max} - X_{min} = 36 - 3 = 33$。

（二）分组数据求全距

分组数据求全距的方法，是用最大组的精确上限减去最小组的精确下限。

例如求上一章中表3-2中数据的全距。

该表中，最大组是65—69，其精确上限为69.5，最小组是10-14，精确下限为9.5，所以，其全距 $R = 69.5 - 9.5 = 60$。

二、平均差

平均差是指一组数据中的每一个数据与该组数据的算术平均数（或中位数）之差的绝对值的算术平均数。平均差用符号 AD 表示。因为每一个数据与平均数之差（$X - \bar{X}$）（称为离差）有正有负，其代数和为0，所以反映一组数据的离散程度要用离差的绝对值。根据定义，平均差的基本计算公式为：

$$AD = \frac{\sum |X - \bar{X}|}{n} \qquad (4-2)$$

式中，$|X - \bar{X}|$ 表示离差的绝对值；n 表示总次数。

例：设有一组数据为 33，18，24，45，76，50，求其平均差。

题中，$n=6$，所以 $\bar{X} = \frac{\sum X}{n} = \frac{246}{6} = 41$。

由公式（4-2）得：

$$AD = \frac{\sum |X - \bar{X}|}{n} = \frac{1}{6}\left(|33 - 41| + |18 - 41| + \cdots + |50 - 41|\right)$$

$$= \frac{1}{6} \times 96 = 16$$

第二节　方差和标准差

平均差是表示一组数据离散程度的一种量数，它意义明确，计算简单。但是，它采用绝对值的形式，不便于代数运算。如果把离差的绝对值 $|X - \bar{X}|$ 加以平方，平均差的这个缺点便得到克服。这样，便得到两种新的差异量数——方差和标准差。

一、方差

（一）方差的概念

方差是离差平方的算术平均数，即各数值与平均数之差的平方之和除以总次数所得的商。用符号 S^2 或 σ^2 表示[1]。

由定义可知方差的基本计算公式为：

$$S^2 = \frac{\sum \left(X - \bar{X}\right)^2}{n} \qquad (4-3)$$

---

[1] S^2 表示样本的方差，σ^2 表示总体的方差。在统计学中，用英文字母表示样本统计量，用希腊字母表示表示总体参数。

（二）方差的计算方法

1. 用基本公式求方差

例：有10名学生的数学成绩见表4-1中的第一栏 X，求其方差。

表4-1　10名学生数学成绩标准差的计算表

成绩 X	$X-\bar{X}$	$(X-\bar{X})^2$
90	10.7	114.49
83	3.7	13.69
83	3.7	13.69
86	6.7	44.89
85	5.7	32.49
78	−1.3	1.69
74	−5.3	28.09
73	−6.3	39.69
71	−8.3	68.89
70	−9.3	86.49
合计		441.10

具体计算步骤如下：

（1）求各数值的算术平均数 $\bar{X}$；

（2）求各数值的离差（$X-\bar{X}$）；

（3）求各离差的平方 $\left(X-\bar{X}\right)^2$ 及其总和 $\Sigma(X-\bar{X})^2$；

（4）代入公式（4-3）求方差 S^2。

本题的 $X=79.3$，$n=10$。离差（$X-\bar{X}$）及其平方如表中的第二栏、第三栏。代入公式（4-3）得：

$$S^2=\frac{\sum\left(X-\bar{X}\right)^2}{n}=\frac{441.10}{10}=44.1$$

从上面的计算我们可以看出，当数据较多，且平均数不是整数时，用基本公式计算比较麻烦且容易出错，这时用原始数据直接计算反而更方便。

2．用原始数据求方差

计算公式为：

$$S^2 = \frac{n\sum X^2 - \left(\sum X\right)^2}{n^2}$$

或

$$S^2 = \frac{\sum X^2}{n} - \frac{\left(\sum X\right)^2}{n^2} \qquad （4-4）$$

式中，$\sum X^2$ 表示各原始数据的平方和；

$\left(\sum X\right)^2$ 表示各原始数据之和的平方。

具体计算步骤如下：

（1）计算各原始数据的平方和 $\sum X^2$；

（2）计算各原始数据的总和 $\sum X$；

（3）将数值代入公式（4-4）求 S^2。

例：某班50名学生的物理成绩如下，求方差 S^2。

42，62，25，68，38，54，66，61，42，76，67，59，
88，86，72，56，89，73，64，41，71，62，76，78，67，
28，61，83，18，70，83，38，61，58，51，66，38，53，
33，72，37，41，52，82，25，63，36，21，45，78。

用电子计算器可求得：

$\sum X^2 = 182962$，$\sum X = 2876$，代入公式（4-4）得：

$$S^2 = \frac{\sum X^2}{n} - \frac{\left(\sum X\right)^2}{n^2} = \frac{50 \times 182962 - \left(2876\right)^2}{50^2} \approx 350.7$$

3．用次数分布表求方差

如果数据已经统计分组，并制成了次数分布表，计算方差的公式应变为：

$$S^2 = \frac{\sum fX_c^2}{N} - \left(\frac{\sum fX_c}{N}\right)^2 \qquad (4-5)$$

式中：X_c 为各组的组中值；f 为各组次数。

或者为：

$$S^2 = \left[\frac{\sum fd^2}{N} - \left(\frac{\sum fd}{N}\right)^2\right]i^2 \qquad (4-6)$$

式中：$d = \frac{(X_c - AM)}{i}$（AM 为估计平均数）；

X_c 为组中值；f 为各组次数；i 为组距。

例：试用简捷法计算下表数据的方差。

表4-2　分组数据计算方差示例

分组区间 ①	X_c ②	f ③	d ④	fd ⑤	fd^2 ⑥
90—	92	5	6	30	180
85—	87	6	5	30	150
80—	82	4	4	16	64
75—	77	7	3	21	63
70—	72	12	2	24	48
65—	67	13	1	13	13
60—	62	22	0	0	0
55—	57	6	−1	−6	6
50—	52	9	−2	−18	36
45—	47	8	−3	−24	72
40—	42	7	−4	−28	112
35—	37	3	−5	−15	75
Σ		102		43	819

解：先确定各组的 d 值（见表4-2中第四列数据），本例中 $AM=62$，$i=5$，$d=(X_c-AM)/i$，然后依次计算 fd 及 Σfd 的值（见表4-2中第五列数据），fd^2 及 Σfd^2 的值（见表4-2中第六列数据），将其与 $N=102$，$i=5$ 一起代入公式（4-6）得：

$$S^2=\left[\frac{\sum fd^2}{N}-\left(\frac{\sum fd}{N}\right)^2\right]i^2=\left[\frac{819}{102}-\left(\frac{43}{102}\right)^2\right]\times 5^2\approx 196.29$$

二、标准差

方差作为表示一组数据的离散程度的一种量数，在平均差出现绝对值时不便于做代数运算，同时又产生了新的缺点：把原来数据的单位平方了，也就是说，方差的单位与原来数据的单位不一致了。为了克服这种缺点，我们把方差开平方，取其算术平方根便得到标准差。

标准差就是方差的算术平方根。用符号 S 或 σ 表示。其基本计算公式为：

$$S=\sqrt{\frac{\sum\left(X-\bar{X}\right)^2}{n}}\qquad（4-7）$$

从标准差的定义和计算公式可知，标准差是在方差的基础上得到的。

方差和标准差在实际生活中有着广泛的用途，对我们深入研究数据具有重要的作用。从公式（4-4）和公式（4-7）来看，方差和标准差都是非负值，且当各数据散布在它们的算术平均数附近时，其方差和标准差都较小；当各数据离它们的算术平均数较远时，其方差和标准差都较大。在教育科学研究中，我们经常将二者放在一起，用来描述数据分布的具体情况。

三、方差和标准差的性质

方差是对一组数据中各种变异的总和的测量，具有可加性和可分解性特点。统计实践中，我们常常利用方差的可加性去分解和确定不同来源的变异性（如组内、组间），以进一步说明各种变异对总结果的影响，方差是统计推论中最常用的统计特征数。

标准差不仅计算严密，适合做进一步代数运算，还具有独特的性质。了解这些性质，对于理解标准差以及简化有关数据计算是很有帮助的。

1. 全组数据每一个观测值都加上一个相同的常数 C 后，计算得到的标准差不变，即：

若 $Y_i = X_i + C$（这里 C 为常数，$i=1$，2，3，$\cdots$，n），则 $S_Y = S_X$（S_Y 和 S_X 分别是新数据和原始数据的标准差）。

根据算术平均数性质以及标准差的定义公式，我们可进行如下推演：

$$\overline{Y} = \overline{X} + C$$

$$S_Y = \sqrt{\frac{\sum \left(Y_i - \overline{Y}\right)^2}{N}} = \sqrt{\frac{\sum \left[\left(X_i + C\right) - \left(\overline{X} + C\right)\right]^2}{N}}$$

$$= \sqrt{\frac{\sum \left(X_i - \overline{X}\right)^2}{N}} = S_X$$

这个性质说明，若一组数据中每一个数都加上一个相同的常数（任意实数），则这组数据彼此的离散程度并不改变，只是数据分布在数轴上以常数为距离作整体平移。

2. 每个观测值都乘以一个相同的常数 C，则所得的标准差等于原标准差乘以这个常数，即：

若 $Y_i = CX_i$（C 为非零常数），则 $S_Y = CS_X$。

根据算术平均数性质以及标准差的定义公式，我们可进行如下推演：

$$\overline{Y} = C\overline{X}$$

$$S_Y = \sqrt{\frac{\sum \left(Y_i - \overline{Y}\right)^2}{N}} = \sqrt{\frac{\sum \left(CX_i - C\overline{X}\right)^2}{N}}$$

$$= \sqrt{\frac{C^2 \cdot \sum \left(X_i - \overline{X}\right)^2}{N}} = C\sqrt{\frac{\sum \left(X_i - \overline{X}\right)^2}{N}} = CS_X$$

3．把以上两个性质结合起来，每一个观测值都乘以同一个非零常数 C，再加上一个常数 d，所得的标准差就等于原标准差乘以这个常数 C，即：

若 $Y_i = CX_i + d$（C 为非零常数），则 $S_Y = CS_X$。

这个性质就是以上两个性质的叠加，仿照前面的推导方法，大家可以自行验证。

第三节　四种差异量数的特点与应用

前面介绍的全距、平均差、方差和标准差四种差异量数，都可以用来作为表示一组数据离散程度的一种量数。一般来说，其数值越大，离散程度也就越高，数据的分布范围越广，数据分布的齐整性也就越差；反之，差异量数的值越小，离散程度越低，数据的分布范围越窄，数据分布越齐整。虽然，它们都是差异量数，但它们的特点各不相同，因而其应用范围也不同。下面将它们的特点及应用逐一加以比较。

一、全距

全距是表示离散程度最简单、最容易理解的量数，也是最粗略的量数。它的优点是易于理解，计算简便，只要找出一组数据中的最大值和最小值，便可轻而易举地得出全距。但是，由于全距只是由两个极端数值确定，只要两个极端数值发生变化，全距也就发生变化，而对其他非极端数值的变化毫无反应。因此，作为一组数据离散程度的指标，全距的敏感性、稳定性和可靠性都较差。

一般情况下，全距只作为表示离散程度的一种辅助指标。如果数据不多，只需粗略地了解数据分布的大致情况，就可以用全距。若要对几组数据的离散程度做比较，则全距是不可靠的。

二、平均差

平均差是与平均数一起使用的差异量数。它容易理解，计算简单，而且它能顾及一组数据中每一数值的变化情况，反应灵敏。这是它的优点。但是平均差也有缺点，因为平均差只考虑离均差的绝对值而没有顾及变化的方向，所以不合理，也不适合做进一步的代数运算。若数据不多，各个差数要适当加权，或者要求一个计算较快的差异量数，可应用平均差。

三、方差和标准差

方差和标准差几乎具有相同的优点和缺点。它们都是比较重要、比较完善的差异量数。特别是标准差，其重要性更高，应用更广泛。方差的描述性虽不强，但由于它具有可加性，是对一组数据中各种变异的总和的测量，因此，我们常利用方差的可加性去分解总体中不同来源的变异，这一点在第八章方差分析中有详细的介绍。

标准差的优点是：确定严密，有严密的计算公式确定每一个标准差的值；反应灵敏，随任何一个数据的变化而变化；适合代数运算，不仅在求标准差的过程中可以进行代数运算，而且可以将几个标准差合成总标准差；受抽样变动的影响小。其缺点是较难理解，易受极端数值的影响。一般情况下，比较不同数据的离散程度都采用标准差。

第四节　标准差的应用

标准差是统计学中应用最广泛的统计量之一。推断统计中经常使用它。

标准差具有较为稳定、可靠的特点，它在比较具有相同单位、相等平均数的数据分布时起重要的作用。但是，若要比较单位不同，平均数各异的数据分布，标准差则会显示出它的局限性。请看下面两个例子。

例1：甲、乙两班各有50人，某次考试的成绩统计是：

甲班：$\bar{X}_{甲}$=50分，$S_{甲}$=10分；

乙班：$\bar{X}_{乙}$=70分，$S_{乙}$=10分。

例2：某班有50名学生，身高和体重的平均数和标准差分别为：

$\bar{X}_{身高}$=162厘米，$S_{身高}$=20厘米；

$\bar{X}_{体重}$=51公斤，$S_{体重}$=6.3公斤。

对于上面两例，我们能说其离散程度一样或不一样吗？显然，下结论为时尚早，因为对于例1来说，尽管标准差相同，单位也相同，但是平均数却不同。对于甲班来说，50分的平均分就有10分的标准差，而乙班同样是10分的标准差，平均分却达到了70分。如果我们仅凭标准差相同就说两个班的成绩分布的齐整性一样是不对的。对于例2来说，我们根本无法对其离散程度做比较，因为身高和体重的单位不同，不具有可比性。在这样的情况下，要比较不同数据分布的离散程度，就必须采用新的差异量数，这就是变异系数。

一、标准差的变异系数

差异量数分为绝对差异量数和相对差异量数。全距、平均差、方差和标准差等都是绝对差异量数。它们和原始数据具有相同的测量单位。相对差异量数是不含测量单位的纯量数，因此，它可以比较不同单位、不同数据分布的离散程度。这里我们只介绍标准差的变异系数。

标准差的变异系数也称相对标准差，是一种相对差异量数。它是指标准差与其平均数的百分比。用符号 CV 表示。其公式为：

$$CV = \frac{S}{\bar{X}} \times 100\% \qquad (4-8)$$

运用公式（4-8）计算上面所列举的两个例子，可得：

例1的 CV 分别为：

甲班 $CV = \frac{S}{\bar{X}} \times 100\% = \frac{10}{50} \times 100\% = 20\%$;

乙班 $CV = \frac{S}{\bar{X}} \times 100\% = \frac{10}{70} \times 100\% \approx 14.3\%$;

身高 $CV = \frac{S}{\bar{X}} \times 100\% = \frac{20}{162} \times 100\% \approx 12.3\%$;

体重 $CV = \frac{S}{\bar{X}} \times 100\% = \frac{6.3}{51} \times 100\% \approx 12.4\%$ 。

从上例看出，尽管例1的标准差相同，但平均数不同，其实际的离散程度也就不同。例2的平均数不同，标准差也不同，但其变异系数却几乎是一样的，即它实际上的离散程度是一样的。因此，我们可以得出结论：测量单位不同，或者平均数不同，不能用标准差比较两组数据的离散程度，而必须用变异系数。变异系数越大，离散程度越高。反之，离散程度越低。

二、标准分数

（一）标准分数的概念

标准分数是原始分数与平均数的离差除以标准差所得的商。用符号 Z 或（U）表示，因而也称为 Z 分数。

（二）标准分数的计算方法

由定义可知，标准分数的计算公式为：

$$Z = \frac{X - \bar{X}}{S} \qquad\qquad (4-9)$$

式中，Z 为标准分数；X 为某原始分数；S 为标准差；$\bar{X}$ 为平均数。

标准分数没有实际单位，它不仅能表示原始数据在一组数据分布中的地位，在不同分布的各原始数据之间进行比较，而且还可以将两个不同单位的数据转化为标准分进行比较。

例：某班语文测验的平均分为80分，标准差为7分。现有甲生得75分，乙生得94分，丙生得80分。求三位学生的标准分数。

把题中各数值代入公式（4-9）$Z = \dfrac{X - \bar{X}}{S}$ 得：

$$Z_{甲} = \frac{75 - 80}{7} \approx -0.71$$

$$Z_{乙} = \frac{94 - 80}{7} = 2$$

$$Z_{丙} = \frac{80 - 80}{7} = 0$$

从例中可以看出，标准分数有正数、负数和零。原始分数等于平均数，其标准分数等于零；原始分数大于平均数，其标准分数为正数；原始分数小于平均数，其标准分数为负数。标准分数表示原始分数与平均数之间的地位关系，因此，标准分数是一种地位量数。标准分数的绝对值，说明了该原始分数与平均数的距离，绝对值越大，距离越远；反之，距离越近。

由于标准分数是一种没有单位的纯量数，因此，它具有可比性和可加性。而原始分数带有原来的测量单位，因而不具有可比性和可加性。目前在教学或教育评估中，用原始分数来比较多学科的总成绩，是不合理、不科学的，而必须用标准分数。

例：甲、乙两名学生五科考试成绩如下，试分析哪名学生成绩好一些。

表4-3 甲、乙两考生总成绩标准分数计算表

科目	$\bar{X}$	S	X 甲生	乙生	$X-\bar{X}$ 甲生	乙生	Z 甲生	乙生
语文	70.0	14.0	80	85	10	15	0.71	1.07
数学	85.0	3.5	90	88	5	3	1.43	0.86
地理	55.0	4.0	57	51	2	−4	0.5	−1.00
历史	42.0	5.0	45	40	3	−2	0.60	−0.40
政治	70.0	8.0	70	90	0	20	0	2.50
合计			342	354			3.24	3.03

如表4-3所示，甲生的标准分数 $Z=3.24$，而乙生的标准分数 $Z=3.03$。从标准分数看，甲生成绩优于乙生。而从原始分数看，甲生成绩差于乙生。为什么会出现两个截然相反的结论呢？这是因为，不同考试科目试题的难易程度不同，分数的价值也不可能一样，如例中的数学和历史两科，可能由于数学试题较容易，而历史试题较难，两科平均分数相差悬殊，因而其分数的价值不一样。可以说，同样1分，历史分数的价值远远大于数学分数的价值。原始分数忽视了不同科目分数的价值不同这一重要信息，因而，用原始分数比较多学科的总成绩是不合理、不科学的。因此，在分析学生成绩时，应把原始分数转化为标准分数，再进行比较才合理、可靠。

第五节 在SPSS中求标准差的操作方法

【案例分析】

例如，某研究者得到以下两组成绩：

分组	测验成绩						
甲组	54	63	72	74	82	88	99
乙组	67	71	73	76	79	82	84

请问甲组成绩是否比乙组成绩好？为什么？

解：比较两组成绩即对两组成绩的集中数量和差异数量进行比较分析。

1. SPSS操作步骤

（1）建立SPSS数据文件。定义两个变量"甲组成绩""乙组成绩"，变量类型均为【Numeric】型。

Name	Type	Width	Decim..	Label	Values	Missing	Columns	Align	Measure
甲组成绩	Numeric	8	0		None	None	8	≡ Right	✐ Scale
乙组成绩	Numeric	8	0		None	None	8	≡ Right	✐ Scale

	甲组成绩	乙组成绩
1	54	67
2	63	71
3	72	73
4	74	76
5	82	79
6	88	82
7	99	84

（2）单击【Analyze】—【Descriptive Statistics】—【Frequencies】菜单项，打开【Frequencies】对话框，将变量"甲组成绩""乙组成绩"移入【Variable(s)】框。

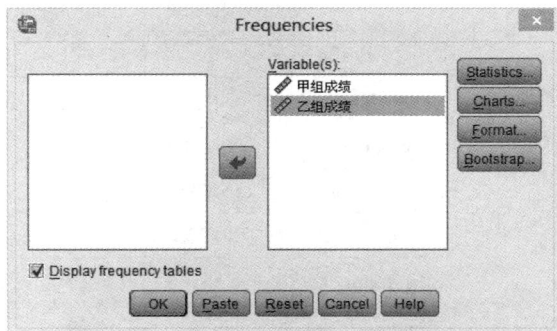

（3）打开【Statistics】对话框，根据题目要求，在【Central Tendency】中勾选【Mean】。在【Dispersion】中勾选【Std. deviation】、【Variance】、【Minimum】、【Maximum】。点击【Continue】返回主对话框，单击【OK】，即可执行SPSS命令。

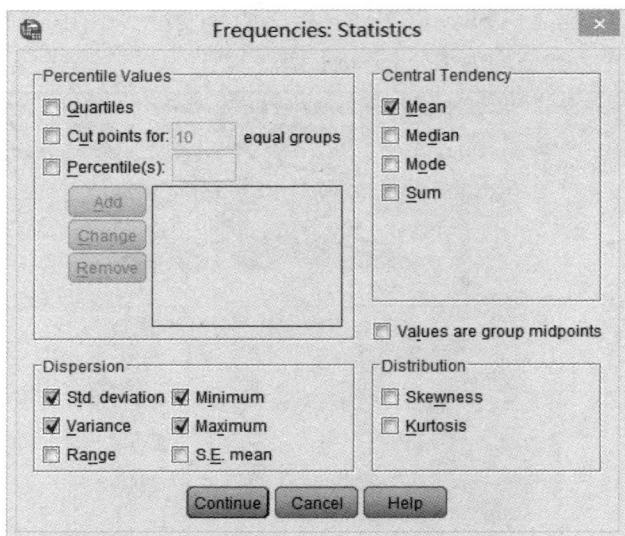

2. 输出结果分析

（1）统计量结果：

Statistics

		甲组成绩	乙组成绩
N	Valid	7	7
	Missing	0	0
Mean		76.00	76.00
Std. Deviation		15.177	6.110
Variance		230.333	37.333
Minimum		54	67
Maximum		99	84

上表分别给出了甲、乙两组数据的有效值、缺失值、平均数、标准差、方差、最大值和最小值。

由表可知，甲组和乙组的成绩均值都是76，因此需要比较两组数据的离散情况。甲组成绩最大值99，最小值54；乙组成绩最大值84，最小值67。我们可粗略估计甲组成绩更为离散。甲组成绩标准差15.177>乙组成绩标准差6.110；甲组成绩方差230.333>乙组成绩方差37.333。因此，乙组成绩更加集中，乙组成绩整体而言要比甲组成绩好。

本　章　小　结

本章主要介绍全距、平均差、方差和标准差四种差异量数的计算、特点及其应用。其中标准差是应用最广泛、最重要的差异量数。为了便于比较记忆，现列表如下。

各种差异量数的比较

名称	符号	计算公式（定义）	优点	缺点	适用范围
全距（两极差）	R	$R=X_{max}-X_{min}$	易于理解，便于计算	受极端数据影响，缺乏代表性	进行粗略比较，考查两个极端数据的差异程度
平均差（均差）	AD	$AD=\dfrac{\sum\|X-\bar{X}\|}{n}$	全部数据参加计算，受抽样影响小	使用离差绝对值不合理，不能用代数方法计算	一般情况下，与平均数联合使用
标准差	S σ	$S=\sqrt{\dfrac{\sum\left(X-\bar{X}\right)^2}{n}}$	全部数据参加计算；数值稳定、可靠；能用代数方法处理	运算较繁；受极端数据的影响	广泛使用，是统计学中的重要概念。经常使用S^2（方差）

注意：

1．标准差是一种较可靠、稳定的差异量数，它可以用来比较不同数据分布的离散情况，但是这种比较必须在测量单位相同、平均数相同或相近的情况下才有用，否则，必须采用变异系数做比较。

2．不管是绝对差异量数还是相对差异量数，都只标志一组数据离开集中量数的分散程度。差异量数越大，说明数据的离中趋势越大；反之，则越小。但是，差异量数的大小并不表明数据的优劣，要判断不同数据分布的优劣，还要视具体问题的具体要求而定。

3．标准分数是针对各科考试的原始分数不具有可比性、可加性而提出来的，它适用于各科考试或历次同科考试成绩分布的大体相同或相近的情况。标准分数的可加性是与原始分数相比较而言的，但它并非十全十美。因此我们在处理可加性问题时应与原始分数做比较，全面分析。

4．在各科考试成绩分布相差较大的情况下，我们要先对原始分数的分布做正态化处理，然后才能使用标准分数。

思考与实践

1．度量离中趋势的差异量数有哪些？为什么要度量离中趋势？

2．各种差异量数各有什么特点？

3．标准差在教育与心理研究中，除了度量数据的离散程度，还有哪些作用？

4．应用标准分数求不同质的数据时应注意什么问题？

5．简述方差和差异系数在反映数据离散程度上的区别和联系。

6．某地中考的英语平均成绩是78分，标准差为10分，数学平均成绩为80分，标准差为4分，某考生的中考英语和数学成绩均为85分，试比较该生哪门课考得好？

7. 某研究者得到以下两组成绩：

两组学生测验得分表

分组	测验成绩（X）							$\sum X$	M
甲组	54	63	72	74	82	88	99	532	76
乙组	67	71	73	76	79	82	84	532	76

试问：①两组分数的分布是否一样？为什么？②哪个均数的代表性更好？为什么？

8. 这里有200个学生在做德文词汇多项测验时错误选择的分布表，求其方差、标准差、平均差、百分位差和四分差。

错误总数	学生数量
6—10	12
11—15	73
16—20	52
21—25	39
26—30	24
总计	200

9. 计算下列数列的 M、S^2 和 S：3，4，5，5，6，7。

1）给每一个数加或减2，然后再计算 M、S^2 和 S。结果会有什么不同吗？

2）把每一个数乘以或除以2，计算 M、S^2 和 S。结果会有什么不同吗？

10. 某班平时测验30分钟，$M=84$，$S=7$；期中测验45分钟，$M=80$，$S=10$；期末测验90分钟，$M=76$，$S=12$。某生三次测验得分分别为：90，89，85。请问：他的学期Z分数是多少？

第五章　相关分析

前面两章所讲的集中量数和差异量数，都是处理单一变量的统计方法。这一章我们将讨论两列变量的统计方法，即两列变量的相关分析方法。

第一节　相关的一般概述

一、相关的概念

在教学过程中，我们会发现这样的现象，学生某一学科成绩的好坏，会对其他学科产生一定的影响。如数学成绩好的学生，其物理和化学等学科成绩在一般情况下也会相对较好。学生学习的努力程度也会影响学习成绩。学生智力水平的高低也是影响学习成绩的因素之一。这是教育上的现象。同样，在物理中，温度和体积之间也存在着一定的关系。还有，自然界中的日出日落与大海的潮汐都有一定的关系。所有这些现象说明，不管是自然现象、物理现象还是教育现象，它们之间的各种因素都存在着互相联系、互相制约的关系。这种关系反映在数量上，便是两列变量之间的关系。变量之间的关系可以分为两大类，即函数关系和相关关系。

函数关系是指两列变量之间具有确定性的数量关系。这种关系表达为数学语言便是函数式，如圆的半径和面积之间的关系：$S=\pi r^2$。这里半径 r 和面积 S 之间的关系是确定的。但是，学生的智力与其学习成绩之间的关系却没有这种确定性。这种没有确定性关系的事物和现象，广泛存在于自然和社会生活之中。这就是我们本章所要研究的相关关系。

所谓相关关系就是指现象之间确实存在着数量上的相互依存的关系，而这种关系是不确定的，如学生的数学成绩与物理成绩之间的关系，学生的身高与体重之间的关系。

二、相关的种类

相关关系按不同的原则可以分为：直线相关和曲线相关；正相关、负相关和零相关等。下面我们介绍正相关、负相关和零相关。

（一）正相关

正相关是两列变量具有相同的变动方向，即一变量变动时，另一变量也发生没有确定数量的同方向的变动。例如，一般来说，智力越高，学习成绩也会越好；数学成绩越高，物理成绩也就越好。这种相关关系就是正相关。

（二）负相关

负相关就是两列变量的变动方向相反，即一变量变动时，另一变量也发生没有确定数量的相反方向的变动。如学生的旷课次数与学习成绩之间的关系就是负相关。

（三）零相关

零相关是指一列变量发生变动，另一列变量没有变动，或发生没有规则的变动。如学校规模与教学质量之间的关系就是零相关。

三、相关系数

两列变量相关的紧密程度是用相关系数来描述的。相关系数用符号 r 或 ρ 表示。r 的值在 $+1.00$ 和 -1.00 之间，即 $-1.00 \leqslant r \leqslant +1.00$。若 $r=+1.00$，则两列变量的关系为完全正相关；若 $r=-1.00$，则为完全负相关；若 $r=0$，则为零相关。相关系数的正、负号只表示相关的方向，其绝对值表示相关的密切程度。

根据资料数据的不同性质，计算相关系数相应有不同的方法，下面介绍几种主要方法。

第二节　积差相关

积差相关是计算分布形式为正态，且变量的对数不少于30的两列连续变量的相关程度的一种方法。它是英国统计学家皮尔逊提出来的，因而积差相关法又称为皮尔逊积差法。

一、积差相关的基本公式及计算方法

设有两列变量X和Y：

X：X_1，X_2，$\cdots$，X_n

Y：Y_1，Y_2，$\cdots$，Y_n

计算积差相关系数的基本公式为：

$$r = \frac{\sum (X - \bar{X})(Y - \bar{Y})}{n.S_X S_Y} = \frac{\sum xy}{n S_X S_Y} \qquad (5\text{-}1)$$

式中r为变量X和Y的相关系数；

$\bar{X}$为变量X的平均数；

$\bar{Y}$为变量Y的平均数；

$x = X - \bar{X}$，$y = Y - \bar{Y}$；

n为成对变量的数目；

S_X为变量X的标准差；

S_Y为变量Y的标准差。

根据$S_X = \sqrt{\dfrac{\sum (X - \bar{X})^2}{n}} = \sqrt{\dfrac{\sum x^2}{n}}$，$S_Y = \sqrt{\dfrac{\sum (Y - \bar{Y})^2}{n}} = \sqrt{\dfrac{\sum y^2}{n}}$

的公式，上式可推导成：

$$r = \frac{\sum xy}{\sqrt{\sum x^2 \cdot \sum y^2}} \qquad (5\text{-}2)$$

公式（5-2）是根据原始数据的离差计算的。

例：某地区某年升中考试10名学生的政治与语文成绩如下表中的第一、第二栏。求积差相关系数。

表5-1　10名学生的政治与语文成绩相关系数计算表

1	2	3	4	5	6	7
X_i	Y_i	x	y	x^2	y^2	xy
74	82	−1.6	−1.7	2.56	2.89	2.72
71	75	−4.6	−8.7	22.16	75.69	40.02
80	81	4.4	−2.7	19.36	7.29	−−11.88
85	89	9.4	5.3	88.36	28.09	49.82
76	82	0.4	−1.7	0.16	2.89	−0.68
77	89	1.4	5.3	1.96	28.09	7.42
77	88	1.4	4.3	1.96	18.49	6.02
68	84	−7.6	0.3	57.76	0.09	−2.28
74	80	−1.6	−3.7	2.56	13.69	5.92
74	87	−1.6	3.3	2.56	10.89	−5.28
总计　756	837			199.4	188.1	91.8

具体计算步骤为：

（1）求出两列变量的平均数 $\overline{X}$ 和 $\overline{Y}$。本题的 $\overline{X}$ =75.6，$\overline{Y}$ =83.7；

（2）分别求两列变量各个数据的离差 x 和 y。本题的离差 $x = X - \overline{X}$（见表中第三栏），$y = Y - \overline{Y}$（见表中第四栏）；

（3）计算各离差的平方 x^2（见表中第五栏）和 y^2（见表中第五、第六栏）；

（4）求两列变量对应数据的离差之积 xy（见表中第七栏）；

（5）代入公式（5-2）可得：

$$r = \frac{\sum xy}{\sqrt{\sum x^2 \cdot \sum y^2}} = \frac{91.8}{\sqrt{199.4 \times 188.1}} \approx 0.47$$

从上例的计算可以看出，一组数据的平均数往往是小数，这样计算所得的离差x和y以及积差xy也都是小数，很麻烦。如用原始数据计算，会简便一些。

二、用原始数据求积差相关系数

直接用原始数据计算积差相关系数，无须计算平均数和离差。其计算公式如下：

$$r = \frac{\sum XY - \frac{1}{n}\left(\sum X\right)\left(\sum Y\right)}{\sqrt{\sum X^2 - \frac{1}{n}\left(\sum X\right)^2}\sqrt{\sum Y^2 - \frac{1}{n}\left(\sum Y\right)^2}}$$

$$= \frac{n\sum XY - \left(\sum X\right)\left(\sum Y\right)}{\sqrt{n\sum X^2 - \left(\sum X\right)^2}\sqrt{n\sum Y^2 - \left(\sum Y\right)^2}}$$

（5-3）

例：用原始数据法求上例资料的积差相关系数。计算表如下。

表5-2 10个学生的政治和语文成绩的相关系数计算表

X	Y	X^2	Y^2	XY
74	82	5476	6724	6068
71	75	5041	5625	5325
80	81	6400	6561	6480
85	89	7225	7921	7565
76	82	5776	6724	6232
77	89	5929	7921	6853
77	88	5929	7744	6776
68	84	4624	7056	5712
74	80	5476	6400	5920
74	87	5476	7569	6438
ΣX=756	ΣY=837	ΣX^2=57352	ΣY^2=70245	ΣXY=63369

具体计算步骤是：

（1）计算各变量X和Y的平方，见表中的X^2和Y^2两栏；

（2）计算各对变量的乘积XY，见表中的XY栏；

（3）将数据代入公式（5-3）可得：

$$r = \frac{n\sum XY - \left(\sum X\right)\left(\sum Y\right)}{\sqrt{n\sum X^2 - \left(\sum X\right)^2}\sqrt{n\sum Y^2 - \left(\sum Y\right)^2}}$$

$$= \frac{10 \times 63369 - 756 \times 837}{\sqrt{(10 \times 57352 - 571536)(10 \times 70245 - 700569)}} \approx 0.48$$

两种方法的计算结果是一致的。这是因为公式（5-2）和（5-3）本质是一致的。

此外，还可以用两列变量的标准差S_x和S_y来计算相关系数。其计算公式为：

$$r = \frac{\sum xy}{nS_x S_y} \qquad (5-4)$$

大家可以根据上例的资料加以计算。

第三节 等级相关

积差相关法适用于计算两列变量都是连续变量的资料。它是一种结果较为精确、应用较广的相关系数法。但是，当变量不是连续变量时，这种方法便无法应用。这时，我们需要使用新的方法来求取相关系数，这就是本节所要介绍的内容。

一、等级相关

（一）等级相关的概念及计算公式

在教学中，有时教师对学生的成绩的评定不是采用百分制而是采用等级制计分，如用优、良、中、及格、不及格五个等级表示，对学生品行的评定用甲、乙、丙、丁四种等级表示，等等。对于这些用等级表示的变量，积差相关法已经无能为力了。这时，我们必须用等级相关法来求相关系数。等级相关是英国心理学家斯皮尔曼根据积差相关的概念推导出来的。因而，我们可以说它是积差相关的特殊形式。

等级相关系数是把两列变量按变量值的大小顺序排列成等级而计算得到的相关的系数。用符号 r_ρ 表示。计算公式为：

$$r_\rho = 1 - \frac{6\sum D^2}{n\left(n^2 - 1\right)} \qquad （5-5）$$

式中 r_ρ 为等级相关系数；

　　　　n 为变量的对数；

　　　　D 为两列变量对应等级之差。

（二）等级相关系数的计算方法

1. 用等级数据求等级相关系数

例：某种思维测验和学科测验分别用等级表示，其等级分别为表中的第二栏、第三栏。求其等级相关系数。

表5-3　思维测验与学科测验等级相关计算表

学生	思维测验 Rx	学科测验 Ry	D	D^2
1	1	1	0	0
2	5	7	−2	4
3	3	3	0	0
4	7	5	2	4
5	2	2	0	0
6	6	6	0	0
7	4	4	0	0
8	8	8	0	0
$n=8$				$\Sigma D^2 = 8$

具体计算步骤如下：

（1）分别求各对应等级的差D，见表中第四栏；

（2）求各D^2以及ΣD^2，见表中第五栏；

（3）将数据代入公式（5-5）可得r_ρ。

$$r_\rho = 1 - \frac{6\sum D^2}{n\left(n^2 - 1\right)} = 1 - \frac{6 \times 8}{8 \times \left(8^2 - 1\right)} \approx 0.9$$

2. 用连续数据求等级相关系数

用连续数据求等级相关系数，首先要把连续数据化成等级，然后再按用等级数据求等级相关系数的方法计算。连续数据化为等级数据的原则是：数值最大的为第1等，次者为第2等，再次者为第3等，依此类推。若连续数据中有两个或两个以上相同的数值，则应将这些相同数值所占的等级数之和除以相同数值的个数作为这些数值的共同等级。请看例子。

例：将下列一组数据排成等级。数据如下：

5，4，3，3，2，6，7，10，3，7。

例中，最大数值10为第1等；其次是7，数值为7的数据有两个，它们应占第2、第3两个等级，因而它们的等级数都为$\frac{2+3}{2} = 2.5$；再次是数据6，它应占第4等，接下来5是第5等，4是第6等；数值为3的数据有3个，它们应占第7、8、9三个等级，因而它们的等级均为$\frac{7+8+9}{3} = 8$等，最小的数据是2，其等级应为第10等。故10个数据的等级分别为：

数据：4，5，3，3，2，6，7，10，3，7

等级：6，5，8，8，10，4，2.5，1，8，2.5

例：10名学员的教育统计学和普通心理学成绩如下，求其等级相关系数。

表5-4　等级相关计算表

学员	教育统计学X	普通心理学Y	Rx	Ry	D	D²
1	94	93	1	1	0	0
2	90	92	2	2.5	−0.5	0.25
3	86	92	4	2.5	−1.5	2.25
4	86	70	4	7	−3	9
5	86	83	4	4	0	0
6	70	75	6	6	0	0
7	68	66	7	8	−1	1
8	65	76	8	5	3	9
9	62	64	9	9	0	0
10	60	61	10	10	0	0
$n=10$						$\sum D^2 = 21.50$

计算步骤如下：

（1）先将变量X和Y化成等级，如表中的Rx和Ry栏；

（2）求等级差D和D^2；

（3）将数据代入公式（5-5）可得r_ρ。

$$r_\rho = 1 - \frac{6\sum D^2}{n(n^2-1)} = 1 - \frac{6 \times 21.50}{10 \times (10^2-1)} \approx 0.87$$

第四节　质量相关

一列变量为等比或等距的测量变量，另一列变量是按性质划分的变量，求这两个变量之间的直线相关称为质量相关。它主要包括：点二列相关、二列相关和多列相关。

一、点二列相关

点二列相关法是计算两列变量，其中一列变量为连续变量，另一列变量为二分称名变量的相关系数的一种方法。所谓二分称名变量就是一个变量按照某一标志只能分为两类的变量。如选择题可以根据考生的选择结果分为对和错，学生可以按性别分为男和女，高考的结果可以分为录取和不录取，等等，所有这些变量都称为二分称名变量。

点二列相关系数的计算公式为：

$$r_{pb} = \frac{\overline{X}_p - \overline{X}_q}{S_X} \sqrt{pq} \qquad （5-6）$$

式中，r_{pb} 表示点二列相关系数；

p 为二分变量中其中一项所占的比例；

q 为二分变量中另一项所占的比例，$q=1-p$；

$\overline{X}_p$ 为连续变量中 p 部分的所有数据的平均数；

$\overline{X}_q$ 为连续变量中 q 部分的所有数据的平均数；

S_x 为全体连续变量的标准差。

请看具体例子。

例：某次化学考试 10 名考生中，6 名男生的成绩分别为 67，72，83，74，65，46。4 名女生的成绩分别为：91，80，56，60。求性别和化学成绩的相关系数。

性别为二分称名变量，化学成绩为连续变量，故求的是点二列相关系数 r_{pb}。

题中，男生为 6 名，所占的比例 $p = \dfrac{6}{10} = 0.6$；

女生所占的比例为 $q=1-p=1-0.6=0.4$。

若化学成绩用 X 表示，则：

男生的化学平均成绩 $\overline{X}_p$ =67.83；

女生的化学平均成绩 $\overline{X}_q$ =71.75；

10名学生的化学成绩的标准差为S_x=12.78。

将以上数据代入公式（5-6）可得：

$$r_{pb} = \frac{\overline{X}_p - \overline{X}_q}{S_X}\sqrt{pq} = \frac{67.83 - 71.75}{12.78} \times \sqrt{0.6 \times 0.4} \approx -0.15$$

这里得到的点二列相关系数为负值，这是因为分子（$\overline{X}_p - \overline{X}_q$）即男生化学成绩的平均数小于女生化学成绩的平均数所致。在二分称名变量中，究竟哪部分作为p部分，哪部分作为q部分，可以随便选择。当p部分的平均数大于q部分的平均数时，r_{pb}的值为正，反之，r_{pb}的值为负。

二、二列相关

二列相关法是指一列正态连续变量和一列人为二分称名变量间的相关分析方法。用符号"r_b"（bi-serial correlation）表示，其值介于−1到+1之间。这里"二分变量"的特点有两个：一是正态性；二是人为性。所谓人为性，是指一列数据被人为地分为两类，如测验成绩分为及格与不及格，健康状态分为健康与不健康，身高分为高与矮等。

二列相关的计算公式为：

$$r_b = \frac{\overline{X}_p - \overline{X}_q}{S_t} \times \frac{pq}{y} \qquad （5-7）$$

或

$$r_b = \frac{\overline{X}_p - \overline{X}_t}{S_t} \times \frac{p}{y} \qquad （5-8）$$

式中：y值的确定是关键，其值为P对应的正态分布的纵线高度；

p为二分变量中其中一项所占的比例；

q为二分变量中另一项所占的比例，$q=1-p$；

$\overline{X}_p$ 为连续变量中 p 部分的所有数据的平均数；

$\overline{X}_q$ 为连续变量中 q 部分的所有数据的平均数；

$\overline{X}_t$ 为全体连续变量的总平均数；

S_t 为全体连续变量的标准差。

二列相关在教育与心理测量研究中常常作为主观题（问答题）的区分度指标。请看下面的具体例子。

例：某研究者编制了一成就测验，欲知其中一道论述题的区分度。随机抽取150名学生，按一定标准把该题得分划分为合格与不合格两类，结果如下表。求该题与总分的相关。

测验总分	f_t	f_p	f_q
90—	2	2	0
80—	5	5	0
70—	16	13	3
60—	19	16	3
50—	23	14	9
40—	18	8	10
30—	15	4	11
20—	8	1	7
10—	2	0	2
Σ	108	63	45

解：（1）求总均数和标准差。

测验总分	f_t	f_p	f_q	d	d^2	fd	fd^2
90—	2	2	0	4	16	8	32
80—	5	5	0	3	9	15	45
70—	16	13	3	2	4	32	64
60—	19	16	3	1	1	19	19

（续表）

测验总分	f_t	f_p	f_q	d	d^2	f_td	f_td^2
50—	23	14	9	0	0	0	0
40—	18	8	10	−1	1	−18	18
30—	15	4	11	−2	4	−30	60
20—	8	1	7	−3	9	−24	72
10—	2	0	2	−4	16	−8	32
Σ	108	63	45	−	−	−6	342

$$\overline{X}_t = A + \frac{\sum f_t d}{\sum f_t} \cdot i = 54.5 + \frac{-6}{108} \times 10 \approx 53.94$$

$$S_t = \sqrt{\frac{\sum f_t d^2}{\sum f} - \left(\frac{\sum f_t d}{\sum f}\right)^2} \cdot i = \sqrt{\frac{342}{108} - \left(\frac{-6}{108}\right)^2} \times 10 \approx 17.79$$

（2）求 p、q 的平均数。

测验总分	f_t	f_p	f_q	d	d^2	f_pd	f_qd
90—	2	2	0	4	16	8	0
80—	5	5	0	3	9	15	0
70—	16	13	3	2	4	26	6
60—	19	16	3	1	1	16	3
50—	23	14	9	0	0	0	0
40—	18	8	10	−1	1	−8	−10
30—	15	4	11	−2	4	−8	−22
20—	8	1	7	−3	9	−3	−21
10—	2	0	2	−4	16	0	−8
Σ	108	63	45	−	−	46	−52

$$\overline{X_p} = A + \frac{\sum f_p d}{\sum f_p} \cdot i = 54.5 + \frac{46}{63} \times 10 = 61.80$$

$$\overline{X_q} = A + \frac{\sum f_q d}{\sum f_q} \cdot i = 54.5 + \frac{-52}{45} \times 10 = 42.94$$

（3）求正态曲线纵线高度 y 。

$\because p = \dfrac{\sum f_p}{\sum f_t} = \dfrac{63}{108} = 0.5833$ ，查正态曲线表，则有：

$$p_y = |p - 0.5| = |0.5833 - 0.5| = 0.0833$$

$$\therefore y = 0.39024$$

（4）将以上过程所求值代入公式（5-7）。

$$r_b = \frac{\overline{X_p} - \overline{X_q}}{S_t} \times \frac{pq}{y} = \frac{61.80 - 42.94}{17.79} \times \frac{0.5833 \times 0.4167}{0.39024} \approx 0.66$$

（5）检验显著性。

采用公式：
$$Z = \frac{r_b}{\frac{1}{y} \sqrt{\frac{pq}{\sum f}}}$$

（5-9）

判别规则为：

$Z \geqslant Z_{0.05/2} = 1.96$ ，相关显著；

$Z \leqslant Z_{0.01/2} = 2.58$ ，相关极显著；

$Z < Z_{0.05/2} = 1.96$ ，相关不显著。

本例中：

$$Z = \frac{r_b}{\frac{1}{y} \sqrt{\frac{pq}{\sum f}}} = \frac{0.66}{\frac{1}{0.39024} \sqrt{\frac{0.5833 \times 0.4167}{108}}} \approx 5.4$$

因为 $Z = 5.4 > Z_{0.01/2} = 2.58$ ，所以该题与总分的相关极显著。

第五节　品质相关

品质相关法主要是解决两个称名二分变量（无论是否人为划分）之间的相关分析方法，主要包括：四分相关、ϕ 相关和列联相关。

一、四分相关

四分相关法适用于两个变量都是连续正态分布的变量，且两者呈线性关系，但都被人为地划分为二分变量。这类相关多以四格表的形式出现，大都用于同一个被试样本中，分别调查四个不同因素两项分类的情况。计算公式为：

$$r_t = \cos\left(\frac{180^\circ}{1+\sqrt{ad/bc}}\right) \tag{5-10}$$

或

$$r_t = \cos\left(\frac{\sqrt{bc}}{\sqrt{ad}+\sqrt{bc}}\pi\right) \tag{5-11}$$

式中：a、b、c、d 表示四个表中的实际频数。

请看下面的具体例子。

例：下表所列数据是某年级 378 名学生的历史与政治测试成绩，设两科成绩分布为正态，只是人为地将其按一定的标准划分为及格、不及格两类。请问：两科成绩的关联程度如何？

历史　＼　政治	及格	不及格	Σ
及格	125（a）	68（b）	193
不及格	85（c）	100（d）	185
Σ	210	168	378

解：（1）将 a、b、c、d 分别代入公式（5-10）得：

$$r_t = \cos\left(\frac{180°}{1 + \sqrt{ad/bc}}\right) = \cos\left(\frac{180°}{1 + \sqrt{\dfrac{125 \times 100}{68 \times 85}}}\right) = 0.2945$$

（2）检验显著性。

欲判定这个相关系数是由两科成绩的真实相关导致还是取样误差所致，则需进行显著性检验。

采用公式：
$$Z = \frac{r_t}{\dfrac{1}{y_1 y_2} \sqrt{\dfrac{p_1 q_1 p_2 q_2}{N}}} \tag{5-12}$$

判别规则为：

$Z \geq Z_{0.05/2} = 1.96$，相关显著；

$Z \geq Z_{0.01/2} = 2.58$，相关极显著；

$Z < Z_{0.05/2} = 1.96$，相关不显著。

本例中：

$$Z = \frac{r_t}{\dfrac{1}{y_1 y_2} \sqrt{\dfrac{p_1 q_1 p_2 q_2}{N}}} = \frac{0.2945}{\dfrac{1}{0.3944 \times 0.3987} \times \sqrt{\dfrac{0.56 \times 0.44 \times 0.51 \times 0.49}{378}}} \approx 3.63$$

因为 $Z = 3.63 > Z_{0.01/2} = 2.58$，所以 $p < 0.01$，即两科成绩密切相关。

二、ϕ 相关

ϕ 相关适用于除四分相关之外的四格表，其计算公式为：

$$\phi = \frac{ad - bc}{\sqrt{(a+b)(a+c)(b+d)(c+d)}} \tag{5-13}$$

式中：a、b、c、d 分别表示表中的四个实际频数。

请看下面的具体例子。

例：将100名被试随机分成条件相同的两组，然后采用两种不同的方法进行体育达标训练，训练结束进行测试，结果经整理如下表。请问：训练方法对训练成绩的影响程度如何？

成绩	方法		Σ
	A	B	
合格	35（a）	22（c）	57
不合格	15（b）	28（d）	43
Σ	50	50	100

解：（1）将 a、b、c、d 分别代入公式（5-13）得：

$$\phi = \frac{ad - bc}{\sqrt{(a+b)(a+c)(b+d)(c+d)}} = \frac{35 \times 28 - 22 \times 15}{\sqrt{57 \times 43 \times 50 \times 50}} \approx 0.26$$

（2）显著性检验。

采用公式： $\chi^2 = N\phi^2 \quad df = 1$ （5-14）

查 χ^2 临界值表，判别规则为：

$\chi^2 \geqslant 3.84$，相关显著；

$\chi^2 \geqslant 6.63$，相关极显著；

$\chi^2 < 3.84$，相关不显著。

在本例中，$\chi^2 = N\phi^2 = 100 \times 0.26^2 = 6.76$。

当 $df = 1$ 时，$\chi^2_{0.05} = 3.84$，$\chi^2_{0.01} = 6.63$。

因为 $\chi^2 = 6.76 > \chi^2_{0.01} = 6.63$，所以二者相关极显著，即训练方法对训练成绩的影响极显著。

三、列联相关

当两列变量中的一列变量或两列变量被分成三个或三个以上类别，用来表示两列变量之间的相关，称为列联相关。其计算公式为：

$$C = \sqrt{\frac{\chi^2}{n + \chi^2}}$$ （5-15）

或

$$T = \sqrt{\frac{\chi^2}{\sqrt{(R-1)(C-1)N}}} \qquad (5-16)$$

式中：C 为列联相关系数；

χ^2 值是经 χ^2 检验计算的结果（具体内容可参见本书第九章）；

n 是样本的容量。

请看下面的具体例子。

例：一项研究想要了解眼优势与手优势之间的相关关系，调查结果如下表所示：

		眼优势			总和
		左眼	平衡	右眼	
手优势	左手	34	62	28	124
	平衡	27	28	20	75
	右手	57	105	52	214
总和		118	195	100	413

解：（1）先计算 χ^2 值。

$$\chi^2 = N\left(\sum \frac{f_o{}^2}{f_r \cdot f_c} - 1\right)$$

$$= 413 \times \left(\frac{34^2}{124 \times 118} + \frac{62^2}{124 \times 195} + \ldots + \frac{52^2}{214 \times 100} - 1\right) \approx 4.02$$

因为 $\chi^2 = 4.02 < 9.49 = \chi^2_{0.05(4)}$，所以两个变量无关。

（2）计算列联相关系数。

$$C = \sqrt{\frac{\chi^2}{n + \chi^2}} = \sqrt{\frac{4.02}{413 + 4.02}} \approx 0.098$$

$$T = \sqrt{\frac{\chi^2}{\sqrt{(R-1)(C-1)N}}} = \sqrt{\frac{4.02}{\sqrt{(3-1)(3-1) \times 413}}} \approx 0.04933$$

相关系数较小，因 χ^2 检验不显著，故列联相关系数也不显著，即眼优势与手优势之间无显著性相关。

第六节 相关分析在SPSS中的应用

根据变量性质的不同，两个变量的相关可以分为积差相关、等级相关、质量相关、品质相关等。不同相关分析方法对变量性质的要求也不同，详见下表：

变量类型与相关分析方法选择

	称名变量	顺序变量	等距变量	比率变量
称名变量	品质相关	品质相关	质量相关	质量相关
顺序变量		等级相关	质量相关	质量相关
等距变量			积差相关	积差相关
比率变量				积差相关

需要注意的是：在进行积差分析之前，我们必须先做散点图，以确定变量之间的相关关系是线性相关还是曲线相关，以及数据中是否存在异常点，否则可能会得出错误的结论。线性相关分析研究的是两个变量之间的线性相关关系，而曲线相关分析则可用曲线回归方法来分析。

基本操作过程：

1. 建立至少包含两个变量的SPSS数据文件。

2. 单击【Graphs-Scatter】菜单项，打开【Scatterplot】对话框，选择【Simple】，单击【Define】按钮，打开【Simple Scatterplot】对话框，将左边变量框中两个待检变量分别移入【Y Axis】和【X Axis】框中，然后单击【OK】执行SPSS制图命令，绘制散点图。从图中判断这两个变量之间的相关关系是线性相关还是曲线相关，若二者呈线性相关即可进行二元变量相关分析，否则要调用曲线回归方法进行分析。

3．单击【Analyze】—【Correlate】—【Bivarite】菜单项，打开【Bivarite Correlations】主对话框，在左侧的变量框中选择至少两个要进行分析的变量，单击右向箭头按钮，使之移至【Variables】框中。

4．根据变量性质在【Correlation Coefficients】栏中确定相关系数计算方式，共三种：

（1）【Pearson】（皮尔逊积差相关）：用于计算连续变量或是等间距测度变量间的相关分析。

（2）【Kendall's tau-b】（肯德尔等级相关）：用于计算分类变量间的秩相关。当参与分析的变量是连续型数值变量时，若选择此项，系统自动对连续变量的值求秩，再计算其相关系数。

（3）【Spearman】（斯皮尔曼等级相关）：用于计算等级数据的相关或数据资料不服从双变量正态分布的相关。

5．在【Test of Significance】栏中选择显著性检验类型：

（1）【Two-tailed】：双侧检验，当事先不知道相关方向时选择此项；

（2）【One-tailed】：单侧检验，如果事先知道相关方向可以选择此选项。

6．【Flag significant correlations】：表明显著水平，如果选择此项，输出结果中在相关系数值右上方使用*标示显著性水平为0.05，用**标示其显著性水平为0.01。

7．打开【Options】对话框，选择要求输出的统计量【Statistics】，包括均值和标准差、"叉积离差"矩阵和协方差矩阵；设置缺失值的处理方法【Missing values】，包括【Exclude Case pairwise】：仅剔除正在参与计算的一对变量中有缺失值的记录；【Exclude Case listwise】：剔除在主对话框中Variable框内列出的所有变量中带有缺失值的记录。

8．点击【Continue】返回主对话框。单击【OK】，执行SPSS命令。

（一）连续变量的相关分析

【案例分析】

例如，下表中给出了某班29名13岁男生的身高（cm）、体重（kg），我们想要考察两个变量之间相互关系的密切程度。

13岁男生的身高和体重原始数据

学生编号	1	2	3	4	5	6	7	8	……	29
身高	135.1	139.9	163.6	146.5	156.2	156.4	167.8	149.7	……	156.5
体重	32	30	46	34	37	36	42	31	……	32

1. SPSS操作步骤

（1）建立SPSS数据文件。定义两个变量"身高""体重"，变量类型均为【Numeric】型。

Name	Type	Width	Decimals	Label	Values	Missing	Columns	Align	Measure
身高	Numeric	8	1		None	None	8	≡ Right	⟋ Scale
体重	Numeric	8	0		None	None	8	≡ Right	⟋ Scale

File	Edit	View	Data	Transform	A

30:

	身高	体重
1	135.1	32
2	139.9	30
3	163.6	46
4	146.5	34
5	156.2	37
6	156.4	36
7	167.8	42
8	149.7	31
9	145.0	33
10	148.5	37
11	165.5	50
12	135.0	28

数据文件结构图

（2）单击【Graphs】—【Legacy Dialogs】—【Scatter/Dot】菜单项，打开【Scatter/Dot】对话框，选择【Simple Scatter】，单击【Define】，打开【Simple Scatterplot】对话框，先将左边变量框中的"体重"和"身高"两个变量分别移入【Y Axis】和【X Axis】框

中，然后单击【OK】执行SPSS制图命令，绘制散点图。我们从图中可以初步判断，学生的身高和体重呈线性相关关系。之后便可以进行二元变量相关分析。

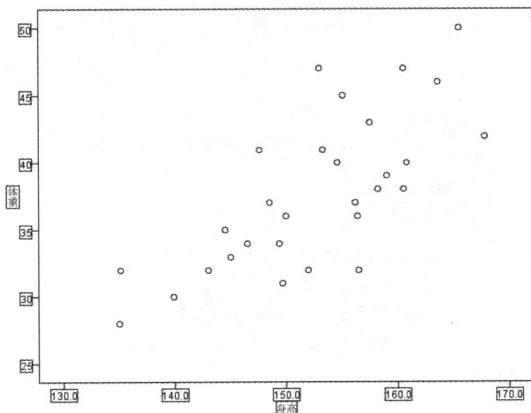

学生身高与体重的关系散点图

（3）鼠标单击【Analyze】—【Correlate】—【Bivarite】菜单项，打开【Bivarite Correlations】主对话框（如图），在左侧的变量框中选择"身高"和"体重"，单击向右箭头按钮，使之移至【Variables】框。在【Correlation Coefficients】栏中选择Pearson（皮尔逊）积差相关系数。

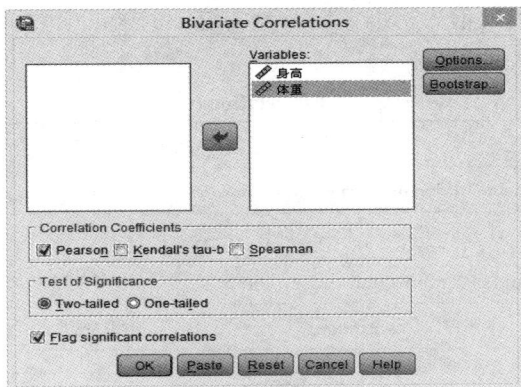

（4）单击【Options】打开对话框，在【Statistics】中根据题目要求选择均值、标准差、协方差等（如不需要可不勾选），点击【Continue】返回主对话框，单击【OK】，即可执行SPSS命令。

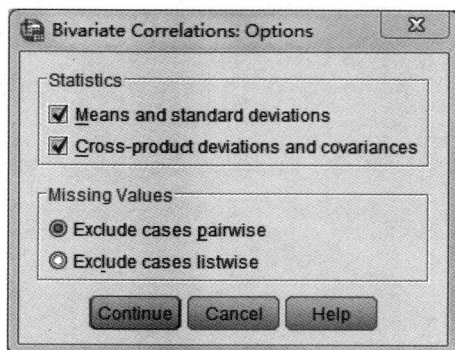

```
Bivariate Correlations: Options                    ⊠

Statistics
    ☑ Means and standard deviations
    ☑ Cross-product deviations and covariances

Missing Values
    ⦿ Exclude cases pairwise
    ○ Exclude cases listwise

        Continue    Cancel    Help
```

2. 输出结果分析

（1）描述性统计表：

Descriptive Statistics

	Mean	Std. Deviation	N
身高	152.576	8.3622	29
体重	37.79	5.728	29

上表显示了参与计算的变量的描述性统计量，分别给出了学生身高与体重的均值、标准差以及参与统计的被试个数。

（2）相关性表：

Correlations

		身高	体重
	Pearson Correlation	1	.725**
	Significance（2-tailed）		.000
身高	Sum of Squares and Cross-products	1957.953	972.355
	Covariance	69.927	34.727
	N	29	29

（续表）

		身高	体重
体重	Pearson Correlation	.725**	1
	Significance（2-tailed）	.000	
	Sum of Squares and Cross-products	972.355	918.759
	Covariance	34.727	32.813
	N	29	29

**. Correlation at 0.01（2-tailed）：……

从相关性表格中可以看出，学生身高与体重的相关系数 $r=0.725$，且显著性水平为 0.000<0.01，因此学生身高与体重的相关性呈高度相关。

注意：本例中相关系数的P值显示为 0.000 ["Sig.（2-tailed）"行]，但这不意味着P值真的是 0，而是 P<0.001。因此本例中统计上两变量间的相关系数不是 0。请注意，P值不代表相关关系的强弱，只代表统计上相关系数是否等于 0。

（二）次序型变量的相关分析

等级相关分析的SPSS操作步骤同积差相关的操作步骤类似，区别在于在【Correlation Coefficients】栏中选择【Kendall's tau-b】肯德尔相关还是【Spearman】斯皮尔曼等级相关系数，使用时要格外注意变量的性质。

（三）偏相关分析

在使用相关分析来分析两个变量之间的关系时，往往会受到第三个变量的影响，导致相关系数不能准确地反映两个变量之间的线性关系，此时，偏相关可以有效地解决这一问题。偏相关是指在有效控制了一个或几个其他变量影响的条件下两个变量之间的相关关系。

【案例分析】

例如，下表中给出了某班学生的IQ值、语文成绩以及数学成绩，试用偏相关分析分析语文成绩与数学成绩之间是否存在显著相关。

学生编号	1	2	3	4	5	6	7	8	9	10	11	12
IQ值	100	120	117	98	60	62	88	123	110	115	116	71
语文成绩	86	93	91	82	43	45	60	99	88	86	90	67
数学成绩	85	98	90	79	32	37	61	98	89	91	91	63

1. SPSS操作步骤

（1）建立至少包含三个变量（其中至少有一个为控制变量）的SPSS数据文件。在此案例中，需要建立三个变量："IQ值""语文成绩"和"数学成绩"。

数据文件结构图

（2）单击【Analyze】—【Correlate】—【Partial】菜单项，打开【Partial Correlation】主对话框，在左边源变量框中选择"语文成绩"和"数学成绩"，单击右向箭头，使之移至【Variables】变量框中。再选择"IQ值"作为控制变量，将其送入【Controlling for】（控制变量）框中。

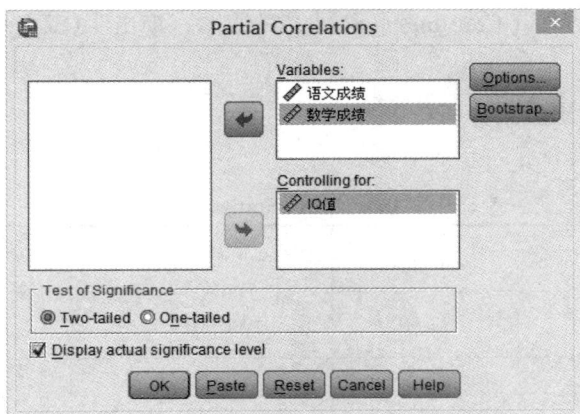

（3）【Test of Significance】栏中，选择【Two-tailed】，因为我们并不清楚三者之间是怎样的关系。

（4）打开【Options】对话框，在【Statistics】统计值栏内，选择【Zero-order correlations】（零阶相关系数）这一选项，系统会输出简单相关系数，以便与偏相关系数进行比较。（注意：在偏相关中，若控制变量个数为一时，偏相关系数称为一阶偏相关系数；若控制变量个数为二时，称为二阶偏相关系数；若为零时，称为零阶相关系数，即相关系数。）还要选择【Means and standard deviations】选项，输出描述统计量。

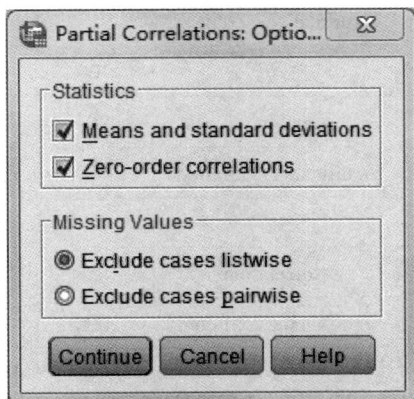

（5）点击【Continue】返回主对话框，单击【OK】，即可执行SPSS命令。

2. 输出结果分析

（1）描述统计表：

Descriptive Statistics

	Mean	Std. Deviation	N
语文成绩	77.50	19.019	12
数学成绩	76.17	22.811	12
IQ值	100.83	20.099	12

上表输出的结果是参与统计的各变量的平均数、标准差和被试个数。

（2）相关性表：

PAR TBN Correlations

Control Variables			语文成绩	数学成绩	IQ值
-none-[a]	语文成绩	Correlation	1.000	.991	.859
		Significance（2-tailed）	.	.000	.000
		df	0	10	10
	数学成绩	Correlation	.991	1.000	.873
		Significance（2-tailed）	.000	.	.000
		df	10	0	10
	IQ值	Correlation	.859	.873	1.000
		Significance（2-tailed）	.000	.000	.
		df	10	10	0

（续表）

IQ值	语文成绩	Correlation	1.000	.965	
		Significance（2-tailed）	.	.000	
		df	0	9	
	数学成绩	Correlation	.965	1.000	
		Significance（2-tailed）	.000	.	
		df	9	0	

a. PAR ANN zero-order correlations

上表是零阶相关和偏相关输出的结果，从中可以看出在没有控制IQ时语文成绩与数学成绩之间的相关系数为0.991，且显著性双侧检验为0.000<0.01，表明二者存在显著相关；在控制一个变量（IQ）的条件下，语文成绩与数学成绩相关系数为0.893，显著性水平为0.000。所以，语文成绩与数学成绩相关系数为正向且强相关。

本　章　小　结

本章主要研究两种事物、两类现象，即两列变量之间的相关及回归问题。两列变量之间关系的密切程度用相关系数来描述。相关系数的正、负号表示相关的方向，相关系数的绝对值表示相关的密切程度。相关系数的绝对值越大，相关的密切程度越高；反之，则越低。

两列变量的相关系数，可以根据变量的不同性质选用不同的计算方法。若两列变量均为连续变量，且都是正态分布，$n \geq 30$ 时，可以采用积差相关法。积差相关法的优点是结果较为精确，因而它是教育上最常用的一种方法。若两列变量均为等级数据，则应采用等级相关法。等级相关法的优点是不涉及变量的分布形态，且 $n < 30$ 时仍能应用，计算简单。若两列变量中有一列变量为连续变量，而另一变量为二分称名变量时，应用点二列相关。点二列相关是考试质量分析的重要方法。

注意：

1. 相关系数是与变量的对数紧密联系在一起的，因而它是一种相对量数而不是绝对量数。相关系数只有做显著性检验才有意义。相关系数的显著性检验将在第七章介绍。

2. 相关系数不是等距量表，不能当作等距量表来进行相关程度差异的比较。例如 r_1=0.40，r_2=0.80，我们不能认为 r_2=0.80 的相关程度是 r_1=0.40 的两倍。

3. 相关系数只是两列变量相关程度的一个参考指标，因此，不能仅凭相关系数的值下轻率的结论，应配合定性分析，以求互相印证。如我们可以求得儿童身高和树木高度的相关系数为 r=0.78，但我们不能以此下结论说儿童的身高和树木的高度相关密切。这是因为在儿童的身高和树木的高度两种现象中，年龄对两者都有重要的影响，若排除年龄因素的影响，两者的相关可能为零。

思考与实践

1. 简述积差相关系数和等级相关系数之间的区别。

2. 随机从一个班级抽取10名学生，某次期中考试英语和语文成绩如下：

学生　　　1，2，3，4，5，6，7，8，9，10

英语　　　80，70，30，40，65，40，30，15，60，35

语文　　　60，55，15，25，75，15，10，25，85，45

（1）假如两次考试成绩均服从正态分布，求英语与语文成绩之间的相关关系。

（2）假如两次考试成绩均不服从正态分布，求英语与语文成绩之间的相关关系。

3. 根据下表中的数据回答以下问题。

被试	X	X^2	Y	Y^2	XY
1	2		5		
2	8		9		
3	9		12		
4	5		7		
5	7		4		
6	3		2		
7	11		13		
8	8		8		
9	6		10		
合计					

（1）试利用SPSS软件绘制X、Y的散点图，并判断二者的关系。

（2）将表格中空缺部分填写完整，并计算皮尔逊相关系数。

（3）试将Y列的数据顺序颠倒过来再做一遍（1）（2）题的计算。

4. 现从05级心理班考试焦虑分数中随机抽取9人的情绪分（E）和忧虑分（W）如下表。试用定义式求其相关系数。

编号	E	W
1	15	9
2	17	10
3	15	9
4	12	14
5	11	10
6	9	18
7	15	11
8	21	7
9	14	11

5. 下表是10名辅导员的工作年限与辅导能力的评定等级关系表。请问二者是否有关？

编号	1	2	3	4	5	6	7	8	9	10
年限	5	8	2	10	4	6	12	9	3	7
等级	7	3	9	5	8	6	2	4	10	1

6. 从某校随机抽取10名学生，分别对其学习态度和学业成绩进行测试，测试结果如下表（假设其学习态度和学业成绩均服从正态分布），请计算学习动机与学业成绩之间的相关系数。

学生编号	1	2	3	4	5	6	7	8	9	10
学习态度	30	35	38	39	39	21	24	26	25	32
学业成绩	92	97	91	90	94	89	78	84	86	85

7. 下表是9名教师评价10名学生的艺术作品的等级评定结果，那么这9名教师的等级评定结果是否一致？

	学生				
	1	2	3	4	5
1	1	2	4	3	5
2	1	4	2	3	5
3	1	3	4	5	2
4	1	3	4	5	2
5	1	5	2	3	4
6	1	4	3	2	5
7	1	3	5	4	2
8	1	3	5	2	4
9	1	2	3	5	4

8. 试用SPSS软件分析下表中性别与成绩的关系，并对结果做出解释。

被试	1	2	3	4	5	6	7	8	9
性别	男	女	女	男	女	男	男	男	女
成绩	83	91	95	84	89	87	86	85	88

第六章 参数估计

第一节 概率基础

前面五章，我们已经研究了如何把观测所得到的大量数据进行整理、简缩、制成图表，或计算出具有概括性的、能代表一组数据特征的量数，即集中趋势、离散差异和相关关系，从而对事物或现象进行分析研究，这种方法在统计学上称为描述统计。但是，科学研究的目的是要更深入地了解事物的本质和规律，认识事物的整体属性，只靠描述统计是远远不够的。这时，我们必须借助统计学上另一种更为有力的方法，这就是我们之后各章所要研究的内容——推断统计。

通过样本推论总体的推断统计建立在概率的基础上，需要用概率来说明推论的正确性、各种可能性的大小。因此，我们要研究推断统计，就必须先了解概率的有关基本知识。

一、概率的定义

"概率"一词，在数学上有比较复杂的定义。如果用普通浅显的话来解释，概率就是一项事物或一种情况在某一总体中出现次数的比率。任何一个总体所包含的各项事物的概率总和必等于1。

事物发生某种情况，或实验中获得的某种结果，称为事件。事件A发生的可能性大小，用实数来表示，就称为事件A的概率，用P（A）表示。一个钱币如仅掷一次时，其正面向上或反面向上，我们事先不能断言，这是随机发生的事件。当掷很多次（掷100次、10000次）时，我们便可以算出正面向上的次数占总次数的比率。

这个比率称为频率。在n次实验中，正面向上m次，则m/n为正面向上事件出现的频率。当抛掷次数很多时，频率渐趋稳定，并接近于0.5。在大量实验的情况下，频率可近似于概率。

例：以掷硬币做随机实验。设以H表示正面出现的次数，现将掷硬币的实验数据列表如下：

表6-1 掷硬币典型实验的次数和频率

实验者	投掷次数（n）	H出现次数（m）	H出现的频率（m/n）
德·摩根	2048	1061	0.518
蒲丰	4040	2048	0.5069
皮尔逊	12000	6019	0.5016
皮尔逊	24000	12012	0.5005

从上例可以看出，在n次投掷中，H出现的频率（m/n）随着n的逐渐增大而减小，并且围绕着某一确定的常数（0.5）做平均幅度越来越小的波动，此即频率的稳定性。它反映出隐藏在随机现象中的规律性，即通常所说的统计规律性，可用"事件的概率"来表达。

二、概率的基本定理

概率的基本定理主要有两个。

（一）概率的加法定理

1. 事件"和"与事件"积"

如果在试验结果中同时考虑事件A与事件B两事件出现与否时，则可能结果有下列四种：①A与B同时出现；②A出现而B不出现；③A不出现而B出现；④A与B都不出现。

为了便于叙述概率运算的基本定理，我们把"A或B出现"称为事件A与事件B之和，并用符号$A+B$表示。应说明，"A或B出现"是指A与B两事件中的任一事件出现，或两事件同时出现。也就是说，"A或B出现"包含"A与B同时出现""A出现B不出现"以及"A不出现B出现"三种情况。

如果在试验结果中同时考虑 A_1，A_2，$\cdots$，A_K 等 K 个事件出现与否时，则该 K 个事件中的任一事件出现，或某几个事件出现，即称为该 K 事件之和，并用符号 $A_1+A_2+\cdots+A_K$ 或用符号 $\sum\limits_{i=1}^{K} A_i$ 表示。

此外，我们把"A 与 B 同时出现"称为事件 A 与事件 B 之积，并用符号 AB 表示。同样，我们把 A_1，A_2，$\cdots$，A_K 等 K 个事件同时出现"称为该 K 事件之积，并用符号 A_1，A_2，$\cdots$，A_K 或用 $\prod\limits_{i=1}^{K} A_i$ 表示。

2．概率的加法定理

（1）两个事件和的概率的加法定理

两个事件和的概率，可按照下列公式进行计算：

$$P(A+B) = P(A) + P(B) - P(AB) \tag{6-1}$$

亦即，"A 或 B 同时出现"的概率。

（2）互斥事件的概率的加法定理

什么是互斥事件？

如果在试验结果中，事件 A 与事件 B 不可能同时出现，亦即，$P(AB)=0$ 则称 A 与 B 为互斥事件，或者说，A 与 B 互斥或互不相容。

如 A 与 B 为互斥事件，则：

$$P(A+B) = P(A) + P(B) \tag{6-2}$$

例如，掷一枚硬币，正面与反面不能同时向上，正面向上（事件 A）与反面向上（事件 B）这两个事件是互相排斥的。在这种情况下，出现任何一种事件（即事件 A 或事件 B）的概率，即为两事件分别发生的概率的总和。仍以掷硬币为例，"出现正面或反面"的概率为：

$$P(A+B) = P(A) + P(B) = \frac{1}{2} + \frac{1}{2} = 1$$

如果在 A_1，A_2，$\cdots$，A_K 等 K 个事件中任何两个事件都不可能在实验结果中同时出现，则称 A_1，A_2，$\cdots$，A_K，A_K 等 K 个事件两两相斥或两两互不相容。

如果 A_1，A_2，$\cdots$，A_K 等 K 个事件两两互斥或两两不相容，则

$$P\left(\sum_{i=1}^{K} A_i\right) = \sum_{i=1}^{K} P(A_i)$$

即　　$P(A_1+A_2+\cdots+A_K) = P(A_1) + P(A_2) + \cdots + P(A_K)$ 　（6-3）

以掷一个骰子为例，出现二点、四点或六点的概率为：

$\dfrac{1}{6} + \dfrac{1}{6} + \dfrac{1}{6} = \dfrac{3}{6}$。出现一点、二点、三点或四点的概率为：

$\dfrac{1}{6} + \dfrac{1}{6} + \dfrac{1}{6} + \dfrac{1}{6} = \dfrac{4}{6}$。

若 A_1，A_2，$\cdots$，A_K 等 K 个事件两两互斥，且在试验结果中必定出现其中之一，则：

$$\sum_{i=1}^{K} P(A_i) = 1$$

即　　　　$P(A_1) + P(A_2) + \cdots + P(A_K) = 1$ 　（6-4）

仍以掷骰子为例，出现一点、二点、三点、四点、五点或六点的概率之和为：$\dfrac{1}{6} + \dfrac{1}{6} + \dfrac{1}{6} + \dfrac{1}{6} + \dfrac{1}{6} + \dfrac{1}{6} = 1$。

（二）概率的乘法定理

1. 条件概率的概念。条件概率在很多情况下，需要研究"在所规定的某项条件下，事件 A 出现"的概率。例如，有时需要研究"在事件 B 出现的条件下，事件 A 出现"的概率；有时需要研究"事件 B 出现与事件 C 出现的条件下，事件 A 出现"的概率等，这样的概率称为条件概率。在条件概率的符号中，应表明它的条件，例如，"在事件 B 出现的条件下，事件 A 出现"的条件概率记作：$P(A/B)$。"在事件 B 与事件 C 同时出现的条件下，事件 A 出现"的条件概率记作：$P(A/BC)$。

关于条件概率的计算，如果事件 B 出现的概率 $P(B) > 0$，则：

$$P\left(\frac{A}{B}\right) = \frac{P(AB)}{P(B)}$$　　　　（6-5）

2. 概率的乘法定理

概率的乘法定理是计算事件积之概率的定理。

（1）两个事件的乘法定理。两事件积的概率，可按下式计算：

$$P(AB) = P(B) \cdot P(A/B) \tag{6-6}$$

（2）独立事件的乘法定理。对于独立事件，概率的乘法定理具有特别简单的形式，并且今后将经常需要利用这种形式。所谓事件的独立性是指如果 $P(B/A) = P(B)$，亦即，如果事件 A 的出现与否不影响事件 B 的出现与否，则称事件 B 对于事件 A 独立。

独立事件的概率乘法定理可叙述如下：

如果 A 和 B 是两个相互独立的事件，则：

$$P(AB) = P(A) \cdot P(B) \tag{6-7}$$

即两种相互独立事件同时发生的概率，等于它们单独发生的概率之乘积。

例如，在掷两枚硬币时，第一枚硬币发生正面向上的事件，并不排斥第二枚硬币出现正面向上的事件。这里，两个事件是独立的。掷两枚硬币同时出现正面的概率为第一枚硬币出现正面的概率和第二枚硬币出现正面的概率的乘积，即：$\frac{1}{2} \times \frac{1}{2} = \frac{1}{4}$。

如果 A_1，A_2，$\cdots$，A_K 是 K 个相互独立的事件，则：

$$P\left(\prod_{i=1}^{K} A_i\right) = \prod_{i=1}^{K} P(A_i)$$

即 $P(A_1 \cdot A_2 \cdot A_3 \cdots A_K) = P(A_1) \cdot P(A_2) \cdot P(A_3) \cdots P(A_K)$ （6-8）

例如，掷两个骰子，使第一个骰子为二点，第二个骰子也为二点，其同时出现的概率为 $\frac{1}{6} \times \frac{1}{6} = \frac{1}{36}$。若掷四个骰子，使四个骰子同时出现三点的概率为 $\frac{1}{6} \times \frac{1}{6} \times \frac{1}{6} \times \frac{1}{6} = \frac{1}{1296}$。

以上是较为简单的组合情况。在一些较复杂的情况下，需要同时使用概率的加法和乘法。

例如，一个袋子内有6个质地大小一样的球，其中白球4个，黑球2个，从袋中取两次，每次取1个，采用有放回抽取，求：

（1）两次抽取白球的概率；

（2）两次抽取相同颜色球的概率。

解：有放回抽取是指抽取后又将所抽取对象放回原处的抽取方式。设A为取到的两个球都是白球，B为取到的两个球都是黑球。

（1）一次抽取一个白球的概率为$\frac{4}{6}$，一次抽取一个黑球的概率为$\frac{2}{6}$，每次的抽取都是独立的。根据乘法定理，取到两个球都是白球的概率为$P(A) = \frac{4}{6} \times \frac{4}{6} = \frac{4}{9}$。同理，$P(B) = \frac{2}{6} \times \frac{2}{6} = \frac{1}{9}$。

（2）取到两个颜色相同的球，就是非黑即白，根据加法定理：

$$P(A \cup B) = \frac{4}{9} + \frac{1}{9} = \frac{5}{9}$$

即取到两个都是白球的概率是$\frac{4}{9}$，取到两个球颜色相同的概率是$\frac{5}{9}$。

第二节　二项分布

为了研究二项分布，我们首先需要了解排列组合的基本知识。

一、排列与组合

（一）排列

把n个不同的元素按一定的顺序排成一列，叫作n个不同元素的全排列。所有不同全排列的种数，用$_nP_n$表示，也可用P_n或A_n^n表示。

$$_nP_n = n(n-1)(n-2)\cdots 3\times 2\times 1 = n\,! \qquad (6\text{-}9)$$

这个公式的计算可做如下说明。

第一个位置，可以从n个元素中任取一个来排，共有n种方法。

第二个位置，在剩下的n-1个元素中任取一个来排，共有n-1种方法。

第三个位置，在剩下的n-2个元素中任取一个来排，共有n-2种方法。

这样继续取，直到最后第n个位置，只剩下一个元素，只有一种方法。

例如3个字母，每次取3个，排列方法为：$_3P_3$=3! =$3\times 2\times 1$=6。

若此3个字母为a、b、c，则其排列方法有abc、acb、bac、bca、cab、cba六种。

与全排列不同的还有选排列。

选排列是指从n个不同元素中，每次取出r（$r<n$）个不同的元素，按照一定的顺序排成一列，叫作从n个不同的元素中每次取r个不同元素的选排列。所有不同选排列的种数，用$_nP_r$来表示，也可用P_n^r表示。

选排列和全排列的相同点是都要按照一定的顺序排列，其不同点是选排列每次只取部分元素。

计算选排列的公式为：

$$_nP_r = n(n-1)(n-2)\cdots(n-r+1)$$

或
$$nP_r = \frac{n}{(n-r)} \qquad (6\text{-}10)$$

公式中n、r都是正整数，并且$n>r$。

选排列与全排列在计算方法上基本相同。

计算选排列是当取到r位置时，应从其余n-（r-1）个元素中，任取一个元素来排列，共有n-（r-1）种方法（即n-r+1种方法）。

（二）组合

从 n 个元素中，每次任取 r 个元素，不论次序并成一组，叫作 n 个元素中，每次取 r 个元素的组合。不同组合的种数，用 $_nC_r$ 表示，也可用 C_n^r 表示。

例如，从 A、B、C 三个不同元素中每次取两个的组合有几种？

由于组合没有顺序的要求，因而从 A、B、C 三个不同元素中每次取两个的组合，结果只有 AB、BC、CA 三种。

由此可以看出，从三个不同元素中每次取出两个，不论次序并为一组，即组合的种数为 $_3C_2$；若把每一组合里的两个元素进行全排列，则共有 $_2P_2$ 种排法，因而可得出以下公式：

$$_nP_r = {}_nC_r \cdot {}_rP_r \qquad (6-11)$$

$$_nC_r = \frac{{}_nP_r}{{}_rP_r} = \frac{n \cdot (n-1) \cdot (n-2) \cdots (n-r+1)}{1 \times 2 \times 3 \cdots r}$$

或

$$_nC_r = \frac{n}{r\,(n-r)} \qquad (6-12)$$

二、二项分布

（一）什么叫二项分布

二项分布是概率分布的一种。二项分布所讨论的概率问题，即对随机变量 X 进行 n 次独立实验，如果：①每次实验结果出现并只出现对立事件 A 与 $\bar{A}$ 之一；②在每次实验中，出现 A 的概率是常数 P，因而出现对立事件 $\bar{A}$ 的概率是 $1-P$，并记以 $1-P=q$，求在 n 次独立实验的情况下，A 出现的次数 X 的概率分布。这里，X 显然可取 0 到 n 之间的任何正整数，即 $X=0$，1，2，$\cdots$，n。因而二项分布是一个离散型随机变量的分布。

二项分布的总概率等于 1。

我们从上节所讲内容可以知道：当实验次数 n 越大时，事件 A 出现的频率将接近概率 P。概率 P 可以看作实际频率的一个理论数值。因此，在数理统计中常把随机变量的概率分布看作是理论频率分布。二项分布是最常见的理论频率分布之一。

（二）二项分布公式

二项式 $(a+b)^n$ 是代数中常用的公式。研究二项展开式的系数规律后，我们可以看到它是一个对称的次数分布。在统计学中经常以 p 和 q 代替 a 和 b，p 与 q 分别代表在一次实验中事件出现和事件不出现的概率，$p+q=1$。指数 n 是指独立实验的次数。

以掷硬币为例：每掷一次，出现正、反面的概率相等，即 $p=q=\dfrac{1}{2}$。

若一枚硬币掷两次，或同时掷 $(a)(b)$ 两枚硬币，可能出现4种情况3种结果。

表6-2　$(a)(b)$ 两枚硬币出现正面的机会数和概率

硬币 $(a)(b)$	出现正面数	机会数	概率
正正	2（2正0反）	1（$_2C_2=1$）	$\dfrac{1}{4}\left[\,_2C_2p^2=1\times\left(\dfrac{1}{2}\right)^2=\dfrac{1}{4}\right]$
正反 反正	1（1正1反）	2（$_2C_1=2$）	$\dfrac{2}{4}\left[\,_2C_1pq=2\times\dfrac{1}{2}\times\dfrac{1}{2}=\dfrac{2}{4}\right]$
反反	0（0正2反）	1（$_2C_0=1$）	$\dfrac{1}{4}\left[\,_2C_0q^2=2\times\left(\dfrac{1}{2}\right)^2=\dfrac{1}{4}\right]$
合计		4	1

上表的这些不同结果，可用 $(p+q)^n$ 的二次展开式，$(p+q)^n=\,_2C_2p^2+\,_2C_1pq+\,_2C_0q^2=p^2+2pq+q^2$ 来表示。出现正面的机会数，即二项式二次展开式中相应各项的系数；而出现正面的概率，即二项式二次展开式中相应各项的数值。

若一枚硬币掷三次，或同时掷 $(a)(b)(c)$ 三枚硬币，则可能出现8种情况4种结果。

表6-3 （a）（b）（c）三枚硬币出现正面的机会数和概率

硬币 （a）（b）（c）	出现 正面数	机会数	概率
正正正	3（3正0 反）	1（$_3C_3=1$）	$\frac{1}{8}\left[_3C_3p^3 = 1 \times \left(\frac{1}{2}\right)^3 = \frac{1}{8}\right]$
反正正 正反正 正正反	2（2正1 反）	3（$_3C_2=3$）	$\frac{3}{8}\left[_3C_2p^2q = 3 \times \left(\frac{1}{2}\right)^2 \times \left(\frac{1}{2}\right) = \frac{3}{8}\right]$
正反反 反正反 反反正	1（1正2 反）	3（$_3C_1=3$）	$\frac{3}{8}\left[_3C_2pq^2 = 3 \times \left(\frac{1}{2}\right) \times \left(\frac{1}{2}\right)^2 = \frac{3}{8}\right]$
反反反	0（0正3 反）	1（$_3C_0=1$）	$\frac{1}{8}\left[_3C_0q^3 = 1 \times \left(\frac{1}{2}\right)^3 = \frac{1}{8}\right]$
合计		8	1

上表的这些不同结果，可用 $(p+q)^n$ 的三次展开式：

$(p+q)^3 = {_3}C_3p^3 + {_3}C_2p^2q + {_3}C_1pq^2 + {_3}C_0q^3 = p^3 + 3p^2q + 3pq^2 + q^3$ 来表示。在上表中，出现正面的机会数和概率，分别为二项式三次展开式中相应各项的系数和相应各项的数值。

若一枚硬币掷10次，或同时掷10枚硬币，出现正面的机会数和概率，可用 $(p+q)^n$ 的十次展开式中相应各项的系数和相应各项的数值来表示。

$$(p + q)^{10} = {_{10}}C_{10}p^{10} + {_{10}}C_9p^9q + {_{10}}C_8p^8q^2 + \cdots + {_{10}}C_0q^{10} = \left(\frac{1}{2} + \frac{1}{2}\right)^{10}$$

$$= {_{10}}C_{10}\left(\frac{1}{2}\right)^{10} + {_{10}}C_9\left(\frac{1}{2}\right)^9\left(\frac{1}{2}\right) + {_{10}}C_8\left(\frac{1}{2}\right)^8\left(\frac{1}{2}\right)^2 + \cdots + {_{10}}C_0\left(\frac{1}{2}\right)^{10}$$

$$= \frac{1}{1024} + \frac{10}{1024} + \frac{45}{1024} + \frac{120}{1024} + \frac{210}{1024} + \frac{252}{1024} + \frac{210}{1024} + \frac{120}{1024} + \frac{45}{1024} + \frac{10}{1024} + \frac{1}{1024}$$

用图表示，它的分布接近正态曲线。

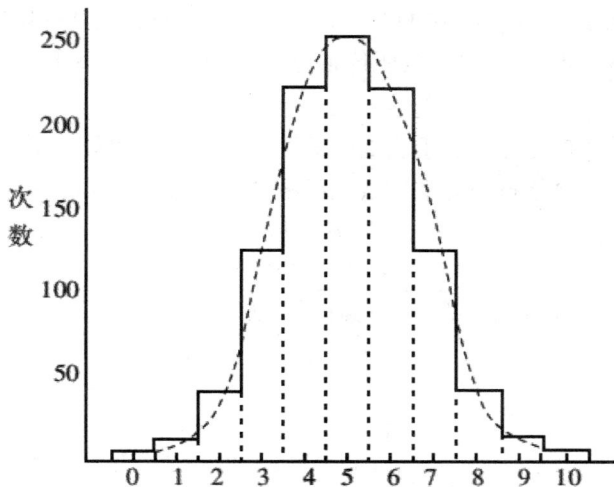

图6-1 $(p+q)^{10}$ 展开式的次数分布图

若掷n次，二项展开式各项的系数，可用组合来表示。n次乘方的二项展开的一般公式为：

$$(p+q)^n = {}_nC_n p^n + {}_nC_{n-1} p^{n-1}q + {}_nC_{n-2} p^{n-2}q^2 + \cdots + {}_nC_{n-r} p^{n-r}q^r + \cdots + {}_nC_0 q^n \quad (6-13)$$

$$\because \quad {}_nC_n = 1 \qquad {}_nC_{n-1} = n$$

$${}_nC_{n-2} = \frac{n(n-1)}{1 \times 2}$$

$${}_nC_{n-3} = \frac{n(n-1)(n-2)}{1 \times 2 \times 3}$$

应用组合计算后，上式可写成：

$$(p+q)^n = p^n + np^{n-1}q + \frac{n(n-1)}{1 \times 2} p^{n-2}q^2 + \cdots + \frac{n(n-1)(n-2)}{1 \times 2 \times 3 \cdots r} p^{n-r}q^r$$
$$+ \cdots + npq^{n-1} + q^n \quad (6-14)$$

关于二项展开式各种系数的分布，可以在表6-4中看到规律。这种分布称为杨辉或帕斯卡（Pascal）三角。它可以帮助我们记忆二项式的规则。在杨辉三角中，可以找到从1到10次方的系数。每行的任何表值均由它顶上左右两个表值相加而求得。因此，若$n=11$的表值相加求得，则它们是1，11，55，165，330，462，462，330，165，55，11，1。按照这种方法可为更大的n值求得二项式的各项系数。

二项分布的优点在于它能够简捷地确定各种可能结果的概率。

推求二项分布中的平均数和标准差，可以利用如下公式：

$$\mu = np \tag{6-15}$$

表6-4　杨辉三角（$n=10$）

n	二项展开式的n（从1到10）次方各项的系数	总计
1	1 1	2
2	1 2 1	4
3	1 3 3 1	8
4	1 4 6 4 1	16
5	1 5 10 10 5 1	32
6	1 6 15 20 15 6 1	64
7	1 7 21 35 35 21 7 1	128
8	1 8 28 56 70 56 28 8 1	256
9	1 9 36 84 126 126 84 36 9 1	512
10	1 10 45 120 210 252 210 120 45 10 1	1024

$$\sigma = \sqrt{npq} \tag{6-16}$$

$\sigma^2 = npq$ 二项分布有助于解决含有机遇性的实际问题。举两个例子说明：

例一：如果出10道用正、误选择的测验题目，应如何判明学生的真实成绩呢？

设正、误选择的概率用p、q表示，则$p = q = \dfrac{1}{2}$，$n=10$。

如果学生对题目内容并不理解，只凭感觉去猜，平均可以答对的题目为：

$$\mu = np = 10 \times \frac{1}{2} = 5$$

在全班学生中，有些学生猜对的题数可能大于5，也可能小于5，它们所组成分布的标准差为：

$$\sigma = \sqrt{npq} = \sqrt{10 \times \frac{1}{2} \times \frac{1}{2}} = \sqrt{2.5} \approx 1.58$$

根据正态分布的概率，只有5%的次数在 $\mu \pm 1.96\sigma$ 以外。

$$\mu \pm 1.96\sigma = 5 \pm 1.96 \times 1.58 \approx 5 \pm 3$$

因此，在学生答对2到8题的情况下，我们不能完全肯定测验的成绩真实地反映了学生的理解水平。除非学生答对10题（由机遇造成的可能是 $\frac{1}{1024}$ ），或者答对9题错1题（由机遇造成的可能是 $\frac{10}{1024}$ ）。

例二：有10道多项选择题，每道题都有5个答案，其中只有一个正确，让学生做出选择，用这种方式测验，应怎样确定学生的真实成绩？

用这种测验方式，学生只凭机遇答对问题的可能性就减少了。在这种情况下，

$$p = \frac{1}{5}, q = \frac{4}{5}, n = 10$$

$$\mu = np = 10 \times \frac{1}{5} = 2$$

$$\sigma = \sqrt{npq} = \sqrt{10 \times \frac{1}{5} \times \frac{4}{5}} = \sqrt{1.6} \approx 1.3$$

利用正态分布的概率计算， $2 \pm 1.96 \times 1.3 \approx 2 \pm 2.5$ ，因此，这时只要学生答对5道题，就可以切实证明他对问题内容有一定的理解。从这里可以看出，用多项选择题比用正误题能够更好地考查学生理解知识的情况。

第三节　正态分布

一、正态分布概述

在各种自然现象和社会现象中，许多变量都有一定的变化规律，在一定条件下，它们的总体分布状况符合或基本符合某种特点的分布形态。人们根据各种分布的理论和方法，去分析和研究各种具体的现象。教育和心理现象的许多变量都服从和基本服从正态分布形态。如学生的学业成绩、学生的智力、学校的教育质量等都基本服从正态分布。

（一）正态分布的概念及其数学模型

正态分布是指在一个次数分布中，位于中间的次数多，而两端的次数对称减少，形成一种"钟"形的对称分布。正态分布也称常态分布。

正态分布是一种理论上的连续变量的次数分布，其次数分布图是一条光滑均匀的曲线，这种曲线称为正态分布曲线。如图6-2。

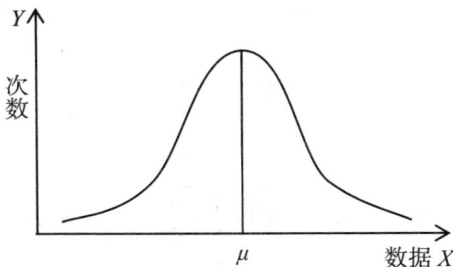

图6-2　正态分布曲线图

正态分布曲线的一般数学模型为：

$$Y = \frac{N}{\sqrt{2\pi}\sigma} e^{-\frac{(x-\mu)^2}{2\sigma^2}}$$

（6-17）

式中，Y表示某一变量所对应的曲线高度，即变量的相对次数；

X表示连续变量；

μ为总体平均数；

σ为总体标准差；

e为自然对数之底；

N为总次数；

π为圆周率，约等于3.1416。

正态分布曲线的形状和位置由其总体的平均数μ和标准差σ决定。平均数μ决定正态曲线的位置，标准差σ决定了正态曲线的分布形态。不同的μ和σ的组合，就得到不同的正态分布曲线。任何正态分布曲线都是对称的。

在正态分布中，总次数N是曲线与横轴间所包含的面积。若把总次数视为一个单位，即$N=1$，则总面积也为1；若以总体平均数μ为原点，即$\mu=0$，以变量X的标准差为计算单位，即$\sigma=1$，则一般的正态分布变成标准正态分布。

其数学模型为：

$$Y = \frac{1}{\sqrt{2\pi}} e^{-\frac{z^2}{2}} \qquad (6-18)$$

标准正态分布曲线如图6-3。

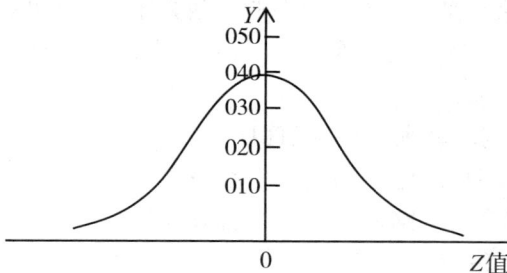

图6-3　标准正态分布曲线图

标准正态分布曲线在$Z=0$时，$Y=0.3989$，达到最大值。

（二）标准正态分布曲线的特点

从图形和以上的分析可知，标准正态分布曲线有如下特点：

（1）标准正态分布曲线的平均数 $\mu=0$，标准差 $\sigma=1$，曲线与横轴所包含的面积为1个单位。

（2）曲线以 $Z=0$（即 $\mu=0$）为中心，以 Y 轴为对称轴，左右两边完全对称，两边曲线下的面积都等于0.5。

（3）曲线与对称轴交点处的 Y 值最大，$Y=0.3989$。两边曲线先快后慢下降并逐渐接近横轴，但永远不与横轴相交。横轴为曲线的渐近线。

（4）横轴上绝对值相等，符号相反的两个数 Z 和 $-Z$ 对应的曲线高度相等，以 Z 和 $-Z$ 所对应的点作 Y 轴的平行线，它们和 Y 轴与曲线所包围的面积也相等。

（5）标准正态分布曲线向左、右两个方向无限伸展。因此，从理论上说，标准分 Z 既没有最大值，也没有最小值。

二、标准正态分布表

标准正态分布曲线下的总面积为1，曲线横轴表示 Z 的各个可能值。统计学家已把横轴上不同的 Z 值与 Y 轴所包围的曲线下的面积比例编制成正态分布表（见附表2）。

在正态分布表中，左边的第一列、右边最末一列和上端的第一行标出的数值都是 Z 的值，表中的其他数字是不同的 Z 值左侧曲线下对应面积的比例。也就是说，某行和列交叉的分数，就是 Z 值所对应的面积比例。

例：（1）求 $Z=0$ 所对应的面积比例；

（2）求 $Z=-1.25$ 所对应的面积比例；

（3）求 $Z=-0.5$ 到 $Z=1.96$ 之间的面积比例。

查附表2（表中，u 即是 Z）。

（1）$Z=0$ 所对应的面积比例 $P=0.5$；

（2）$Z=-1.25$ 所对应的面积比例 $P=0.1056$；

（3）$Z=-0.5$所对应的面积比例$P_1=0.3085$；

$Z=1.96$所对应的面积比例$P_2=0.975$。

因此，$Z=-0.5$到$Z=1.96$之间的面积比例为$0.975-0.3085=0.6665$。

反之，我们若知道某一特定的面积比例，同样可以从表中查出对应的Z值。

例：（1）已知面积$P=0.8980$，求其对应的Z值。

（2）已知面积$P=0.8930$，求其对应的Z值。

查附表2。

（1）我们在表中找到0.8980，0.8980这个数所在的行对应的数值为1.2，所在的列对应的值为0.07，因而，$P=0.8980$所对应的Z值为1.27。

（2）在表中，我们找不出$P=0.8930$这个数。但是，我们可以找到两个最接近0.8930的数。这两个数分别为0.8925和0.8944。这两个数所对应的Z值分别为1.24和1.25。若我们只需一个粗略的值，则取两个Z值中较接近的那个值便行了，这里可以取$Z=1.24$。因为$Z=1.24$较$Z=1.25$所对应的面积更接近已知面积$P=0.8930$。若想求出一个更精确的Z值，则可以用插值法求得。

插值公式为：

$$Z = Z_1 + \frac{P - P_1}{P_2 - P_1}(Z_2 - Z_1) \tag{6-19}$$

这里，Z为已知面积所对应的Z值；

P_1为最接近且小于已知面积的那个面积值；

P_2为最接近且大于已知面积的那个面积值；

P为已知的面积；

Z_1为P_1所对应的Z值；

Z_2为P_2所对应的Z值。

例：用插值法求面积$P=0.3516$所对应的Z值。

查附表2。我们找不到面积刚好等于0.3516这个值，但我们可以查到与它最接近的两个面积的值。小于它的值为0.3483，对应的

Z值为-0.39，大于它的值为0.3520，对应的Z值为-0.38。因此，可知：$P=0.3516$，$P_1=0.3483$，$P_2=0.3520$，$Z_1=-0.39$，$Z_2=-0.38$。

由插值公式：

$$Z = Z_1 + \frac{P - P_1}{P_2 - P_1}(Z_2 - Z_1)$$

$$= -0.39 + \frac{0.3516 - 0.3483}{0.3520 - 0.3483}\left[(-0.38) - (-0.39)\right]$$

$$\approx -0.3811$$

如何利用附表2从Z值求对应的P值，或从P值求对应的Z值，以后会经常应用到，故我们要很好地掌握。

三、正态曲线下面积的应用

（一）求某些分数区间的百分数或人数

在分析测验结果的时候，我们常常想了解处于某些分数区间的考生人数或百分数，这就需要利用正态分布表。因为在一般情况下，考生的成绩近似于正态分布。下面通过例子加以说明。

例：某班50名学生某次数学测验的成绩基本服从正态分布，平均成绩为72分，标准差为10分。利用正态分布曲线下的面积求60分以上、70—80分、80—90分各有多少人？

由于学生的成绩服从正态分布，因此，我们可以利用正态分布曲线下的面积比例来求各分数段的人数，而不必用试卷做统计。因为正态分布曲线的横轴为Z值，所以，我们必须先将原始分数化成标准分，然后用总人数乘以面积比例，便可求出各分数区间的人数。

本题的 $\overline{X}=72$，$S=10$，则：

60分的标准分为 $Z_1 = \dfrac{60 - 72}{10} = -1.2$；

70分的标准分为 $Z_2 = \dfrac{70-72}{10} = -0.2$ ；

80分的标准分为 $Z_3 = \dfrac{80-72}{10} = 0.8$ ；

90分的标准分为 $Z_4 = \dfrac{90-72}{10} = 1.8$ 。

查附表2。

当$Z_1=-1.2$时，$P_1=0.1151$；

$Z_2=-0.2$时，$P_2=0.4207$；

$Z_3=0.8$时，$P_3=0.7881$；

$Z_4=1.8$时，$P_4=0.96407$。

$Z_1=-1.2$是60分所对应的标准分，$P_1=0.1151$是$Z_1=-1.2$以下面积的比例，而正态分布曲线下的总面积为1，则60分以上的人数比例应为：1-0.1151=0.8849。同理70—80分的人数比例为$P_3-P_2=0.7881-0.4207=0.3674$。80—90分的人数比例为$P_4-P_3=0.96407-0.7881=0.17597$。

最后我们把总人数乘以各分数区间的人数比例即可得到各分数段的人数：

60分以上：$50 \times 0.8849 \approx 44$（人）；

70—80分：$50 \times 0.3674 \approx 18$（人）；

80—90分：$50 \times 0.17597 \approx 9$（人）。

（二）求某一团体中特定比例的分数界限

例：已知某次测验分数服从正态分布，其平均分为80分，标准差为10分。求中间70%学生分数的区间。

题析：因为正态分布是完全对称的，包含中间的70%的比例，就是标准正态曲线对称轴（Z=0）左右各占35%的面积比例。这就是由面积比例反求Z值的问题。由于附表2中面积的值是某一Z值左侧曲线下的面积比例，若要求平均数下35%的面积所对应的Z值，查表时应查面积比例为0.5-0.35=0.15所对应的Z值；同理，要求平均数以上35%面积比例所对应的Z值，查表时应查0.5+0.35=0.85的

面积比例所对应的 Z 值。但由于正态分布曲线的完全对称性，只要求出其中一个 Z 值，另一个 Z 值也就迎刃而解（这两个 Z 值绝对值相等，符号相反）。如图6-4所示。用插值法计算。

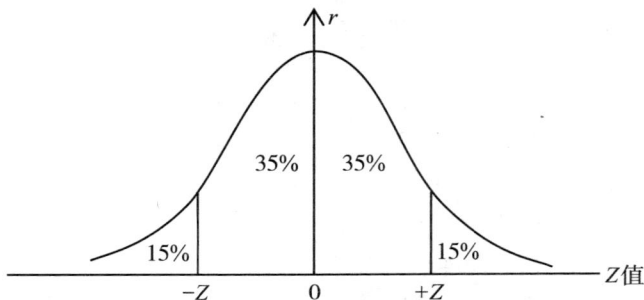

图6-4 例题分析图

查附表2中的面积部分，我们找不到面积比例为0.85这个值，但可以找到与它最接近的两个数：0.8485和0.8508。这两个面积比例所对应的 Z 值分别为1.03和1.04。

由上分析可知，$P=0.85$，$P_1=0.8485$，$P_2=0.8508$，$Z_1=1.03$，$Z_2=1.04$。

由插值公式（6-19）可得：

$$Z = Z_1 + \frac{P - P_1}{P_2 - P_1}(Z_2 - Z_1)$$
$$= 1.03 + \frac{0.85 - 0.8485}{0.8508 - 0.8485} \times (1.04 - 1.03)$$
$$\approx 1.037$$

那么，对称轴以下35%的面积比例所对应的 Z 值应为 -1.037。

现在，用标准分反求原始分数。由公式：

$$Z = \frac{X - \bar{X}}{S}$$ 可得 $X = \bar{X} + Z \cdot S$。

于是，当 $Z=-1.037$ 时，$X=80-1.037 \times 10 \approx 70$

当 $Z=1.037$ 时，$X=80+1.037 \times 10 \approx 90$。

故包含中间70%面积比例的成绩应在70至90之间。

（三）进行能力分组或评定成绩

例：某年级共有250人，假定能力测验的结果符合正态分布。现按能力分为4组，问各组的人数应是多少？

题析：这是利用正态分布曲线下面积进行能力分组的问题。从理论上说，正态分布曲线的左、右两条尾巴向左、右方向无限伸展，因而Z的值也应从 $-\infty$ 到 $+\infty$。但是，当 $Z<-4.00$ 或 $Z>+4.00$ 时，其左、右两条尾巴与横轴所包含的面积几乎可以忽略不计。因此一般情况下，横轴的Z值取 -4σ 至 $+4\sigma$ 之间8个单位的距离。现要将其分成4等份，则每份应占的距离为 $8\sigma \div 4 = 2\sigma$。如图6-5所示。

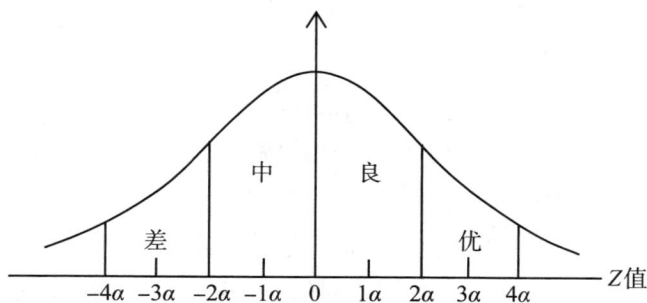

图6-5　能力等级分布图

现在，只要求出优、良、中、差4个能力等级所占的比例，便可知道各组的人数。由正态分布曲线的对称关系可知，优与差、良与中的比例和人数都应相等，因此，只要求出优与良或中与差任意两组的比例就行了。

优等组的面积比例所对应的Z值是从2.00到4.00。

当 $Z=2.00$ 时，$P=0.97725$；

当 $Z=4.00$ 时，$P=0.9^46833$。

故优等和差等级的人数比例为：

$0.9^46833-0.97725\approx0.0227$

良等级的面积比例所对应的Z值为0到2.00之间。因为 $Z=2.00$ 时，$P=0.97725$，所以，良等组和中等组的面积比例应为0.97725-

0.5=0.47725。

因此，各组的人数分别为：

优等、差等的人数各为：0.0227×250=6（人）。

良等、中等组的人数各为0.47725×250=119（人）。

利用正态分布曲线下的面积，还可以分析试题的难度。

第四节　总体平均数的区间估计

一、参数估计

参数估计分为点估计和区间估计两种。

点估计是指用一个数值作为样本统计量去估计总体的参数。例如，我们从200名初中三年级学生中抽取100名测量其智力，设平均智商 $\bar{X}$ =110，我们用这个数值去估计总体的平均数 μ。当然，总体平均数 μ 是不太可能正好等于110的，我们只希望用110作为 μ 的估计值不会出现太大的误差。这种估计方法就是点估计。因为平均数是一个值，一个特定的数值在数轴上可以用一个点来表示，因此称为点估计。点估计是一种不太精确的粗略的估计方法。

区间估计是用概率表示总体参数可能落在某数值区间之内的估计方法。例如，有一样本的平均数 $\bar{X}$ =60，那么，我们可以通过统计的方法推算总体的平均数 μ 很可能落在55至65这个区间之内。再如，一个样本的相关系数 r=0.70，我们同样可以推算其对应的总体的相关系数 ρ 很可能落入0.64到0.76这个区间。这种估计方法称为区间估计。在区间估计中，我们说总体的参数可能落入某一区间之内。这个可能性有多大，就必须用概率加以表示。例如，我们说总体平均数 μ 有95%的可能性落入55—65这个区间。55—65这个区间称为置信区间，区间的两个端点值称为置信界限。起点值称为置信下限，如例中的55这个值。终点值称为置信上限，如例中的65这个数值。保证总体参数落入某一区间的概率，称为置信系数或置信度，如例中的95%。

下面我们介绍总体平均数的估计问题。

二、总体平均数的区间估计

我们知道抽取样本，计算出样本的各种统计量，并不是统计工作的最终目的。我们总是希望用样本统计量去估计总体的参数。这一节我们研究如何用样本的平均数 $\bar{X}$ 去估计总体参数 μ。

（一）样本平均数的标准误

用样本平均数去估计总体平均数常常会产生误差。在做估计之前，我们首先要知道这种误差究竟有多大。这就是样本平均数的标准误。

所谓样本平均数的标准误，就是样本平均数抽样分布的标准差。用符号 $SE_{\bar{X}}$ 表示。这个定义较难理解，我们举例来说明。在一个总体中，我们可以抽取 n 个样本，每一个样本都有一个平均数。设 n 个样本的平均数分别为 $\bar{X}_1$，$\bar{X}_2$，$\cdots$，$\bar{X}_n$，这 n 个平均数也有一个标准差，这个标准差就称为标准误，标准误的本质仍然是标准差。样本平均数标准误的基本计算公式是：

$$SE_{\bar{X}} = \frac{\sigma}{\sqrt{n}} \qquad (6-20)$$

式中，$SE_{\bar{X}}$ 表示样本平均数的标准误；

σ 表示总体标准差；

n 表示样本容量。

$SE_{\bar{X}}$ 越小，样本平均数与总体平均数越接近，样本对总体越有代表性，用样本平均数去估计总体平均数的可靠性越高，反之，越低。

我们用公式（6-20）计算平均数标准误，需知道总体标准差 σ

的值。但总体是估计的对象，σ 的值往往是不知道的。在这种情况下，我们只能用样本标准差 S 去代替 σ。当样本为大样本（$n \geqslant 30$）时，样本标准差 S 与总体标准差相差不会太大，因而大样本平均数的标准误的计算公式可改写为：

$$SE_{\bar{X}} = \frac{S}{\sqrt{n}} \qquad (6-21)$$

式中，S 表示样本标准差。

（二）总体平均数区间估计的方法

1. 大样本情况下总体平均数的估计

有了样本平均数的标准误之后，我们便大概知道样本平均数 $\bar{X}$ 与总体平均数 μ 的差异了。这时，我们便可以以样本平均数为中心，推算总体平均数离开样本平均数这个中心点的距离。因为是估计，所以就有估计的把握（即可能性）有多大的问题，这种可能性用概率来表示，称为置信系数或置信度。

由于区间估计的统计学原理较难懂，这里省略。下面只写出总体平均数区间估计的通用公式和几个较常用的置信度所对应的总体平均数的置信区间的计算公式。

$$\bar{X} - U_a SE_{\bar{X}} \leqslant \mu \leqslant \bar{X} + U_a SE_{\bar{X}}$$

置信度为 90% 的置信区间为：

$$\bar{X} - 1.64 SE_{\bar{X}} \leqslant \mu \leqslant \bar{X} + 1.64 SE_{\bar{X}} \qquad (6-22)$$

置信度为 95% 的置信区间为：

$$\bar{X} - 1.96 SE_{\bar{X}} \leqslant \mu \leqslant \bar{X} + 1.96 SE_{\bar{X}} \qquad (6-23)$$

置信度为 99% 的置信区间为：

$$\bar{X} - 2.58 SE_{\bar{X}} \leqslant \mu \leqslant \bar{X} + 2.58 SE_{\bar{X}} \qquad (6-24)$$

公式（6-22）可以理解为总体平均数 μ 落在样本平均数 $\bar{X} - 1.64 SE_{\bar{X}}$ 和 $\bar{X} + 1.64 SE_{\bar{X}}$ 之间的可能性为 90%。不等号左边的值称为置信下限，不等号右边的值称为置信上限。其余公式也大致如此理解。

请看具体例子。

例：从某市随机抽取初一学生50名，测得身高的平均数为149厘米，标准差为8厘米，问该市初一学生的平均身高大约是多少？已知置信系数为95%。

本例样本容量$n=50 > 30$，属于大样本情况下总体平均数的区间估计。样本平均数的标准误为：

$$SE_{\bar{x}} = \frac{S}{\sqrt{n}} = \frac{8}{\sqrt{50}} \approx 1.13$$

由公式（6-23）可知总体平均数μ的置信区间为：

$$\bar{X} - 1.96\ SE_{\bar{x}} \leqslant \mu \leqslant \bar{X} + 1.96\ SE_{\bar{x}}$$

即 $149 - 1.96 \times 1.13 \leqslant \mu \leqslant 149 + 1.96 \times 1.13$

$$146.8 \leqslant \mu \leqslant 151.2$$

故该市初一学生平均身高置信度为95%的置信区间为〔146.8，151.2〕。

2. 小样本情况下总体平均数的估计

用样本平均数估计总体平均数需知道标准误。标准误的基本计算公式是$SE_{\bar{x}} = \frac{\sigma}{\sqrt{n}}$，但是，$\sigma$在一般情况下是不可能知道的，这时必须用$S$代替$\sigma$。在大样本（$n \geqslant 30$）的情况下，$S$与$\sigma$相差不大，可以直接用$S$代替$\sigma$；而在小样本（$n < 30$）的情况下，用$S$代替$\sigma$，求得的标准误一般偏小。为了克服这种将$SE_{\bar{x}}$低估的倾向，通常用（$n-1$）代替$n$，故小样本求标准误的计算公式为：

$$SE_{\bar{x}} = \frac{S}{\sqrt{n-1}} \qquad （6-25）$$

这时，样本平均数的抽样分布已不再服从正态分布，而是服从一种新的分布——t分布。t分布也是一种样本统计量的抽样分布。其计算分式为：

$$t = \frac{\overline{X} - \mu}{S / \sqrt{n-1}} \qquad (6\text{-}26)$$

我们称这样的 t 分布为服从自由度为 $n-1$ 的 t 分布。自由度用符号 df 表示，即 $df=n-1$。不同的自由度有不同的 t 分布。这里需要对自由度做解释。

所谓自由度是指样本中能独立地自由变动的变量个数。例如，有5个变量分别是 X_1、X_2、X_3、X_4、X_5，当没有任何限制时，这5个变量都可自由变动，即自由度为5。但当限定它们的平均数为一个固定值时，其中4个变量任意取值之后，最后一个变量就随之确定了，因而只有4个变量可以自由变动。即自由度 $df=4$。若限制条件增加一个，则自由度便减少一个。自由度并不都等于 $n-1$，它是随着限制条件的不同而不同的。

t 分布是一种理论分布，其分布形态和特点与正态分布基本一样。所不同的是，t 分布曲线的横轴是 t 轴，正态分布曲线的横轴是 Z 轴；t 分布曲线的形态受自由度 df 的影响，而正态分布受标准差 σ 的制约。统计学家已经为我们编制了不同自由度 t 分布的临界值表（见附表3）。在 t 值表中，左边第一列的 df 表示不同的自由度；上面第一行 P（2）、第二行 P（1）表示不同的显著性水平。显著性水平用符号 α 表示。P（2）表示将 α 的值分置于 t 分布曲线的左、右两侧，P（1）表示将 α 值置于 t 分布曲线的一侧。表中的数字表示某一自由度 df 和某一显著性水平 α 所对应的 t 的临界值，它一般用符号 $t_{\alpha(df)}$ 表示。t 下面的 df 表示自由度，α 表示显著性水平。如 $t_{0.05(10)}$ 表示自由度为10，显著性水平为0.05的 t 的临界值，这个临界值便是自由度 $df=10$，显著性水平 P（2）=0.05所对应的行和列交叉处的那个值。从表中可查出 $t_{0.05(10)}=2.228$。再如 $t_{0.01(7)}$，查附表3可知其值为3.499。其余也知此。

有了 t 值表以后，我们便可对小样本情况下的总体平均数进行估计了。计算置信区间的公式为：

$$\bar{X} - t_{a(df)}SE_{\bar{X}} \leqslant \mu \leqslant \bar{X} + t_{a(df)}SE_{\bar{X}} \qquad （6-27）$$

在式中，α 的值等于1减去置信系数。

请看具体的例子。

例：为了调查某校初三学生的英语水平，现从中随机抽取15名学生参加测验，得平均成绩 $\bar{X}$ =78分，标准差 S=5.9分。问该校初三学生英语平均成绩置信度分别为90%、95%和99%的置信区间是多少？

题析：因样本的容量 n=15，故这是属于小样本的总体平均数的估计问题，需利用 t 值表。

样本的标准误为：

$$SE_{\bar{X}} = \frac{S}{\sqrt{n-1}} = \frac{5.9}{\sqrt{15-1}} \approx 1.58$$

查 t 值表可知，$t_{0.10(14)}$ =1.761。于是，置信度为90%的 μ 的置信区间为：

$$\bar{X} - t_{0.10(14)}SE_{\bar{X}} \leqslant \mu \leqslant \bar{X} + t_{0.10(14)}SE_{\bar{X}}$$

即 $\qquad$ 78-1.761×1.58 $\leqslant \mu \leqslant$ 78+1.761×1.58

$$75.2 \leqslant \mu \leqslant 80.8$$

查 t 值表可得：$t_{0.05(14)}$ =2.145，$t_{0.01(14)}$ =2.977。

同理可得，置信度为95%的 μ 的置信区间为：

$$78-2.145×1.58 \leqslant \mu \leqslant 78+2.145×1.58$$

即 $\qquad$ 74.6 $\leqslant \mu \leqslant$ 81.4

置信度为99%的 μ 的置信区间为：

$$78-2.977×1.58 \leqslant \mu \leqslant 78+2.977×1.58$$

即 $\qquad$ 73.3 $\leqslant \mu \leqslant$ 82.7

从上例可以看出，置信度越高，置信区间越长；反之，越短。

这是因为置信度就是对估计的要求，对估计的要求越高，越要拉大估计区间。

第五节　总体百分数的区间估计

在统计教育现象中，常常利用百分数进行分析、比较。如学生的及格率、升学率以及流失率，我们都用百分数来表示。那么，如何用样本的百分数去估计总体的百分数呢？

估计的方法与大样本情况下的总体平均数的估计基本一样，所不同的是，计算标准误的公式改变了。样本百分数的标准误的计算公式为：

$$SE_p = \sqrt{\frac{pq}{n}} \qquad (6-28)$$

式中，SE_p 为样本百分数的标准误；

p 为样本中某种现象的比例；

q 为样本中另一现象的比例，则 $q=1-p$；

n 为样本容量。

总体百分数的区间估计公式为：

$$p - U_\alpha SE_p \leqslant P \leqslant p + U_\alpha SE_p \qquad (6-29)$$

例：某县教育部门在研究学生的流失现象时，以某校 753 名学生作为样本进行调查，结果流失学生 18 名。请问该县学生流失率的置信区间为多少？（置信系数为 95%）

题析：例中样本的容量 $n=753$，流失率 $p = \dfrac{18}{753} \approx 2.4\%$，现在要以此流失率来估计全县学生的流失率。

因为 $n=753$，$P=0.024$，$q=1-0.024=0.976$。

由公式（6-28）可得：

$$SE_P = \sqrt{\frac{pq}{n}} = \sqrt{\frac{0.024 \times 0.976}{753}} \approx 0.00558$$

因此，置信度为95%的总体比率的置信区间为：

$0.024-1.96 \times 0.00558$——$0.024+1.96 \times 0.00558$

即　1.3%——3.5%

故该县学生流失率在1.3%至3.5%的可能性为95%。

本　章　小　结

本章研究概率及其理论分布的问题，重点研究了两种抽样分布——正态分布和t分布，以及两种主要参数——总体平均数和总体百分数的估计问题。

正态分布是统计学上一种重要的理论分布。它在教育、教学以及教育管理上的应用主要有：①利用正态分布曲线下的面积求某些分数区间的人数和百分数；②利用正态分布曲线下的面积求某一团体中特定比例的分数界限；③进行能力分组或评定成绩等；④对考试结果进行分析。

总体平均数的估计分为两种情况：

（1）大样本的情况下总体平均数的估计。在这种情况下，样本平均数的标准误的计算公式为：

$$SE_{\bar{X}} = \frac{S}{\sqrt{n}}$$

这时，总体平均数的区间估计必须利用正态分布曲线表。

（2）小样本的情况下总体平均数的估计。在这种情况下，样本平均数的标准误的计算公式为：

$$SE_{\bar{X}} = \frac{S}{\sqrt{n-1}}$$

这时，总体平均数的区间估计必须利用t值表。

在总体百分数的区间估计中，其百分数的标准误的计算公式为：

$$SE_p = \sqrt{\frac{pq}{n}}$$

这时总体百分数的估计必须利用正态分布表。

注意：

1. 统计量和参数的不同在于：统计量是描述样本特征，而参数是描述总体特征的。一般情况下，统计量用英文字母表示，如 $\bar{X}$、S、r；参数用希腊字母表示，如 μ、σ、ρ。

2. 样本有大小之分，统计学上一般以 $n \geq 30$ 的为大样本，$n < 30$ 的为小样本，但这种划分不是绝对的，必须根据具体问题加以确定。如果要对全国中学生进行调查，那么，抽取一个 $n=50$ 的样本仍然不能算大样本，因为50相对于全国的中学生这个总体来说是微乎其微的。

3. t 分布是和自由度联系在一起的理论分布，不同自由度有不同的 t 分布。自由度 df 由具体情况确定，并不是都等于 $n-1$。

4. 对于大样本和小样本，总体平均数区间估计所依据的分布和计算公式是不同的，要注意加以区分。

思考与实践

1. 简述参数估计的类型。

2. 什么是点估计？点估计量的评价标准有哪些？

3. 什么是标准正态分布？什么是 t 分布？什么是标准误的无偏估计量？

4. 某校为了测验学生的数学水平，现从中随机抽取20名学生进行测验，其结果是 $\bar{X} = 68$，$S = 12.3$，试估计该校学生的数学平均成绩（置信度为90%）。

5. 从某市随机抽取小学三年级学生60名，测得平均体重为28kg，标准差3.5kg。试问该市小学三年级学生的平均体重大约是多少？（置信度为95%）

6. 从某幼儿园随机抽取40名儿童，测得平均身高为90.2cm，标准差为4.8cm。求该幼儿园全体儿童平均身高95%置信区间的估计值，并对结果做解释。

7. 从某年级月考英语考试试卷中随机抽取16份，其分数如下：63，51，67，72，63，77，69，29，57，66，48，69，34，32，55，42。求该年级月考英语考试成绩95%的置信区间。

8. 松江A、B两所大学某学期期末高等数学考试采用同一套题目，A校认为该校学生高数考试成绩比B校学生成绩高10分以上。为了验证这个说法，主管部门从A校随机抽取75人作为样本，测得其分数平均值为78.6分，标准差为8.2分；B校抽取了80个学生作为随机样本，测得分数平均值为73.8分，标准差为7.4分，试在99%的情况下确定两校平均分之差的置信区间，根据此置信区间，主管部门能够得到什么结论？

9. 某大学为了了解学生每天上网的时间，在全校7500名学生中采取不重复抽样的方法随机抽取36人，调查他们每天的上网时间，得到下面的数据（单位：小时）。求该校大学生平均上网时间的置信区间，置信水平分别为90%、95%和99%。

3.3	3.1	6.2	5.8	2.3	4.1	5.4	4.5	3.2
4.4	2.0	5.4	2.6	6.4	1.8	3.5	5.7	2.3
2.1	1.9	1.2	5.1	4.3	4.2	3.6	0.8	1.5
4.7	1.4	1.2	2.9	3.5	2.4	0.5	3.6	2.5

10. 一个由90名大学生组成的样本中显示，有27名学生会以及格与不及格作为选课的依据。

（1）以及格与不及格作为选课依据的同学占全体同学比率的点估计为多少？

（2）以及格与不及格作为选课依据的同学占全体同学比率的90%置信区间的估计值为多少？

第七章 统计假设检验

我们在处理实验或调查数据时，经常需要探究统计量之间的差异，如两个平均数、两个方差、两个相关系数、两个比率的差异比较。对于这些差异的讨论一般分为两种情况：一是样本统计量与总体参数之间的差异比较，二是两个样本统计量所代表的两个总体之间的差异比较。我们关心的是从样本统计量得出的差异能否推断出一般性结论，即总体参数之间是否存在差异。在统计学中，这种推断过程称作假设检验。

第一节 统计假设检验的基本问题

一、统计假设检验的基本思想

统计假设检验也称差异显著性检验，它是统计推断的一种重要方法。它是检验样本与总体之间（或样本与样本之间）的差异是否显著的问题。例如，我们从甲、乙两所学校中分别随机抽取两个样本进行测验，可以得到两个样本的平均数 $\bar{X}_甲$ 和 $\bar{X}_乙$。一般来说，$\bar{X}_甲$ 和 $\bar{X}_乙$ 是不可能完全相等的，也就是说，$\bar{X}_甲$ 和 $\bar{X}_乙$ 可能存在着数值上的差异。那么，我们是否能据此判定两所学校的教学水平有差异呢？回答是否定的，这是因为造成差异的原因有两种：其一是由于抽样引起的差异；其二是两所学校的教学水平本质上有差异。这两种差异往往是纠缠在一起，难以分辨的，我们需要通过一定的统计手段对原因进行鉴定。如果鉴定证实差异是由第一种原因造成的，我们便说这两所学校的教学水平没有显著差异。如果差异是由第二种原因引起的，我们便认为这两所学校的教学水平有显著差异。这种统计手段就是本章所要讨论的差异的显著性检验。

二、差异的显著性水平

差异是否显著，或者差异的显著性如何，是用随机误差所产生的概率的大小来测定的。若样本统计量（如 $\bar{X}$ ）与总体参数（如 μ ）之间的差异由随机误差造成的概率较大，我们就认为差异不显著；若这种差异由随机误差造成的概率很小，我们就认为差异显著。差异由随机误差造成的概率的大小，称为显著性水平，通常用 α 表示。随机误差产生的概率即显著性水平究竟多大才算较大，多少才算较小呢？这要视具体问题的具体要求而定。一般在评价教育现象时，α 的值通常取 0.10、0.05 和 0.01 等几个值。取 α =0.05，说明显著性水平确定在 0.05 这个水平上。若检验的结果 α > 0.05，则说明差异不显著（在 α =0.05 这个水平上）。若 α ≤ 0.05，就说明差异显著。α =0.05 这个概率，实际上是指我们判断发生错误的可能性是 5%，即差异由随机误差产生的可能性在 100 次事件中发生 5 次。例如，我们要评价一所学校学生的数学水平，可以从这所学校中随机抽取 30 名学生进行测验，设测验结果为 $\bar{X}$ =73 分，若全县学生的平均成绩是 μ=75 分，我们可以通过差异显著性检验来判定 μ 与 $\bar{X}$ 之间的 2 分之差是由什么原因造成的。若取 α =0.01，检验结果是 α > 0.01，那么可以说在 α =0.01 这个水平上，μ 与 $\bar{X}$ 之间的差异不显著，也就是说，μ 与 $\bar{X}$ 之间的 2 分之差由随机误差产生的概率大于 1%。显著性水平 α 是个较为抽象的概念，以后再通过例子加以说明。

三、双尾检验和单尾检验

统计假设检验（以 U 检验为例进行说明），从使用正态分布曲线包括的尾部面积的部位而言，可分为双尾检验和单尾检验。

双尾检验是指在统计假设检验中使用左、右两侧的尾部面积，即把显著性水平 α 的值分为相等的两部分并置于曲线的左、右两侧的尾部。例如，若确定显著性水平$\alpha=0.05$，则双尾检验是将α分在两侧的尾部，即左、右两边的尾部面积各占$\frac{\alpha}{2}=0.025$，从正态曲线双侧的分位数表（附表2）上查出临界值$U_\alpha=U_{0.05}$（即Z值）为±1.96，然后进行检验。若计算的Z值超过±1.96落入图7-1的阴影部分，则拒绝虚无假设；反之，则接受虚无假设。

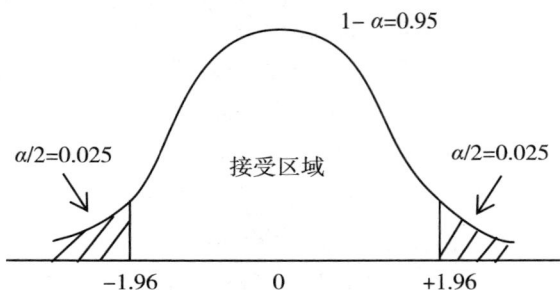

图7-1　双尾检验示意图

单尾检验是指在统计假设检验中，使用一侧（左侧或右侧）的尾部面积，即将显著性水平α的值置于正态分布曲线的左尾或右尾。若置于左边，则称为左尾检验；若置于右边则称为右尾检验。例如，若取$\alpha=0.05$，则接受区域的面积共有95%，查正态分布表得其相应的临界值$U_{2\alpha}=U_{0.10}$为$+1.64$或-1.64。如果计算的统计量Z的值超过临界值$+1.64$或-1.64而落入图中的阴影部分，则拒绝虚无假设；反之，则接受虚无假设。

图7-2中的阴影部分通常称为拒绝区域。

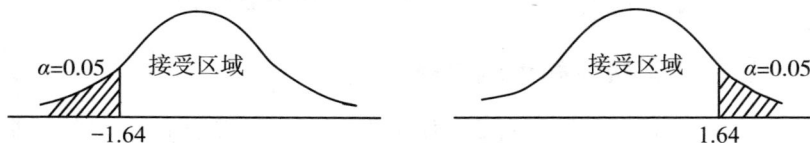

图7-2　单尾检验示意图

在实际检验中，采用双尾检验还是单尾检验，要根据具体问题的具体性质和要求来决定。

四、统计假设检验的一般步骤

根据统计假设检验的理论和方法，统计假设检验（以 U 检验为例）的一般步骤如下。

1．建立假设

统计检验的假设有两种：一是虚无假设，用 H_0 表示。它是假设所要比较的两个统计量来自相同的总体，即没有差异。二是备择假设，它是与虚无假设相对立的假设，用 H_1 表示。虚无假设和备择假设在单尾检验或双尾检验中是不同的。双尾检验假设的表达形式是：

$$H_0: \mu = \mu_0 \,(\text{或} \mu_1 = \mu_2)$$
$$H_1: \mu \neq \mu_0 \,(\text{或} \mu_1 \neq \mu_2)$$

单尾检验假设的表达形式是：

左尾检验假设：

$$H_0: \mu \geqslant \mu_0 \,(\text{或} \mu_1 \geqslant \mu_2)$$
$$H_1: \mu < \mu_0 \,(\text{或} \mu_1 < \mu_2)$$

右尾检验假设：

$$H_0: \mu \leqslant \mu_0 \,(\text{或} \mu_1 \leqslant \mu_2)$$
$$H_1: \mu > \mu_0 \,(\text{或} \mu_1 > \mu_2)$$

以上假设中，括号里的是双总体的假设。

在统计检验上，一般建立虚无假设 H_0 就行了。

2．选择并计算统计量

不同的统计问题需选择不同的统计量。样本统计量服从的分布形态不同，所用的统计量不同。统计量明确之后，便可计算统计量的值 U。

3．确定显著性水平 α 的值并查表求临界值 U_α

根据研究问题的性质和要求，确定适当的显著性水平 α 的值。在处理教育问题时，α 一般取 0.01、0.05 或 0.10。α 确定以后，我们可根据单尾检验或双尾检验，查表求临界值 U_α。

4. 做出判断

把计算所得的统计量 U 的值与查表所得的临界值 U_α 做比较：当 $U \geqslant U_\alpha$ 或 $U \leqslant -U_\alpha$ 时，统计量 U 落入拒绝区域，因而拒绝 H_0。当 $U < U_\alpha$ 或 $U > -U_\alpha$ 时，统计量 U 落入接受区域，因而接受 H_0。

第二节　平均数差异的显著性检验

平均数差异的显著性检验，根据样本容量的不同及总体标准差 σ 是否已知，可以分为两种，即 U 检验和 t 检验。

一、U检验

这是已知总体标准差 σ，或总体标准差 σ 未知，但样本为大样本（$n \geqslant 30$）的平均数差异的显著性检验。因为大样本的平均数 $\bar{X}$ 的抽样分布服从正态分布，因而采用统计量 U（或 Z）。

（一）单总体的 U 检验

单总体的 U 检验，是检验样本是否来自原来的总体，也就是检验样本平均数 $\bar{X}$ 与总体平均数 μ_0 的差异的显著性。对于一个已知的样本平均数 $\bar{X}$，我们总是希望它能与一个平均数为 μ_0 的总体在本质上一致。但这种一致性的程度如何，在没有经过检验之前，我们是不能下结论的，因此必须对 $\bar{X}$ 与 μ_0 之间的差异进行显著性检验。若 $\bar{X}$ 与 μ_0 的差异是由随机误差造成的，就说明它们之间无显著差异；否则，就差异显著。单总体 U 检验的虚无假设 H_0 为：$\mu = \mu_0$（双尾）。统计量 U 的计算公式为：

$$U = \frac{\bar{X} - \mu_0}{\sigma / \sqrt{n}} \qquad (7-1)$$

式中，$\bar{X}$ 为样本平均数；

μ_0 为已知的总体平均数；

σ 为总体标准差；

n 为样本容量。

由公式（7–1）计算出来的统计量 U 的值，也就是标准正态分布表中的 Z 值。

请看具体的例子。

例：某县初中统考化学的平均成绩为76.3分，标准差为7.2分。甲校85名学生的化学平均成绩为80.5分。问该校85名学生的化学成绩与全县的平均成绩是否一致？

题析：全县考生的化学成绩是总体，甲校85名考生的化学成绩只是这个总体中的一个样本。本例的目的是检验样本平均数 $\bar{X}$ =80.5与总体平均数 μ_0 =76.3之间的差异是否显著的问题，属于单总体的 U 检验。

检验步骤如下：

1．建立虚无假设 H_0：$\mu = \mu_0$（或 $\mu = 76.3$）

2．计算统计量 U

例中，$\bar{X}$ =80.5，μ_0 =76.3，σ =7.2，n=85。

将以上数据代入公式（7–1）得：

$$U = \frac{\bar{X} - \mu_0}{\sigma / \sqrt{n}} = \frac{80.5 - 76.3}{7.2 / \sqrt{85}} \approx 5.38$$

3．确定显著性水平 α 的值

取 α =0.01，查表得 $U_{0.01}$=2.58。

4．比较，做出判断

本题计算得到的统计量 U=5.38 > U_α =2.58，即统计量 U 落入拒绝区域，因而拒绝虚无假设 H_0。因此，我们可以说，该校85名

学生统考的化学成绩与全县的平均成绩在 α =0.01的水平上，差异是显著的。

（二）双总体的U检验

双总体的U检验是检验两个样本各自所代表的总体平均数μ_1和μ_2的差异是否显著，即两个样本是否来自同一个总体。

双总体U检验统计量U的基本计算公式为：

$$U = \frac{\bar{X}_1 - \bar{X}_2}{\sqrt{\dfrac{\sigma_1^2}{n_1} + \dfrac{\sigma_2^2}{n_2}}} \qquad （7-2）$$

式中，$\bar{X}_1$、$\bar{X}_2$分别为两个样本的平均数；

n_1、n_2分别为两个样本的容量；

σ_1、σ_2分别为两个总体的标准差。

例：为了评价甲、乙两校学生的数学水平，随机从甲校中抽取50名学生，乙校中抽取60名学生进行数学测验。其结果为，甲校50名学生的平均分为72分，标准差为10.5分；乙校60名学生的平均分为70分，标准差为9.4分。请问两校学生数学成绩有无显著差异？（ α =0.10）

题析：本题是检验两个大样本所代表的总体平均数是否有显著差异的问题，属于双总体的U检验问题。由公式（7-2）可知，要计算统计量U的值，必须知道两个总体的标准差。而本题中两个总体的标准差σ_1和σ_2未知，只知道样本的标准差S_1和S_2，因为是大样本，所以我们可以用S代替σ。

检验的步骤如下：

1. 建立虚无假设H_0：$\mu_1 = \mu_2$。

2. 计算统计量U的值。

已知：$\bar{X}_1 = 72$，$\bar{X}_2 = 70$，$S_1 = 10.5$，$S_2 = 9.4$，$n_1 = 50$，$n_2 = 60$。

代入公式（7-2）得：

$$U = \frac{\bar{X}_1 - \bar{X}_2}{\sqrt{\dfrac{\sigma_1^2}{n_1} + \dfrac{\sigma_2^2}{n_2}}} = \frac{\bar{X}_1 - \bar{X}_2}{\sqrt{\dfrac{S_1^2}{n_1} + \dfrac{S_2^2}{n_2}}} = \frac{72 - 70}{\sqrt{\dfrac{10.5^2}{50} + \dfrac{9.4^2}{60}}} \approx 1.04$$

3．题中已知 α =0.10，查表得临界值 $U_{0.10}$=1.64。

4．比较，做出判断。

统计量 U =1.04< U_α =1.64，表明统计量 U 落入接受区域，因而接受 H_0。故我们可以得出结论：在 α =0.10的水平上，甲、乙两校学生的数学成绩无显著差异。

上述 U 检验，是总体的标准差 σ 已知或总体标准差未知但样本是大样本的平均数差异的显著性检验问题。对于总体标准差 σ 未知，又是小样本的情形，必须借助统计量 t 进行检验。

二、t 检验

t 检验是利用 t 分布对平均数之间的差异进行显著性检验。t 检验所解决的问题与 U 检验基本相同。所不同的是：t 检验适用于检验总体的标准差 σ 未知而且是小样本的情形；而 U 检验适用于检验总体的标准差 σ 已知，不管是大样本还是小样本的情形，以及总体的标准差 σ 未知、样本大的情形。U 检验采用的统计量是 U，而 t 检验采用的统计量是 t。t 检验同样有单总体检验和双总体检验之分。

（一）单总体 t 检验

单总体的 t 检验是检验一个样本是否来自原来的总体。

检验的虚无假设是 H_0： $\bar{X} - \mu_0$ =0。

单总体检验统计量 t 的计算公式为：

$$t = \frac{\bar{X} - \mu_0}{S / \sqrt{n-1}} \tag{7-3}$$

这个 t 分布的自由度 $df=n-1$。

例：某县升中考试语文平均成绩为78分，从某校中随机抽取15名考生的语文成绩，其平均成绩为81.2分，标准差为11.6分。请问该校的语文成绩与全县的语文成绩有无显著差异？

题析：本例总体的标准差 σ 未知，只知道样本的标准差 $S=11.6$，而且样本的容量 $n=15$，属于小样本。因此，这属于单总体的 t 检验问题。

检验步骤：

1. 建立虚无假设 H_0：$\mu=\mu_0$（或 $\mu=78$）

2. 计算统计量 t 的值

由公式（7-3）得：

$$t = \frac{\overline{X} - \mu_0}{S / \sqrt{n-1}} = \frac{81.2 - 78}{11.6 \Big/ \sqrt{15-1}} \approx 1.03$$

3. 确定显著性水平 α，查 t 值表求 $t_{\alpha(df)}$

取 $\alpha=0.05$，本题的自由度 $df=15-1=14$，查表得：$t_{0.05(14)}=2.145$。

4. 比较，做出判断

因为 $t=1.03 < t_{0.05(14)}=2.145$，统计量 t 的值落入接受区域，因而接受 H_0。即在 $\alpha=0.05$ 的水平上，该校语文成绩与全县语文成绩没有显著差异。

本例是双尾检验，查 t 值表时应查 P（2）那一行的 α 值。即在 P（2）那一行中找出 $\alpha=0.05$ 这个值。

（二）双总体的 t 检验

双总体的 t 检验又可分为独立样本检验和相关样本检验两种。

1. 两个独立样本的 t 检验

从两个无关的总体中随机抽取的两个样本称为两个独立样本。

统计量 t 的计算公式为：

$$t = \frac{\overline{X}_1 - \overline{X}_2}{\sqrt{\dfrac{(n_1-1)S_1^{\,2} + (n_2-1)S_2^{\,2}}{n_1 + n_2 - 2}\left(\dfrac{1}{n_1} + \dfrac{1}{n_2}\right)}} \tag{7-4}$$

这里，$df=n_1+n_2-2$。

当两个样本的容量相等，即$n_1=n_2$时，公式（7-4）变为：

$$t=\frac{\overline{X}_1-\overline{X}_2}{\sqrt{\dfrac{S_1^2+S_2^2}{n}}} \tag{7-5}$$

这里，$df=2（n-1）$。

例：为了研究男、女生学习英语的情况，从某校中随机抽取男生10名，测得其英语的平均成绩$\overline{X}_1$=71.8分，标准差S_1=10.5分；女生8名，其平均成绩$\overline{X}_2$=80.4分，标准差S_2=7.6分。请问男生的英语成绩是否比女生低？

题析：因为男、女生两个总体的标准差均未知，且两个样本均为小样本，两个样本互为独立样本，属于两个独立样本的t检验。

检验步骤如下：

（1）建立虚无假设

因为本题属于左单尾检验，虚无假设应为H_0：$\mu_1 \geqslant \mu_2$。

（2）计算统计量t的值

由公式（7-4）得：

$$t=\frac{\overline{X}_1-\overline{X}_2}{\sqrt{\dfrac{(n_1-1)S_1^2+(n_2-1)S_2^2}{n_1+n_2-2}\left(\dfrac{1}{n_1}+\dfrac{1}{n_2}\right)}}$$

$$=\frac{71.8-80.4}{\sqrt{\dfrac{(10-1)\times10.5^2+(8-1)\times7.6^2}{10+8-2}\times\left(\dfrac{1}{10}+\dfrac{1}{8}\right)}}\approx-1.94$$

（3）确定显著性水平α，查表求临界值$t_{\alpha(df)}$

取α=0.05，df=10+8-2=16，查表中单尾P（1）中的α=0.05得：$t_{0.05（16）}$=1.746。

（4）比较，做出判断

因为t=-1.94＜$t_{0.05（16）}$=1.746，统计量t的值落入左尾的拒绝区

域，因而拒绝假设 H_0。即在 α =0.05的显著性水平上，该校男生的英语成绩低于女生。

2．两个相关样本的 t 检验

相关样本一般是指同一个总体的两个样本的比较。如同一组被试实验前与实验后结果的比较；同一组被试在两种不同条件下结果的比较；或者被试的两组是有意挑选的互相匹配的对偶组，实验时使一组为实验组，另一组为控制组，所得的结果的比较，这些都是相关样本的比较。相关样本平均数差异的显著性检验，与独立样本的平均数差异的显著性检验的不同在于：使用的公式不同，自由度 df 也不同。

（1）已知相关系数 r 的检验

计算统计量 t 的公式为：

$$t = \frac{\overline{X}_1 - \overline{X}_2}{\sqrt{SE_1^2 + SE_2^2 - 2rSE_1 \cdot SE_2}} \qquad (7\text{-}6)$$

这里，$df=n-1$。

式中，$SE_1 = \dfrac{S_1}{\sqrt{n-1}}$，$SE_2 = \dfrac{S_2}{\sqrt{n-1}}$，分别为第一个、第二个样本的平均数的标准误。

例：为了比较两种教学方法的优劣，从某年级中随机抽取容量各为20人的两个样本，然后把第一种教学方法实施于甲样本，把第二种教学方法实施于乙样本。实验结束后，测得实施第一种教学方法的学生的平均成绩为73.2分，标准差为6.9分；实施第二种教学方法的学生的平均成绩为70.5分，标准差为7.2分，而且两个样本之间的相关系数为0.62。问两种教学方法的效果是否一样？

题析：这是两个相关样本且相关系数已知的平均数差异的显著性检验问题。

检验步骤如下：

①建立虚无假设 H_0：$\mu_1 = \mu_2$

②计算统计量 t 的值

先计算两个样本的标准误：

$$SE_1 = \frac{S_1}{\sqrt{n-1}} = \frac{6.9}{\sqrt{20-1}} \approx 1.58$$

$$SE_2 = \frac{S_2}{\sqrt{n-1}} = \frac{7.2}{\sqrt{20-1}} \approx 1.65$$

由公式（7-6）得：

$$t = \frac{\overline{X}_1 - \overline{X}_2}{\sqrt{SE_1^2 + SE_2^2 - 2rSE_1 \cdot SE_2}}$$

$$= \frac{73.2 - 70.5}{\sqrt{1.58^2 + 1.62^2 - 2 \times 0.62 \times 1.58 \times 1.65}} \approx 1.91$$

③确定 α 的值，查表求临界值 $t_{\alpha(df)}$

取 α =0.05，df=20-1，$t_{0.05(19)}$ =2.093。

④比较，做出判断

因为 t=1.91 ＜ $t_{0.05(19)}$ =2.093，t 值落入接受区域，因而接受虚无假设 H_0。即在 α =0.05的水平上，两种教学方法的效果没有显著差异。

（2）未知相关系数 r 的检验

计算统计量 t 的公式为：

$$t = \frac{\overline{X}_1 - \overline{X}_2}{\sqrt{\dfrac{\sum D^2 - \dfrac{1}{n}\left(\sum D\right)^2}{n(n-1)}}} \tag{7-7}$$

这里，df=n-1。

式中，D 为两个样本相对应数值之差；

n 为样本包含的对数。

例：在某年级中随机抽取10名学生接受两种能力测验，成绩如下，问学生的两种能力有无差异？

表7-1 两种能力测验成绩

被试	测验一 X_1	测验二 X_2	差数值 $D=X_1-X_2$	差数值平方 D^2
1	93	76	17	289
2	72	74	−2	4
3	91	80	11	121
4	65	52	13	169
5	81	63	18	324
6	77	62	15	225
7	89	82	7	49
8	84	85	−1	1
9	73	64	9	81
10	70	72	−2	4
合计			85	1267

检验的步骤如下：

①建立虚无假设 H_0：$\mu_1=\mu_2$

②计算统计量 t 的值

先计算各对数据之差 D 及 D^2，如表中的第四栏、第五栏。由公式（7-7）得：

$$t = \frac{\overline{X}_1 - \overline{X}_2}{\sqrt{\dfrac{\sum D^2 - \dfrac{1}{n}\left(\sum D\right)^2}{n(n-1)}}} = \frac{79.5 - 70}{\sqrt{\dfrac{1267 - \dfrac{1}{10} \times 85^2}{10(10-1)}}} \approx 3.86$$

③确定 α 的值，查表求临界值 $t_{\alpha(df)}$

取 $\alpha=0.01$，$df=10-1=9$，查表得：$t_{0.01(9)}=3.25$

④比较，做出判断

因为 $t=3.86 > t_{0.01(9)}=3.25$，$t$ 值落入拒绝区域，因而拒绝假设 H_0。即在 $\alpha=0.01$ 的水平上，学生的两种能力存在差异。

第三节 比例差异的显著性检验

在教育、教学及管理中，常常用比例作为各项指标来评价学校、教师的教育质量。我们要比较两个比例之间的差异，就需要对比例之间的差异进行显著性检验，以判断一个样本是否来自原来的总体，或两个样本是否来自比例相同的总体。

一、单总体比例差异的显著性检验

已知一个样本的比例为 P，若要检验这个样本是否来自比例为 π_0 的总体，即检验 ppppppppp 与 π_0 间的差异是否显著。检验的基本步骤与平均数差异的检验步骤一样。

比例差异检验的虚无假设为 H_0：$\pi=\pi_0$。计算统计量 U 的公式为：

$$U = \frac{P-\pi}{SE_P} = \frac{P-\pi_0}{\sqrt{\dfrac{\pi_0(1-\pi_0)}{n}}} \tag{7-8}$$

式中：p 为样本比例；π_0 为已知总体比例；n 为样本容量；

$SE_P = \sqrt{\dfrac{\pi_0(1-\pi_0)}{n}}$ 为样本比例的标准误。

例：某中学有952名学生，一学年中共流失学生33人，全县该学年中学生的流失率为2.8%，问该校学生流失率与全县有无差异？

题中，$p = \dfrac{33}{952} = 3.47\%$，$\pi_0 = 2.8\%$，$n = 952$。

检验步骤如下：

1．建立虚无假设 H_0：$\pi=\pi_0$（或 $\pi=2.8\%$）

2．计算统计量 U 的值

由公式（7-8）得：

$$U = \frac{p - \pi}{SE_P} = \frac{p - \pi_0}{\sqrt{\dfrac{\pi_0(1-\pi_0)}{n}}} = \frac{0.0347 - 0.028}{\sqrt{\dfrac{0.028(1-0.028)}{952}}} \approx 1.26$$

3．确定 α 的值，查表求临界值

取 α =0.05，可得 $U_{0.05}$=1.96。

4．比较，做出判断

因为 U=1.26 < $U_{0.05}$=1.96，U 的值落入接受区域，因而接受虚无假设 H_0。即在 α =0.05 的水平上，该校学生的流失率与全县相比没有显著差异。

二、双总体比例差异的显著性检验

要检验两个独立样本的比例 p_1 与 p_2 有无显著差异，即检验两个样本是否抽自相同的总体，就要对两个样本的比例的差异进行显著性检验。检验时统计量 U 的计算公式如下：

当 $n_1 \neq n_2$ 时为：

$$U = \frac{p_1 - p_2}{\sqrt{\overline{pq}\left(\dfrac{1}{n_1} + \dfrac{1}{n_2}\right)}} \tag{7-9}$$

当 $n_1 = n_2$ 时，公式为：

$$U = \frac{p_1 - p_2}{\sqrt{\dfrac{2\overline{pq}}{n}}} \tag{7-10}$$

式中：p_1、p_2 分别为两个样本的比例；

n_1、n_2 分别为两个样本的容量；

$\overline{p}$ 为两个样本比例的加权平均数。计算公式为：

$$\overline{p} = \frac{n_1 p_1 + n_2 p_2}{n_1 + n_2} \tag{7-11}$$

$$\overline{q} = 1 - \overline{p}$$

式（7-9）的分母 $\sqrt{\overline{pq}\left(\dfrac{1}{n_1}+\dfrac{1}{n_2}\right)}$ 和式（7-10）的分母 $\sqrt{\dfrac{2\overline{pq}}{n}}$ 为比例的标准误，用 SE_p 表示。

请看具体的例子。

例：为了调查男、女生对中学办重点班的意见，现从男生中随机抽取80人，赞成办重点班的有52人；抽取女生70人，赞成办重点班的有34人，问男、女生对办重点班的意见是否有显著差异？

题析：男生和女生对中学办重点班的态度是相互独立的，他们的态度可以用人数的比例反映出来。因此，这是属于检验两个样本比例差异是否显著的问题。

检验的步骤为：

1. 建立虚无假设 H_0：$\pi_1=\pi_2$

2. 计算统计量 U 的值

$$p_1 = \frac{52}{80} = 0.65 \qquad p_2 = \frac{34}{70} \approx 0.49$$

$$\overline{p} = \frac{n_1 p_1 + n_2 p_2}{n_1 + n_2} = \frac{52 + 34}{80 + 70} \approx 0.57$$

$$\overline{q} = 1 - 0.57 = 0.43$$

把各数值代入（7-9）得：

$$U = \frac{p_1 - p_2}{\sqrt{\overline{pq}\left(\dfrac{1}{n_1}+\dfrac{1}{n_2}\right)}} = \frac{0.65 - 0.49}{\sqrt{0.57 \times 0.43\left(\dfrac{1}{80}+\dfrac{1}{70}\right)}} \approx 1.97$$

3. 取 $\alpha = 0.05$，则 $U_{0.05} = 1.96$

4. 比较，做出判断

因为 $U=1.97 > U_{0.05}=1.96$，U 的值落入拒绝区域，因而拒绝 H_0。即我们有95%的把握认为，中学男、女学生对办重点班的态度有显著差异。

例：为了了解甲、乙两县初中教师学历的达标情况，现从甲、乙两县的初中教师中随机抽取各150人的样本。甲县教师学历达标的有103人，乙县有84人，问甲、乙两县初中教师学历的达标率是否有差异？

检验的步骤为：

1．建立虚无假设 H_0：$\pi_1 = \pi_2$

2．计算 U 的值

$$p_1 = \frac{103}{150} \approx 0.69 \qquad\qquad p_2 = \frac{84}{150} = 0.56$$

$$\bar{p} = \frac{103 + 84}{150 + 150} \approx 0.62 \qquad\qquad \bar{q} = 1 - 0.62 = 0.38$$

把数值代入公式（7-10）得：

$$U = \frac{p_1 - p_2}{\sqrt{\dfrac{2\,\overline{pq}}{n}}} = \frac{0.69 - 0.56}{\sqrt{\dfrac{2 \times 0.62 \times 0.38}{150}}} \approx 2.32$$

3．取 $\alpha = 0.05$，则 $U_{0.05} = 1.96$

4．比较，做出判断

因为 $U = 2.32 > U_{0.05} = 1.96$，$U$ 值落入拒绝区域，因而拒绝 H_0。即在 $\alpha = 0.05$ 的水平上，甲、乙两县初中教师的学历达标率差异显著。

若本例取显著性水平 $\alpha = 0.01$，$U_{0.01} = 2.58$ 时，则计算出来的统计量 $U = 2.32 < U_{0.01} = 2.58$，这时，$U$ 落入接受区域，因此我们必须接受 H_0，即接受甲、乙两县教师达标率没有显著差异的结论，这与上面的结论恰恰相反。

为什么同一个问题会得到截然相反的结论呢？这是因为显著性水平 α 的取值不同。显著性水平 α 的值越小，差异由抽样误差所造成的概率越小，要求也就越高，因而接受区域也就越长，计算出来的统计量 U 的值也越容易落入接受区域。由此可见，由于显著性水平 α 的取值不同，同一个问题有时会得到完全相反的结论。

第四节　单总体相关系数的显著性检验

相关系数 r 是根据两列变量 X_1 和 X_2 计算得到的，它只表明两列

变量 X_1 和 X_2 之间的相关程度，并没有说明这种相关程度的显著性。也就是说，它并没有说明 r 是由抽样误差造成的，还是由于两列变量所对应的总体确实存在着这种相关。要弄清这个问题，我们就必须对相关系数 r 进行显著性检验。本节主要研究单总体相关系数的显著性检验。

单总体相关系数 r 的显著性检验，是假设总体相关系数 ρ 为零，检验样本相关系数 r 与总体相关系数 ρ（$\rho=0$）的差异是否显著。若差异不显著，则说明相关系数 r 是由抽样误差造成的，这样的相关系数 r 是没有实际意义的。若差异显著，则说明相关系数 r 是由两列变量之间的本质相关造成的，这样的相关系数 r 才有实际意义。

单总体相关系数 r 的检验方法有两种。

一、t 检验法

采用统计量 t 对样本相关系数的显著性进行检验，其虚无假设为 H_0：$\rho=0$，即总体相关系数 ρ 为零。计算统计量 t 的公式为：

$$t = \frac{r\sqrt{n-2}}{\sqrt{1-r^2}} \qquad （7-12）$$

这时自由度 $df=n-2$。

式中，r 为样本的相关系数；

n 为两列变量的对数。

请看具体的例子。

例：现从某中学中随机抽取男、女各 15 名学生的语文成绩，计算得到性别与语文成绩之间的相关系数 $r=0.50$，问这个相关系数能否真实地说明性别对语文成绩的影响？（$\alpha=0.05$）

检验的具体步骤为：

1. 建立虚无假设 H_0：$\rho=0$

2. 计算统计量 t 的值

由公式（7-12）得：

$$t = \frac{r\sqrt{n-2}}{\sqrt{1-r^2}} = \frac{0.5\sqrt{15-2}}{\sqrt{1-0.5^2}} \approx 2.08$$

3．取 α =005，$df=n-2=13$

查附表3得临界值 $t_{0.05(13)}$ =2.16。

4．比较，做出判断

因为 $t=2.08 < t_{0.05(13)}$ =2.16，t 值落入接受区域，因而接受假设 H_0。即在 α =0.05的水平上，$r=0.50$ 与 ρ =0没有显著差异。因此，我们可以说，性别对语文成绩的影响不显著。

二、查表检验法

对于相关系数 r 是否达到某一显著性水平，我们还可以通过直接查《积差相关系数界值表》(附表5) 直接做出判断。附表5是根据公式（7-12）而编制的。只要在表中找出样本的自由度 $df=n-2$ 和确定的显著性水平 α，便可找到所对应的相关系数的临界值 r_α。当得到的相关系数 $r > r_\alpha$ 时，说明差异显著；反之，则差异不显著。

以前例为例进行检验。已知 $r=0.50$，$n=15$。

自由度 $df=15-2=13$，取 α =0.05，查附表5可得临界值 $r_{0.05(13)}$ =0.514。

因为 $r=0.50 < r_{0.05(13)}$ =0.514，说明 $r=0.50$ 尚未达到自由度为 $df=13$，显著性水平 α =0.05的临界值，所以差异不显著，与上面的结论一致。

例：若从一个容量为 $n=10$ 的样本计算得到两个变量 X_1 和 X_2 的相关系数 $r=0.75$，问当显著性水平 α =0.01时，这个相关系数 r 是否具有实际意义？

已知 $r=0.75$，$n=10$。

α =0.01，$df=n-2=10-2=8$ 时，相关系数的临界值由附表5可知 $r_{0.01(8)}$ =0.765。

因为 $r=0.75 < r_{0.01(8)}$ =0.765，尚未达到 α =0.01的显著性水平。因此在 α =0.01的水平上，$r=0.75$ 并没有实际统计意义。

从上面两个例子可以看出，尽管有时r的绝对值并不小，但是由于样本容量太小，抽样所造成的误差较大，r的值尚未达到一定显著性水平所要求的临界值r_a，因而从统计意义上说，这样的r值仍不能说明两列变量的本质相关。这就是为什么不能仅仅凭相关系数的值对两列变量的相关做定性判断的原因。

第五节 T检验在SPSS中的应用

T检验是关于两组数据平均值之间的差异在统计上是否显著的比较。SPSS提供了三种不同的T检验方法：单一样本T检验、独立样本T检验和成对样本T检验，三者分别有着不同的适用条件。注意：独立样本T检验和成对样本T检验的共同点在于二者都是对两个水平数据均值的比较；不同点在于独立样本T检验用于组间设计的比较（即不同的被试接受不同的实验处理），而成对样本T检验用于组内设计的比较（即每个被试都接受所有实验处理）。

一、单一样本T检验（One-Sample T Test）

单一样本T检验的目的在于检验单个变量的均值与给定的某个常数是否一致，即要比较的两个总体平均数中有一个是已知的、一个是未知的，由于是从未知总体中随机抽取一个样本，然后根据这个样本的统计量去推断两个总体平均数之间的关系，因此这时的总体平均数的显著性检验就称为单一样本T检验。例如，可以使用单一样本T检验对一组学生的平均成绩与全国学生在该项能力上的平均成绩（已知）进行比较。

基本操作过程：

1. 建立至少包含一个因变量的SPSS数据文件，变量均定义为【Numeric】型。

2．单击【Analyze】—【Compare Means】—【One-Sample T Test】打开主对话框，在左边变量框中选择待检变量，单击中间向右的按钮将变量移至右边【Test Variable（s）】框中，在【Test Value】框中输入检验值，即已知总体的平均数。

3．打开【Option】对话框，设置置信度和缺失值的处理方式。在【Confidence Interval】中输入50—99之间的数，系统默认为95。【Missing Values】选择系统默认项。点击【Continue】返回主对话框。

4．单击【OK】，执行SPSS命令。

【案例分析】

例如，某市统一考试的数学平均成绩为75分，某校一个班级的成绩如下表所示，问：该班级的数学成绩与全市数学平均成绩的差异是否显著？

学生的数学成绩

编号	1	2	3	4	5	6	7	8	9	10	…	31	32
成绩	96	97	75	60	92	64	83	76	90	97	…	87	80

1．SPSS操作步骤

（1）建立SPSS数据文件。在此案例中，根据该班的数学成绩建立如下图所示的数据文件：

数据文件结构图

（2）单击【Analyze】—【Compare Means】—【One-Sample T Test】菜单项，打开独立样本T检验主对话框，将成绩变量移至【Test Variable（s）】框中，在【Test Value】框中输入检验值，即全市数学平均成绩"75"，单击【OK】，即可执行SPSS命令。

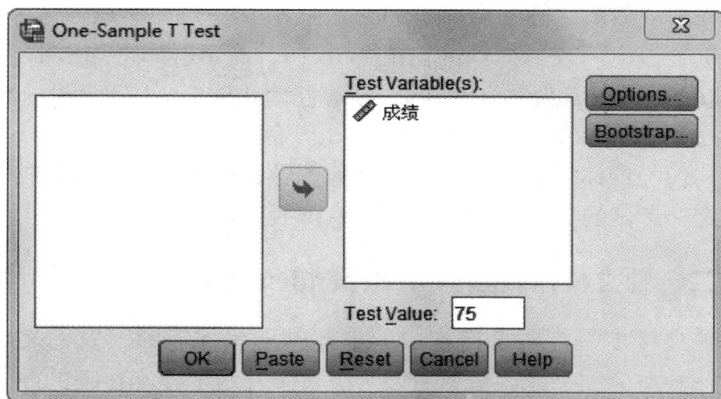

2. 输出结果分析

（1）数学成绩的描述性统计结果：

One-Sample Statistics

	N	Mean	Std. Deviation	Std. Error Mean
成绩	32	76.19	14.430	2.551

上表输出的结果从左至右依次为样本的数量、均值、标准差和标准误。

（2）单一样本T检验的分析结果：

One-Sample Test

	Test Value = 75					
	t	df	Sig.（2-tailed）	Mean Difference	95% Confidence Interval of the Difference	
					Lower	Upper
成绩	.466	31	.645	1.188	−4.02	6.39

上表输出的结果从左到右依次为 t 值、自由度、双尾检验的 P 值、样本均值与总体均值的差值和均值差值的95%置信区间。均值差值的95%置信区间＝均值差值±1.96*标准误，即下限和上限两项数值的含义。在此案例的结果中，样本均值与总体样本均值的差值落在两项数值之间的概率是95%。

综合以上两表，样本的均值为76.19，高于群体平均水平。t 值为0.466，自由度为31（$N-1$），显著性为0.645。也就是说这两组数据之间并不存在显著差异（$P>0.05$）。因此，我们可以得出结论：样本均值与群体均值之间不存在显著差异，即这个班的数学成绩与该市统一考试的数学平均成绩之间差异不显著。

二、独立样本 t 检验（Independent-Sample T Test）

独立样本是指两个样本内的个体是随机抽取的，它们之间不存在一一对应的关系。独立样本 T 检验涉及两个样本所在的两个总体的方差是否齐性（即是否相等）。方差齐性检验有多种方法，如Hartley检验、Cochran检验、Bartlett检验和Levene检验。由于前三种检验方法要求样本数据服从正态分布，而Levene检验并未要求样本数据服从正态分布，因而应用范围较广。

基本操作过程：

1. 建立至少包含一个因变量与一个分组变量的SPSS数据文件。因变量为【Numeric】型，故分组变量可以定义为【Numeric】型，也可以定义为【String】型。

2. 单击【Analyze】—【Compare Means】—【Independent-Sample T Test】菜单项，打开主对话框。在左边变量框中选择待检变量，将其移入【Test Variable（s）】中。

3. 选择分组变量，将其移入【Grouping Variable】中。单击【Define Groups】，若指定的分组变量是离散型随机变量，则在【Define Groups】对话框中选择【Use specified values】选项，按分组变量的值进行分组，在Group1与Group2中分别输入作为第一组和第二组的分类变量值；若是连续型随机变量，则应选择【Cut point】（分割值）选项，在选项框中输入一个数值，将观测值分为大于等于该值和小于该值的两个组。

4. 点击【Continue】返回主对话框。【Option】设置选择系统默认值，单击【OK】，执行SPSS命令。

【案例分析】

例如，某体育课上教师记录了14名学生的乒乓球得分数据，男、女各7名，具体数据如下。假设男、女生得分相互独立且服从正态分布，比较男、女生得分在性别构成上是否具有显著性差异。

独立样本T检验原始数据

男	82.00	80.00	85.00	85.00	78.00	87.00	82.00
女	75.00	76.00	80.00	77.00	80.00	77.00	73.00

1. SPSS操作步骤

（1）根据表格所提供的变量建立SPSS数据文件，如下图所示：

Name	Type	Width	Decimals	Label	Values	Missing	Columns	Align	Measure
性别	Numeric	8	0		{1, 男}...	None	8	Right	Nominal
得分成绩	Numeric	8	2		None	None	8	Right	Scale

| File | Edit | View | Data | Transform | A |

13:

	性别	得分成绩
1	1	82.00
2	1	80.00
3	1	85.00
4	1	85.00
5	1	78.00
6	1	87.00
7	1	82.00
8	2	75.00
9	2	76.00
10	2	80.00
11	2	77.00
12	2	80.00
13	2	77.00
14	2	73.00

数据文件结构图

（2）单击【Analyze】—【Compare Means】—【Independent-Sample T Test】菜单项，打开独立样本T检验对话框。将"得分成绩"移至【Test Variable（s）】框中。将"性别"移至【Grouping Variable】框中，单击【Define Groups】按钮，在【Group】后面的参数框中分别输入两组的分类变量值1和2，点击【Continue】返回主对话框。【Option】设置选择系统默认值，单击【OK】，即可执行SPSS命令。

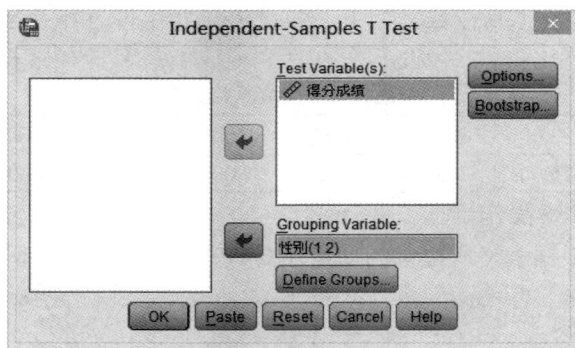

独立样本T检验主对话框

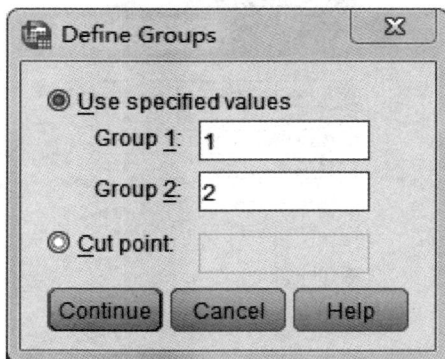

定义组别对话框

2. 输出结果分析

（1）两个组的基本描述性统计量：

Group Statistics

	性别	N	Mean	Std. Deviation	Std. Error Mean
得分成绩	男	7	82.7143	3.14718	1.18952
	女	7	76.8571	2.54484	.96186

上表输出的结果从左到右依次是"男""女"两个样本的人数、乒乓球得分成绩的均值、标准差和标准误。

（2）独立样本 T 检验结果：

Independent Samples Test

		Levene's Test for Equality of Variances		t-test for Equality of Means						
									95% Confidence Interval of the Difference	
		F	Sig.	t	df	Sig.（2-tailed）	Mean Difference	Std. Error Difference	Lower	Upper
得分成绩	Equal variances assumed	.622	.445	3.829	12	.002	5.85714	1.52975	2.52410	9.19018
	Equal variances not assumed			3.829	11.496	.003	5.85714	1.52975	2.50784	9.20645

由上表可知，独立样本检验结果这个表中包括两组分析结果：第一行是假设方差相等的检验结果，即当假设成立时，所需报告单的结果；第二行是当假设不成立时，所需报告单的结果。根据表格最前面一栏的显著性值，可以决定选择使用方差相等或者方差不相等对应的统计结果。方差齐性检验是对两组数据的变异是否相等的检验。在此例中，Levene's Test for Equality of Variances 的显著性值为 0.002<0.05，因此拒绝接受虚无假设，这意味着两组数据的方差是不相等的。因此，我们应该使用 Equal variances not assumed（假设方差不等）这一行的数据结果。SPSS 的结果输出不仅会报告假设

成立时 T 检验的统计结果，同时还会报告假设不成立时，调整的自由度和 T 检验结果。每一个 T 检验统计量和相应的自由度都对应一个显著性。在本例中，当方差不具有齐性时对应的 t 值是3.829，自由度为11.496，双尾显著性值为0.003（$P<0.05$）。根据这个显著性水平可知，男、女生在乒乓球得分成绩上是存在差异的。

三、成对样本 T 检验（Paired-Samples T Test）

配对样本是指两个样本内个体之间存在着一一对应的关系，具体有两种情况：（1）用同一个测验对同一组被试进行前、后测试，所获得的两组测试结果是配对样本。（2）根据某些条件基本相同的原则，把被试一一匹配成对，然后将每对被试随机地分入两个组，对两组被试施加不同的实验处理，将同一个测验所获得的两组测验结果也构成配对样本。

基本操作过程：

1. 建立至少包含一对因变量的SPSS数据文件。变量均定义为【Numeric】型。

2. 单击【Analyze】—【Compare Means】—【Paired-Samples T Test】菜单项，打开【Paired-Samples T Test】主对话框。

3. 在右边变量框中选择待检的变量对（同时显示在【Current Selections】栏中），单击箭头按钮，使之复制到右边的【Paired Variable（s）】中。

4.【Option】设置选择系统默认值，单击【OK】，执行SPSS命令。

【案例分析】

例如，为检验某种英语教学方法对于提高学生的英语学习成绩是否有效，现抽取10名学生进行为期一个月的试教学，运用实验的方法在教学改革前、后分别测试了每一个学生的英语成绩，试问该教学方法对提高学生的英语成绩是否有效？

学生前、后测的英语成绩

学生编号	前测成绩	后测成绩
001	125	135
002	124	130
003	132	139
004	127	120
005	125	134
006	119	138
007	118	137
008	133	129
009	128	131
010	126	135

1. SPSS操作步骤

（1）根据测量结果建立SPSS数据文件。

Name	Type	Width	Decimals	Label	Values	Missing	Columns	Align	Measure
学号	String	8	0		None	None	8	Right	Nominal
前测成绩	Numeric	8	0		None	None	8	Right	Scale
后测成绩	Numeric	8	0		None	None	8	Right	Scale

File Edit View Data Transform Analyze Direct

	学号	前测成绩	后测成绩
1	001	125	135
2	002	124	130
3	003	132	139
4	004	127	120
5	005	125	134
6	006	119	138
7	007	118	137
8	008	133	129
9	009	128	131
10	010	126	135

数据文件结构图

（2）单击【Analyze】—【Compare Means】—【Paired-Samples T Test】菜单项，打开【Paired-Samples T Test】主对话框。从左侧变量列表中选定"前测成绩"和"后测成绩"，将之移入【Paired Variables】框中，单击【OK】，即可执行SPSS命令。

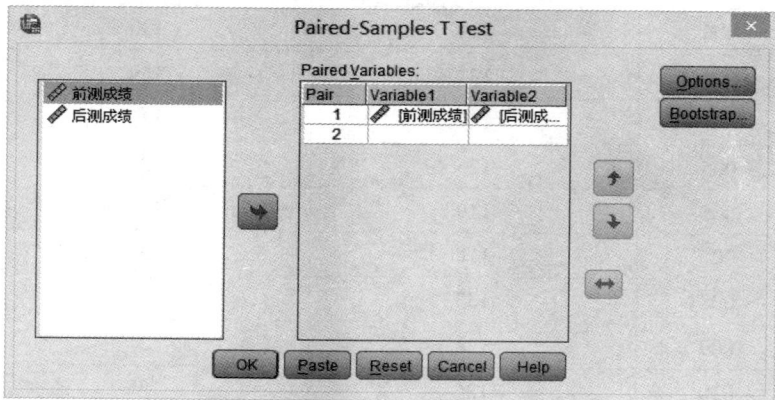

配对样本T检验的主对话框

2. 输出结果分析

（1）配对样本T检验的描述性统计结果：

Paired Samples Statistics

		Mean	N	Std. Deviation	Std. Error Mean
Pair 1	前测成绩	125.70	10	4.809	1.521
	后测成绩	132.80	10	5.613	1.775

上表输出的结果从左至右依次是前测成绩与后测成绩的均值、个数、标准差和标准误。

（2）配对样本的相关系数：

Paired Samples Correlations

		N	Correlation	Sig.
Pair 1	前测成绩 & 后测成绩	10	−.303	.395

上表输出的结果从左到右依次为配对样本的个数、相关系数和显著性水平。

（3）配对样本T检验的检验结果：

Paired Samples Test

		Paired Differences					t	df	Sig. (2-tailed)
		Mean	Std. Deviation	Std. Error Mean	95% Confidence Interval of the Difference				
					Lower	Upper			
Pair 1	前测成绩－后测成绩	−7.100	8.425	2.664	−13.127	−1.073	−2.665	9	.026

上表输出的结果从左到右依次为两个配对样本平均数差值的均值、差值的标准差、差值的标准误、差值均值的95%置信区间，以及t值、自由度、双尾检验的P值。对前测成绩和后测成绩进行配对样本t检验的结果表明，在运用了新的英语教学方法后，学生的英语成绩有了明显不同，$t=2.665$，$df=9$，显著性值为0.026<0.05，据此，可以说明英语教学方法的改革对学生英语成绩的提高是有促进作用的。

本 章 小 结

本章研究了平均数、比例、相关系数以及实得的计数资料与理论次数差异的显著性检验问题。使用的方法有u检验、t检验和χ^2检验等。对于不同性质的资料，应该使用不同的检验方法，才能使检验结果科学准确。

对于平均数来说，采用的检验方法有二种：u检验和t检验。u检验是利用服从标准正态分布的统计量u来检验的方法。适合u检验的情形有两种。

1. 总体服从正态分布。总体标准差σ已知，不管是大样本还是小样本，均用 u 检验。使用的公式为：

单总体 U 检验 $\qquad u = \dfrac{\bar{x} - \mu_0}{\sigma / \sqrt{n}}$

双总体 U 检验 $\qquad u = \dfrac{\bar{x}_1 - \bar{x}_2}{\sqrt{\dfrac{\sigma_1^2}{n_1} + \dfrac{\sigma_2^2}{n_2}}}$

2．不知总体的分布情形（即不知总体是否为正态分布），总体标准差 σ 未知，当样本为大样本时（即 $n \geq 30$），用 u 检验，使用的公式只要用样本标准差 S 代替上面两道公式中的总体标准差 σ 就行了。

当总体的标准差 σ 未知，样本为小样本（$n < 30$）时，必须使用 t 检验。t 检验是利用服从 t 分布的统计量 t 来检验的方法。使用的公式因不同的情形而不同。具体来说有下面几种情况。

（1）单总体的 t 检验

$$t = \frac{\bar{x} - \mu_0}{S / \sqrt{n-1}} \qquad df = n-1$$

（2）双总体的 t 检验又分为两种情况

①两个样本互相独立

$$t = \frac{\bar{x}_1 - \bar{x}_2}{\sqrt{\dfrac{(n_1-1)s_1^2 + (n_2-1)s_2^2}{n_1 + n_2 - 2}\left(\dfrac{1}{n_1} + \dfrac{1}{n_2}\right)}} \qquad df = n_1 + n_2 - 2$$

②两个样本相关，又可分为两种情况

$a.$ 已知相关系数 r

$$t = \frac{\bar{x}_1 - \bar{x}_2}{\sqrt{SE_1^2 + SE_2^2 - 2rSE_1SE_2}} \qquad df = n-1$$

$b.$ 未知相关系数 r

$$t = \frac{\bar{x}_1 - \bar{x}_2}{\sqrt{\dfrac{\sum D^2 - \dfrac{1}{n}\left(\sum D\right)^2}{n(n-1)}}} \qquad df = n-1$$

对于比例差异的显著性检验来说，我们都采用u检验。这是因为在一般情况下，比例的样本容量n均会大于30。使用的公式为：

单总体：
$$u = \frac{p - \pi_0}{\sqrt{\dfrac{\pi_0 (1 - \pi_0)}{n}}}$$

双总体：
$$u = \frac{p_1 - p_2}{\sqrt{\overline{pq}\left(\dfrac{1}{n_1} + \dfrac{1}{n_2}\right)}}$$

相关系数的检验方法有两种：其一是t检验法；其二是查表检验法。实际上这两种方法的本质是一致的。因为附表5是根据t检验法的公式编制的。相关系数检验最简捷的方法是查表法。

注意：

1. 差异显著性检验是和显著性水平α联系在一起的。我们说差异显著不显著，是针对特定的α值而言的。同一个问题，由于显著性水平α的值不同，可能会得到完全相反的结论。显著性水平α的值，究竟取多大为宜，没有具体规定，这要视问题的性质和解决问题的要求等具体情况而定。

2. 检验时究竟采用单尾检验还是双尾检验，是假设检验中重要的技术性问题。它是由备择假设来决定的。一般情况下，当研究者只想知道两个参数是否有差异，而不强调差异的方向时，用双尾检验；当研究者希望得到某一参数大于（或小于）另一参数时，用单尾检验。

3. t检验是和自由度df联系在一起的。检验的情形不同，自由度df也不同，应特别注意。

4. 统计假设检验的假设可以说是规定的，不能任意将虚无假设改为备择假设，或将备择假设改为虚无假设。因为整个推断过程都是在假设"虚无假设"成立的前提下进行的。

思考与实践

1. 单侧检验与双侧检验有什么区别？

2. 简述 T 检验的条件。

3. 独立样本和相关样本之间的区别是什么？

4. 从某校初中二年级中随机抽出 7 名男生和 8 名女生，参加某种心理测验，其结果如下，男生：62，72，81，65，48，75，84；女生：72，81，78，62，52，54，46，88。试问男、女生成绩的差异是否显著？

5. 已知甲班 $X_甲$=85 分，乙班 $X_乙$=90 分，$S_甲$=5 分，$S_乙$=7 分，$n_甲$=50 人，$n_乙$=37 人，问两班成绩有无显著性差异？

6. 从某地区 10 岁儿童中随机抽取男生 30 人，测得其平均体重为 29kg；抽取女生 25 人，测得其平均体重为 27kg。根据已有资料，该地区 10 岁男孩的体重标准差为 3.7kg，女孩的体重标准差为 4.1kg。问能否根据这次抽查结果断定该地区男、女学生的体重有显著差异？

7. 某区英语统考的平均成绩为 76 分，光明中学参加考试的 100 名学生的平均成绩为 78 分，标准差为 6 分。问光明中学的成绩是否显著高于全区的成绩？

8. 在一次数学统考中，46 名女生的平均分为 73 分，标准差为 7 分；50 名男生的平均分为 78 分，标准差为 6 分。从总体上说，女生成绩的总体方差与男生成绩的总体方差是否一致？$\left[F_{0.05(45, 49)} =1.62 \right]$

9. 一项实验检验练习对走迷宫任务作业中错误次数的影响，9 名被试参加了实验。先让他们进行作业测试，之后给他们 10 分钟练习时间，再进行同样的测试，练习前后的错误次数如下表所示，问练习后的作业成绩是否显著优于练习前？

被试号	1	2	3	4	5	6	7	8	9
练习前错误次数	8	7	13	6	5	11	8	9	10
练习后错误次数	4	2	8	4	6	6	4	5	6

10. 在上海市的一次高中物理会考中，全市的平均分是78分，标准差是8分。师大附中300名学生的平均分为79.5分，该校历年来的会考成绩高于全市的成绩。问此次会考师大附中的物理成绩是否仍然显著高于全市的平均成绩?

第八章　方差分析

在科学实验中，我们常常要探讨不同实验条件或处理方法对实验结果的影响。随着教育教学改革实验设计和心理学实验设计中实验处理的数量不断增加，实验结果总体变异中包含的影响因素也不断增加。要对两种以上实验处理结果进行比较，即对多个平均数差异进行比较，就需要进行方差分析。

第一节　方差分析的基本原理与过程

一、方差分析的逻辑

（一）什么是方差分析

方差分析是检验多组样本均值间的差异是否具有统计意义的一种方法。方差分析又称变异分析，通过对多组平均数的差异进行显著性检验，分析实验数据中不同来源的变异对总变异影响的大小。作为一种统计方法，方差分析是把实验数据的总变异分解为若干个不同来源的分量，因而它所依据的基本原理是方差（或变异）的可加性，或者说方差的可分解性。方差分析是将总平方和分解为几个不同来源的平方和（实验数据与平均数离差的平方和）然后分别计算不同来源的方差，并计算方差的比值即 F 值。根据 F 值是否显著来判断几组数据的差异是否显著。

（二）方差分析的目的

方差分析又称作变异分析。在前面提到的双总体平均数差异的显著性检验中，我们采用的是 T 检验或者 Z 检验，其目的在于检验两个总体平均数之间有无显著性差异。但在实际研究工作中，往往会遇到综合比较三个或三个以上平均数的问题。如果此时继续使用T检验或Z检验进行两两比较，就会使检验的效率降低。因此，我们在对多个平均数进行比较时，常常使用方差分析综合地确定几个平均数差异的显著性，这是一种既不增加犯错误的概率，又不加大工作量的一次性通盘检验方法。方差分析的基本功能就在于对多组平均数差异的显著性进行检验。

（三）方差分析的基本思想

如果把实验获得的多个平行样本的全部数据视为一个整体，则数据之间存在着变异，即参差不齐。造成变异的因素是多方面的，因为每个实验都会受到各种因素的影响，而且有的因素我们不甚了解，有的因素我们无法控制。我们把样本之间由于实验条件不同而引起的实验结果的差异称为组间差异（又称条件误差），把实验条件之外的各种随机因素包括被试之间的个体差异所引起的实验结果的差异称为随机误差，这两部分的差异加起来就构成了实验数据总体的变异。方差分析就是要确定在实验结果的总变异中是否有条件误差存在。

方差分析设法把总变异分解成条件误差（组间变异）和随机误差（组内变异），然后比较二者的关系。如果样本组间变异相对较大，而各样本组内变异相对较小，则认为样本组之间有实质性差异，即条件的改变对实验结果产生显著的影响；如果样本组之间产生的变异与抽样误差等其他原因产生的变异相比较差异不大，则不能认为样本组之间有实质差异，即实验结果的差异主要是由各种随机因素造成的，实验条件的改变对实验结果的影响不大。通过对组间差异与组内差异比值的分析，来推断几个平均数差异的显著性，这就是方差分析的逻辑思想。

比较组间差异与组内差异的大小，一般要用各自的方差来比较。方差的可加性是方差分析的基本理论依据，也就是方差的可分解性。作为一种统计方法，方差分析把实验数据的总变异分解为若干个不同来源的分量。不同来源的变异只有可加时，才能保证总变异分解的可能。具体来说，就是将总平方和分解为几个不同来源的平方和。

（四）各变异的原因及分解

$$
\text{总变异}\ (X_{ij}-\bar{X}_t)
\begin{cases}
\text{组间变异}\ (\bar{X}_j-\bar{X}_t)
\begin{cases}
\text{实验因素} \\
\text{随机误差}
\end{cases} \\
\\
\text{组内变异}\ (X_{ij}-\bar{X}_j)
\begin{cases}
\text{个体差异} \\
\text{实验误差}
\end{cases}\ \text{随机误差}
\end{cases}
$$

对于实验中的任何一个数据 X_{ij}，它与总平均数 $\bar{X}_t$ 的离差 $(X_{ij}-\bar{X}_t)$ 等于 X_{ij} 与该组平均数的离差 $(X_{ij}-\bar{X}_j)$ 加上该组平均数与总平均数的离差 $(\bar{X}_j-\bar{X}_t)$ 之和，即：

$$(X_{ij}-\bar{X}_t)=(X_{ij}-\bar{X}_j)+(\bar{X}_j-\bar{X}_t) \tag{8-1}$$

式中：X_{ij} 为各实验数据（i 表示样本内数据，$i=1$，2，3，…，n；j 表示样本个数，$j=1$，2，…，K）；$\bar{X}_t$ 为总体平均数；$\bar{X}_j$ 为第 j 个样本的平均数。

如果对公式（8-1）求离差平方和，也就是求 K 组数据中的每个数据与总平均数的离差平方和，则有：

$$\sum_{j=1}^{K}\sum_{i=1}^{n}(X_{ij}-\bar{X}_t)^2=\sum_{j=1}^{K}\sum_{i=1}^{n}(X_{ij}-\bar{X}_j)^2+\sum_{j=1}^{K}n(\bar{X}_j-\bar{X}_t)^2$$

其中：$\sum\limits_{j=1}^{K}\sum\limits_{i=1}^{n}(X_{ij}-\bar{X}_t)^2$ 称为总平方和，是所有数据与总平均数的离差平方之和，用 SS_t 表示。$\sum\limits_{j=1}^{K}\sum\limits_{i=1}^{n}(X_{ij}-\bar{X}_j)^2$ 称为组内平方和，

是每个样本内各个数据与本组平均数离差平方之和，用 SS_w 表示。

$\sum\limits_{j=1}^{K} n\left(\bar{X}_j - \bar{X}_t\right)^2$ 称为组间平方和，是指各个样本平均数与总平均数离

差平方和，用 SS_b 表示。那么方差分析即是把总平方和分解为组间平方和与组内平方和。用式子表示为：

$$SS_t = SS_w + SS_b \tag{8-2}$$

$$SS_t = \sum_{j=1}^{K}\sum_{i=1}^{n}\left(X_{ij} - \bar{X}_t\right)^2 \tag{8-3}$$

$$SS_b = \sum_{j=1}^{K} n\left(\bar{X}_j - \bar{X}_t\right)^2 \tag{8-4}$$

$$SS_w = \sum_{j=1}^{K}\sum_{i=1}^{n}\left(X_{ij} - \bar{X}_j\right)^2 \tag{8-5}$$

方差分析中，组间变异与组内变异的比较必须用各自的均方，不能直接比较各自的平方和。因为平方和的大小与项数（即 K 或 n 有关），应将项数的影响去掉，求其均方，因此必须除以各自的自由度。

$$MS_b = \frac{SS_b}{df_b} \tag{8-6}$$

$$MS_w = \frac{SS_w}{df_w} \tag{8-7}$$

MS_b 表示组间方差，一般称作组间均方，指实验处理的均方。df_b 为组间的自由度。MS_w 表示组内方差或称组内均方，指随机误差的均方。df_w 为组内的自由度。

$$\text{组间自由度} = df_b = K-1 \tag{8-8}$$

$$\text{组内自由度} = df_w = K(n-1) \tag{8-9}$$

$$\text{总自由度} = df_t = df_b + df_w = nK-1 \tag{8-10}$$

由于检验两个方差之间的差异用 F 检验，因此比较 MS_b 与 MS_w 也要用 F 检验。由于我们在方差分析中关心的是组间均方是否显著大于组内均方，如果组间均方小于组内均方，就无须检验。所以在求 F 值时，总是把组间的均方放在分子的位置上，采取单侧检验，即：

$$F = \frac{MS_b}{MS_w}$$

（8-11）

按组间自由度和组内自由度查 F 分布表，找到 F_a，如果 $F < F_a$，则认为各平均数之间差异不显著，说明总变异中由分组及不同实验处理造成的变异不大，其差异是由随机因素造成的。如果实际计算的 F 值较大，达到了一定显著性水平下的 F 分布理论值，则认为各组间这么大的差异完全由偶然因素产生是不可能的，表明数据的总变异基本是由不同的实验处理所造成的，因而我们有理由拒绝各组平均数相等的假设，认为各平均数并非来自同一总体，至少有一对平均数不相等。

二、方差分析的基本条件

与其他各种统计假设检验一样，运用 F 检验进行方差分析时也有一定的条件限制。

（一）总体正态性

与检验一样，方差分析要求各子样本必须来自正态总体。只有符合这一条件，在各总体平均数无差异的虚无假设下，合成样本的总体才会服从正态分布。在教育研究中，大多数变量是可以假定其总体是服从正态分布的。因此在进行方差分析时，一般并不需要去检验总体分布的正态性。当有证据表明总体分布不是正态时，也可以将数据做正态转换，或采用非参数检验的方法。

（二）变异的独立可加性

变异的可加性是进行方差分析的基本理论依据。变异的可加性也可以说成是变异的可分解性。方差分析中要求数据的总变异能分解成几个来源不同的部分，这几部分在意义上必须明确且彼此相互独立。

（三）样本的随机性

进行统计分析时，要求所有的样本数据必须是随机的，这是统计分析的最基本要求。方差分析更是要求所有参加检验的样本都是随机样本，因为假设检验的数学模型都是抽样分布，而抽样分布的理论都建立在随机样本的基础之上，倘若样本随机性得不到保证，抽样分布的理论就失去了基础，也就无法保证检验结果的正确性。

（四）方差齐性

方差齐性是指各子样本所在总体的方差要一致，否则不能进行方差分析。因为在方差分析中是用 MS_w 作为总体组内方差的估计值，求组内均方 MS_w，相当于将各种处理中的样本方差进行合成，它必须满足各实验处理的方差彼此无显著差异这一前提条件。简而言之，方差齐性检验是方差分析的重要前提，目的在于保证样本组的同质性。

在进行方差分析前，首先要对各组内方差做齐性检验。一般要用哈特莱最大 F 比率法对样本方差进行齐性检验。

检验假设 H_0：$\sigma_1^2 = \sigma_2^2 = ... = \sigma_K^2$；（即 K 个总体方差齐性）

H_1：至少有一对 σ^2 不相等。（即 K 个总体方差非齐性）

其检验统计量为 F_{max}，它是 K 个样本方差中最大方差与最小方差之比，计算公式为：

$$F_{max} = \frac{S_{max}^2}{S_{min}^2} \qquad （8-12）$$

根据样本个数 K 和 $df=n-1$，查 F_{max} 临界值表寻找相应的 $F_{max(\alpha)}$。若计算得到的 $F_{max} < F_{max(\alpha)}$ 时，不能拒绝 H_0，就说明要比较的几个样本方差两两之间均无显著差异，即各组方差是齐性的，此时可以进一步进行方差检验。F_{max} 的统计决断规则如下表：

F_{max} 与临界值比较	P 值	显著性	检验结果
$F_{max} < F_{max0.05(df)}$	$P > 0.05$	不显著	保留 H_0；拒绝 H_1
$F_{max0.05(df)} \leqslant F_{max} < F_{max0.01(df)}$	$0.05 \geqslant P > 0.01$	显著[*]	在 0.05 显著性水平，拒绝 H_0，接受 H_1
$F_{max} \geqslant F_{max0.01(df)}$	$P \leqslant 0.01$	极其显著[**]	在 0.01 显著性水平，拒绝 H_0，接受 H_1

三、方差分析的基本步骤

(一) 建立假设

方差分析的实质是假设各样本所在总体的平均数相等，即：

H_0：$\sigma_1^2 = \sigma_2^2 = ... = \sigma_K^2$；

H_1：至少有一对 σ^2 不相等。

(二) 求平方和

分别求出总体平方和 SS_t、组间平方和 SS_b、组内平方和 SS_w。平方和的计算有三种方法。

1. 用平方和的定义公式计算，即公式（8-3）、公式（8-4）和公式（8-5）

2. 直接用原始数据计算，其公式为：

$$SS_t = \sum_{j=1}^{K}\sum_{i=1}^{n} X_{ij}^2 - \frac{\left(\sum_{j=1}^{K}\sum_{i=1}^{n} X_{ij}\right)^2}{nK} \tag{8-13}$$

$$SS_w = \sum_{j=1}^{K}\sum_{i=1}^{n} X_{ij}^2 - \sum_{j=1}^{K}\frac{\left(\sum_{i=1}^{n} X_{ij}\right)^2}{n} \tag{8-14}$$

$$SS_b = SS_t - SS_w = \sum_{j=1}^{K}\frac{\left(\sum_{i=1}^{n} X_{ij}\right)^2}{n} - \frac{\left(\sum_{j=1}^{K}\sum_{i=1}^{n} X_{ij}\right)^2}{nK} \tag{8-15}$$

3．利用样本统计量进行计算，计算公式为：

$$SS_w = n\sum_{j=1}^{K} S_j^2 \tag{8-16}$$

$$SS_b = n\sum_{j=1}^{K}\left(\bar{X}_j - \bar{X}_t\right)^2$$

$$SS_t = SS_b + SS_w$$

该公式中，S_j^2 为各样本的组内方差，n 为样本容量。

（三）计算自由度

计算自由度的公式前文均有提及，即：

$$df_w = K(n-1) \; ; \quad df_b = K-1 \; ; \quad df_t = nK-1$$

（四）计算均方

$$MS_b = \frac{SS_b}{df_b} \; ; \quad MS_w = \frac{SS_w}{df_w}$$

（五）计算F值

如果计算得到的组间均方大于组内均方，就表示组间平均数之间有差异。但二者差异是否达到了显著性水平，则需要计算F值并做检验。

$$F = \frac{MS_b}{MS_w}$$

（六）查F值表进行F检验并做判断

1．确定α。

2．根据df_w，df_b查表求$F_{\alpha(df)}$的理论临界值。

3．将计算得到的F值与$F_{\alpha(df)}$值相比较。如果计算值远大于所确定的显著性水平的临界值，表明F值出现的概率小于0.05，就可以拒绝虚无假设，可以说不同组的平均数之间在统计上至少有一对有显著性差异。如果 F 值小于所确定的显著性水平的临界值，就不能拒绝虚无假设，只能说不同组的平均数之间没有显著性差异。

（七）列方差分析表

将上述几个步骤的计算结果整理、列出一个方差分析表。一般在实验报告中的结果部分，不需要写出统计检验的过程，只需列出方差分析表，这样能简洁明了地推断实验结论。不同的实验设计，其方差分析表的基本要素基本一致，主要包括变异来源、平方和、自由度、均方、F 值和 p 值。

四、方差分析中的几个基本概念

1. 实验中的自变量称为因素。只有一个自变量的实验称单因素实验；有两个或两个以上自变量的实验称为多因素实验。

2. 某一因素的不同情况称为因素的"水平"，水平包括量差或质别两类情况。

3. 按各个"水平"条件进行的重复实验称为各种实验处理。若一个实验为 $2*2*2$，就表示该实验有三个因素，每个因素有两种水平，共有 8 种处理方式。

4. 用方差分析法检验某一因素对因变量的作用，称为单因素方差分析；检验某几个因素对因变量的作用，称为多因素方差分析。

第二节　完全随机设计方差分析

完全随机设计的方差分析，又称独立组设计或被试间设计的方差分析，就是对单因素组间设计的方差分析。在这种实验设计中仅有一个实验因素，这个因素又分成 K 种不同水平（$K>2$）或 K 种不同处理方式；将 N 名被试随机地分成 K 个实验组，每个实验组又随机地被指定接受一种实验处理，K 组不同处理间是相互独立的，这种实验处理就叫单因素完全随机实验设计。

完全随机设计的方差分析的特点：

1．设计方法简单，应用灵活，不受实验因素、处理及重复次数的限制。

2．该设计遵循了重复和随机两个原则，能真实反映实验的处理效应。

3．统计分析简单。

4．由于这种设计方法没有采用局部控制的原则，实验误差较大，当实验条件差异较大时，实验的精确度较低。

完全随机设计实验的基本格式：

处理1	处理2	……	处理K
被试11	被试21	……	被试K_1
被试12	被试22	……	被试K_2
被试13	被试23	……	被试K_3
……	……	……	……

一、各实验组样本容量相等时

各实验组样本容量相等时，对于每种实验处理而言，它们被重复的次数是相同的，因此称为"等重复"。

例：从小学新生中随机抽取20人，并随机地分为四组进行识字教学法的实验，每组分别用一种方法。学期结束时对学习效果进行统一测试，结果如8-1。试问四种识字教学法的教学效果有无显著不同？

表8-1　不同教法的识字效果

教法	X				
A	74	82	7	76	80
B	88	80	85	83	84
C	80	73	70	76	82
D	76	74	80	78	82

解：（1）建立假设

H_0：$\mu_1 = \mu_2 = \mu_3 = \mu_4$

H_1：至少有两个 μ 不相等

（2）检验值

计算平方和：

教法	X					n	$\sum x$	$\sum x^2$
A	74	82	70	76	80	5	382	29276
B	88	80	85	83	84	5	420	35314
C	80	73	70	76	82	5	381	29129
D	76	74	80	78	82	5	390	30460
$\sum$	318	309	305	313	328	20	1573	124179

$$SS_t = 124179 - \frac{(1573)^2}{20} = 462.55$$

$$SS_b = \frac{382^2 + 420^2 + 381^2 + 390^2}{5} - \frac{1573^2}{20} = 200.55$$

$$SS_w = 462.55 - 200.55 = 262$$

计算自由度：

$$df_t = 20 - 1 = 19 \; ; \quad df_b = 4 - 1 = 3 \; ; \quad df_w = 19 - 3 = 16$$

计算均方：

$$MS_t = \frac{SS_t}{df_t} = \frac{462.55}{19} \approx 24.34$$

$$MS_b = \frac{SS_b}{df_b} = \frac{200.55}{3} = 66.85$$

$$MS_w = \frac{SS_w}{df_w} = \frac{262}{16} \approx 16.38$$

计算 F 值：

$$F = \frac{MS_b}{MS_w} = \frac{66.85}{16.38} \approx 4.08$$

（3）比较与决策

$df_b = 3, df_w = 16, F_{0.05(3,16)} = 3.24 < 4.08$，则$p<0.05$，说明各实验组间差异显著。因此，拒绝零假设，接受备择假设，说明四种识字教学法的教学效果有显著差异。

列出方差分析表：

变异来源	平方和	自由度	均方	F	p
组间效应	200.55	3	66.85	4.08	<0.05
组内效应	262	16	16.38		
总变异	462.55	19			

二、各实验组样本容量不相等时

各实验处理组的样本容量不相等，在设计中称为"不等重复"。该情况在进行方差分析时的过程与"等重复"情况基本相同，只是在计算组间平方和时，注意公式中各个n值不同，且数据的总个数不用nK而是用N表示。

例：随机抽取22名学生并随机为三组分别做某一种强光（I、II、III）的反应实验，结果如下。试问不同强度的光反应时有无显著不同？

光强等级	X									n
1	150	220	190	170	240	200	180			7
2	190	230	170	260	250	170	280	190	220	9
3	200	240	260	180	190	280				6

解：（1）建立假设

　　H_0：$\mu_1 = \mu_2 = \mu_3$

　　H_1：至少有两个μ不相等

（2）检验值

计算平方和：

$$SS_b = \sum \frac{\left(\sum X \right)^2}{n} - \frac{\left(\sum \sum X \right)^2}{\sum n} = 3878.8$$

$$SS_w = \sum \sum X^2 - \sum \frac{\left(\sum X \right)^2}{n} = 26848.5$$

$$SS_t = SS_b + SS_w = 30727.3$$

计算自由度：

$df_b = 2$，$df_w = 19$，$df_t = 21$

计算均方：

$$MS_b = \frac{3878.8}{2} = 1939.4$$

$$MS_w = \frac{26848.5}{19} \approx 1413.1$$

计算 F 值：

$$F = \frac{1939.4}{1413.1} \approx 1.37$$

（3）比较与决策

$df_b = 2$，$df_w = 19$，$F_{0.05(2,19)} = 4.46 > 1.37$，则 $p > 0.05$，因此接受零假设，拒绝备择假设，说明不同强度的光反应时没有显著差异。

列方差分析表：

变异来源	平方和	自由度	均方	F	p
组间效应	3878.8	2	1939.4	1.37	>0.05
组内效应	26848.5	19	1413.1		
总变异	30727.3	21			

三、已知样本统计量的方差分析

在研究中，有时获得的数据已经经过了初步整理，是 $\bar{X}$、S 以及 n 等样本特征值，没有原始数据。此类情况下做方差分析，比用原始数据更简便，可用公式（8-2）、公式（8-4）和公式（8-16）配合计算。

例：有人研究"噪音对识记的影响"。把24名被试随机分成6组，每组4人，在同样长的时间内接受一种噪音刺激并识记汉字，结果如下。试问噪音条件对识记数量是否有影响？

	噪音条件					
	$A1$	$A2$	$A3$	$A4$	$A5$	$A6$
$\overline{X}$	5.450	5.452	7.450	7.900	8.825	9.375
S_n^2	3.25	1.81	5.59	0.68	1.13	1.74

解：（1）建立假设

H_0： $\mu_1 = \mu_2 = \mu_3 = \mu_4$

H_1：至少有两个总体均数存在显著性差异

（2）检验值

计算平方和：

$$\overline{X}_t = \frac{n\sum \overline{X}}{\sum n} = 7.4$$

$$SS_b = \sum_{j=1}^{k}\sum_{i=1}^{n}\left(\overline{X}_i - \overline{X}_t\right)^2 = 55.54$$

$$SS_w = \sum_{j=1}^{k}\sum_{i=1}^{n}\left(X_i - \overline{X}_i\right)^2 = 56.8$$

计算自由度：

$$df_b = 6-1 = 5 \text{，} df_w = 6 \times (4-1) = 18$$

计算均方：

$$MS_b = \frac{55.54}{5} \approx 11.11$$

$$MS_w = \frac{56.8}{18} \approx 3.16$$

计算 F 值：

$$F = \frac{11.11}{3.16} \approx 3.52$$

（3）比较与决策

$F_{0.05(5,18)} = 2.77 < 3.52$ ，则 $p < 0.05$ ，因此拒绝零假设，接受备择假设，说明噪音条件对识记数量有影响。

列方差分析表：

变异来源	平方和	自由度	均方	F	p
组间效应	55.54	5	11.11	3.52	<0.05
组内效应	56.80	18	3.16		
总变异	112.34	23			

第三节　随机区组设计方差分析

随机区组设计的方差分析，就是重复测量设计的方差分析，或称组内设计的方差分析。在检验某一因素多种不同水平之间差异的显著性时，为减少被试间个别差异对结果的影响，我们需要把从同一个总体中抽取的被试按条件相同的原则分成若干区组，使每个区组内的被试尽量保持同质，同一区组随机接受不同实验处理，这种实验设计就叫作随机区组设计。

随机区组设计的实验原则是，同一区组内的被试尽量保持同质。就区组来说，每一个区组都接受所有的各种实验处理。就实验处理来说，每一种实验处理在各个区组中重复的次数应该相同。随机区组设计的最大优点是考虑到个别差异的影响。它可以将这种影响从组内变异中分离出来，从而提高实验的效率。

随机区组设计实验的基本格式：

处理1	处理2	……	处理K
被试1	被试1	被试1	被试1
被试2	被试2	被试2	被试2
被试3	被试3	被试3	被试3
……	……	……	……

在随机区组设计中，除组间平方和外，组内平方和被分解成两部分，即区组平方和（由被试个体差异造成的变异）与误差平方和。区组平方和反映的是自变量的影响作用，误差平方和反映的是除被试之间个体差异之外的其他干扰因素的影响。计算出来的区组间的平方和可以表示区组效应（区组变异），区组平方和用 SS_r 表示。

$$SS_r = \sum \frac{\left(\sum R\right)^2}{k} - \frac{\left(\sum \sum R\right)^2}{nk} \qquad （8-16）$$

其中，R 表示某一区组在某种处理的分数。$\sum R$ 表示某一区组在各种处理中的分数总和。$\sum \sum R$ 表示各个区组在各种处理的分数总和。n 表示区组数。K 表示处理数。

例：为研究听、触觉刺激对视觉的干扰效果，随机抽取5名被试分别在5种不同昏暗灯光的干扰下读英文字母。结果如下。试分析听、触刺激的干扰对视觉是否有显著影响？

区组	强声	弱声	重压	轻压	控制
1	21	22	20	22	22
2	22	16	23	19	23
3	14	14	23	24	20
4	29	24	24	24	28
5	16	15	14	15	13

解：（1）建立假设

H_0：$\mu_1 = \mu_2 = \mu_3 = \mu_4 = \mu_5$

H_1：至少有两个总体均数不相等

（2）检验值

计算平方和：

由于组内平方和可以分解为区组平方和及误差平方和：$SS_w = SS_r + SS_e$，于是总平方和可以分解成三部分，即组间平方和、区组平方和及误差平方和：$SS_t = SS_b + SS_r + SS_e$。

总平方和：

$$SS_t = 10773 - \frac{507^2}{5 \times 5} = 491.04$$

组间平方和：

$$SS_b = \frac{102^2 + 91^2 + 104^2 \times 2 + 106^2}{5} - \frac{507^2}{5 \times 5} = 28.64$$

区组平方和：

$$SS_r = \frac{107^2 + 103^2 + 95^2 + 129^2 + 73^2}{5} - \frac{507^2}{5 \times 5} = 328.64$$

误差平方和：

$$SS_e = 491.04 - 28.64 - 328.64 = 133.76$$

计算自由度：

总自由度：

$$df_t = nk - 1 = 5 \times 5 - 1 = 24$$

组间自由度：

$$df_b = k - 1 = 5 - 1 = 4$$

区组自由度：

$$df_r = n - 1 = 5 - 1 = 4$$

误差自由度：

$$df_e = 24 - 4 - 4 = 16$$

计算均方：

组间均方：$MS_b = \dfrac{28.64}{4} = 7.16$

区组均方：$MS_r = \dfrac{328.64}{4} = 82.16$

误差均方：$MS_e = \dfrac{133.76}{16} = 8.36$

（3）计算F值，进行比较决策

$$F_b = \frac{MS_b}{MS_e} = \frac{7.16}{8.36} = 0.86 < 1$$，则$p > 0.05$，说明各种刺激对视觉无明显的干扰作用。

列方差分析表：

变异来源	平方和	自由度	均方	F	p
处理	28.64	4	7.16	0.89	>.05
区组	328.64	4	82.16	9.90	<.05
误差	133.76	16	8.36		
总变异	491.04	24			

一般方差分析的目的在于分析组间方差是否大于误差项的方差，因此通常不对区组差异的显著性进行F检验，因为区组间的差异性显著与否，对于各种实验处理的平均数是否具有显著差异并没有什么重要意义。但如果要考察区组设计是否有必要，或考察区组的划分是否成功，就需要对区组效应进行检验。若检验结果显示差异显著，说明该实验设计采用随机区组设计是成功的；若区组差异不显著，说明各区组的划分不对或被试本来就是基本同质的，没有必要划分区组。上述例题中，对区组进行检验的结果如下：

$$F_r = \frac{MS_r}{MS_e} = \frac{82.16}{8.36} = 9.8 > F_{0.01(4, 16)} = 4.77$$，则$p < 0.01$，说明区组效应极显著。因此，拒绝零假设，接受备择假设，即该实验采取区组设计是必要且成功的。

第四节　多重比较

一、多重比较的意义

方差分析的主要目的是通过F检验讨论组间变异在总变异中的

作用，以综合性地说明几组平均数之间的差异是否显著。如果方差分析的结论为各水平总体平均数有显著性差异，那么究竟共有几对总体平均数之间有显著差异，具体是哪几对平均数之间有差异？方差分析未能对此提供进一步的信息。因此，我们需要进行逐对平均数差异的显著性检验，以确定两个变量关系的本质。

逐对进行平均数差异的显著性检验的方法，又称作方差分析的多重比较。其方法有很多种，最常见的方法是$N\text{-}K$检验法。

二、$N\text{-}K$检验法

$N\text{-}K$检验法是由Newman和Keuls共同提出的，因此用两人名字的首字母命名。因其检验统计量用q命名，故又称作q检验。该检验方法的具体步骤如下：

1．建立假设

多重比较是逐对检验平均数之间的差异，因此其假设检验也是逐对做出的。通用形式为：

H_0：$\beta_i = \beta_j$

H_1：$\beta_i \neq \beta_j$（$i<j$，i，$j=1$，2，$\cdots$，K）

2．求各对平均数的比较等级r

要把被比较的各个平均数从小到大做等级排列，求出每一对平均数之间的比较等级r。r为被比较的两个平均数各自在等级排列中等级之差再加1，即：

$$r = r_i - r_j + 1$$

3．查q值表确定临界值

根据显著性水平α，比较等级r和自由度df查q值表确定q的临界值$q_{\alpha(r)}$。这里的显著性水平α应与方差分析中所用的α一致，而自由度就是组内方差MS_w的自由度，即$df = N - K$。要注意q的临界值不止一个，因为各对平均数之间的跨度数不一样，不同跨度数对应着不同的临界值。在一项具体的检验中，将有$K-1$个不同的

跨度数，因此必须查 $K-1$ 个 q 的临界值。

4．计算检验统计量

$N-K$ 的检验统计量为 q。q 检验统计量的公式为：

$$q_{ij(r)} = \frac{\bar{X}_i - \bar{X}_j}{SE\bar{X}} \qquad （8-17）$$

$$SE\bar{X} = \sqrt{\frac{MS_w}{n}}$$

其中，在完全随机区组设计中，若各组容量不相等，则用下式求 $SE\bar{X}$：

$$SE\bar{X} = \sqrt{\frac{MS_w}{2}\left(\frac{1}{n_i} + \frac{1}{n_j}\right)} \qquad （8-18）$$

5．下统计检验结论

将计算得到的各检验统计量 q 值与查表得到的临界值做比较，但要注意做比较的两个 q 值应有相同的比较等级。若计算得到的 q 值小于临界值，则不能拒绝零假设；若计算得到的 q 值大于临界值，则拒绝零假设，说明两个总体平均数有显著性差异。

例：分别从 5 所学校中各随机抽取 3 名学生进行物理测试，其成绩如下表所示。方差分析结果表明，不同学校的学生物理平均成绩显著不一致，其 $MS_w = 5.4$，$df_w = 10$，请对这 5 所学校物理平均成绩进行逐对检验。

	A	B	C	D	E
1	76	78	86	83	73
2	73	81	84	82	74
3	70	81	85	87	78
$\bar{X}$	73	80	85	84	75

解：（1）建立假设

H_0：$\mu_i = \mu_j$

H_1：$\mu_i \neq \mu_j$（$i<j$，i，j=1，2，3，4，5）

（2）把 5 个平均数排等级，求比较等级。如下表：

等级	1	2	3	4	5
平均数	73	75	80	84	85
组名	A	E	B	D	C

$r_{AC}=5$；$r_{AD}=r_{EC}=4$；$r_{AB}=r_{ED}=r_{BC}=3$；$r_{AE}=r_{EB}=r_{BD}=r_{DC}=2$。

（3）查q值表，确定临界值

自由度（df_w）	比较等级（r）	q临界值（0.05）	q临界值（0.01）
10	2	3.15	4.48
10	3	3.88	5.27
10	4	4.33	5.77
10	5	4.65	6.14

（4）计算检验统计量$q_{ij(r)}$

用公式$q_{ij(r)}=\dfrac{\overline{X}_i-\overline{X}_j}{\sqrt{\dfrac{MS_w}{n}}}$可以分别求出各对平均数的$q$检验统计量

的值如下：

$$q_{AC(5)}=\frac{\overline{X}_C-\overline{X}_A}{\sqrt{\dfrac{MS_w}{n}}}=\frac{85-73}{\sqrt{\dfrac{5.4}{3}}}\approx 8.94$$

$$q_{AD(4)}=\frac{\overline{X}_D-\overline{X}_A}{\sqrt{\dfrac{MS_w}{n}}}=\frac{84-73}{\sqrt{\dfrac{5.4}{3}}}\approx 8.2$$

$$q_{EC(4)}=\frac{\overline{X}_C-\overline{X}_E}{\sqrt{\dfrac{MS_w}{n}}}=\frac{85-75}{\sqrt{\dfrac{5.4}{3}}}\approx 7.45$$

同理求得$q_{AB(3)}\approx 5.22$；$q_{ED(3)}\approx 6.71$；$q_{BC(3)}\approx 3.73$；$q_{AE(2)}\approx 1.49$；

$q_{EB(2)}\approx 3.73$；$q_{BD(2)}\approx 2.98$；$q_{DC(2)}\approx 0.75$。

（5）将q值与q临界值进行比较，得出检验结论。如下表所示：

		$\bar{X}_A$	$\bar{X}_B$	$\bar{X}_C$	$\bar{X}_D$
		73	80	85	84
$\bar{X}_B$	80	5.22*			
$\bar{X}_C$	85	8.94**	3.73		
$\bar{X}_D$	84	8.20**	2.98	0.75	
$\bar{X}_E$	75	1.49	3.73*	7.45**	6.71**

*: $p < 0.05$，**: $p < 0.05$

通过以上例题可知，进行方差分析后，我们只是在整体上得出了几个平均数之间是否有显著性差异的结论。并且经过多重比较后才能进一步说明哪两对平均数的差异达到了显著性水平。值得注意的是，多重比较的方法不仅仅限于 F 检验，只要是对多个平均数进行的两两比较，都应使用多重比较的方法。

第五节　方差分析在SPSS中的应用

一、单因素方差分析

单因素方差分析也称作一维方差分析。它检验受单一因素影响的一个或几个相互独立的因变量的各因素水平分组的均值之间的差异是否具有统计意义。它还可以对该因素的若干水平分组中哪一组与其他各组均值间具有显著性差异进行分析，即进行均值的多重比较。One-Way ANOVA过程要求因变量属于连续随机变量且服从正态分布，如果因变量属于离散型随机变量，或虽是连续型随机变量但其分布明显为非正态，则应该使用非参数检验分析过程。

基本操作步骤：

1. 建立至少包含一个因素和一个因变量的SPSS数据文件。单击【Analyze】—【Compare Means】—【One-Way ANOVA】菜单项，打开【One-Way ANOVA】主对话框。

2. 根据分析要求指定因变量和因素。在左边变量框中选择待检因变量，将其移至右边【Dependent List】中；在左边变量框中选择因素，将其移至【Factor】框中。

3. 多重比较。多重比较是为了进一步了解哪几对均值之间有显著差异而进行的检验。打开【Post Hoc Multiple Comparison】对话框，在该对话框中选择进行多重比较均值的方法。

（1）【Equal Variances Assumed】即当方差具有齐次性时，该矩形框中有如下方法可供选择：

● LSD：最小显著差数法，用t检验完成各组均值间的配对比较，只是在平方和与自由度的计算上利用了整个样本信息这种方法容易把不该判断为显著的差异错判为显著，敏感度最高。

● Bonferroni：由LSD修正而来，用t检验完成各组间均值的配对比较，但通过设置每个检验的误差来控制整个误差率。适用范围：①各组的样本数无论相等还是不等；②计划好的某两个组间或几个组间做两两比较；③当比较次数不多时，Bonferroni法的效果较好；④当比较次数较多（例如在10次以上）时，则由于其检验水准选择过低，结论偏于保守，犯Ⅱ类错误的概率增加，即出现较多的假阴性结果；⑤Bonferroni法比LSD法、Duncan法、S-N-K法更保守，比Tukey法、Scheffe法更敏感。

● Sidak：基于t统计量的成对多重配对比较检验，可以调整多重比较的显著性水平，并提供比Bonferroni法更严密的边界。

● Scheffe：对所有可能的组合进行同步进入的配对比较。适用范围：①各组样本数相等或不等均可以，但是在各组样本数不相等的情况下使用较多；②如果比较的次数明显大于均数的个数时，Scheffe法的检验功效可能优于Bonferroni法和Sidak法。如均数的个数等于或小于比较的次数，Bonferroni法比Scheffe法更佳。

● R-E-G-W F：基于F检验的多重比较检验。

● R-E-G-W Q：基于学生氏极差的多重比较。

● S-N-K：使用学生氏极差分布对各均值逐对进行比较。如果各组样本含量相等或者选择了"Hamonic average of all groups"，即用所有样本含量的调和平均数进行样本量估计时还对齐次子集（差异较小的子集）的均值进行配对比较。在该比较过程中，各组均值从大到小按顺序排列，最先比较最末端的均值的差异。

● Tukey：使用学生氏极差分布进行组间均值的配对比较，用所有配对比较误差率作为实验误差率。适用范围：①各组的样本数相等的情况；②各组样本均数之间需要全面比较的情况；③可能产生较多的假阴性结论的情况。

● Tukey's-b：也使用学生氏极差分布进行组间均值的配对比较。其精确值是Tukey真实显著性差异检验的对应值与 S-N-K 检验相应值的平均数。

● Duncan：新复极差法，指定一系列的"Range"值，逐步进行计算、比较，得出结果。

● Hochberg's GT2：用学生氏最大模数进行多重比较。

● Gabriel：用学生氏最大模数进行配对比较，在单元数较大时，这种方法较自由。

● Waller-Duncan：基于t统计的多重比较检验，使用贝叶斯逼近。

● Dunnett：适用于多个实验组均数与对照组均数间的比较。默认的对照组是最后一组。选择了该选项就激活了下面的"Control Category"参数框，展开下拉列表，可以重新选择对照组。"Test"框中列出了三种区间分别为："2-sided"（双边检验），"<Control"（左边检验），">Control"（右边检验）。

（2）【Equal Variances Not Assumed）】即当方差不具有齐性时，检验各均数间是否有差异的方法有四种选择：Tamhane's T2，用 t 检验进行配对比较。Dunnett's T3，采用基于学生氏最大模数的成对比较法。Games-Howell，做自由的成对比较，该方法比较灵活。Dunnett's C，采用基于学生氏极值的成对比较法。

注意：【Significance level】栏是各种检验的显著性概率临界值，默认值为0.05，可自行调设。

4.【Options】设置。该对话框可以进行描述统计量、方差齐性检验、均值图、缺失值处理等参数的设置。

（1）【Statistics】栏中选择输出统计量。

●【Descriptive】：输出描述统计量。选择此项输出观测量数目、均值、标准差、标准误、最大值、最小值、各组中每个因变量的95%置信区间。

●【Fixed and random effects】：输出固定效应模型的标准误、均值的95%置信区间和随机效应模型的均值标准误和均值的95%置信区间。

●【Homogeneity of variance test】：要求进行方差齐性检验，并输出检验结果。用"Levene"检验，即计算每个观测量与其所在组的均值之差，然后对这些差值进行一维方差分析。

●【Brown-Forsythe】：布朗检验。当方差不齐性时，该统计量要比 F 统计量更好。

●【Welch】：韦尔奇检验。当方差不齐性时，该统计量要比 F 统计量更好。

（2）【Means plot】栏表示输出均数分布图，根据各组均数绘制因变量的分布情况。

（3）【Missing Values】栏中，选择缺失值处理方法：

●【Exclude cases analysis by analysis】选项，将含缺失值的被选择参与分析的变量的观测量，从分析中剔除。

●【Exclude cases listwise】选项，对含有缺失值的观测量，从所有分析中剔除。

5. 单击【OK】，即可执行SPSS命令。

【案例分析】

例如，在一项"不同阅读策略训练方法对学生阅读理解水平影响的实验"研究中，选取12名被试，并随机分配到4个实验组，则每组被试为3人。自变量为阅读训练方法，分为4个水平：标记策略训练、重复策略训练、概括策略训练、组织策略训练。经过训练，各组学生的阅读理解成绩如下表所示：

不同训练组学生的阅读理解成绩

标记策略训练	重复策略训练	概括策略训练	组织策略训练
19.92	16.72	17.33	23.04
21.39	14.87	19.41	21.91
17.69	14.55	21.47	20.92

1. SPSS操作过程

（1）根据题目要求在SPSS变量窗口中建立因变量"阅读训练方法"和因素水平变量"阅读理解成绩"，然后输入对应的数值，如下图所示：

Name	Type	Width	Decimals	Label	Values	Missing	Columns	Align	Measure
阅读训练方法	Numeric	8	0		{1, 标记阅读...	None	10	■ Right	♣ Nominal
阅读理解成绩	Numeric	8	2		None	None	10	■ Right	✔ Scale

File　Edit　View　Data　Transform　Analyze

	阅读训练方法	阅读理解成绩
1	1	19.92
2	1	21.39
3	1	17.69
4	2	16.72
5	2	14.87
6	2	14.55
7	3	17.33
8	3	19.41
9	3	21.47
10	4	23.04
11	4	21.91
12	4	20.92

数据文件结构图

（2）【Analyze】—【Compare Means】—【One-Way ANOVA】，打开单因素方差分析主对话框。将"阅读理解成绩"移入【Dependent

List】框中，将"阅读训练方法"移入【Factor】框中。

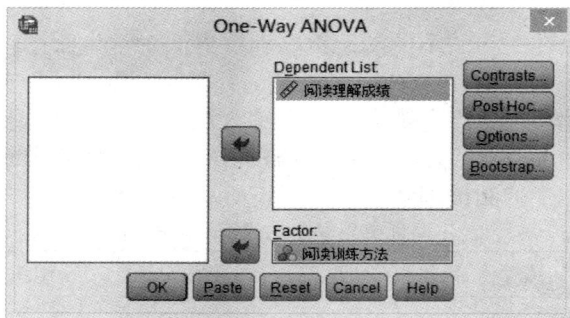

单因素方差分析主对话框

（3）在主对话框里单击【Post Hoc】按钮，将打开如下图所示的多重比较【Post Hoc Multiple Comparisons】对话框，选择【LSD】复选项和【Tamhane's T2】复选项。一旦确定各组均值间存在显著差异，利用多重比较检测可以求出均值相等的组，通过配对比较可以找出和其他组均值有差异的组。输出显著性水平为0.95的均值比较矩阵，在矩阵中用星号表示有差异的组。

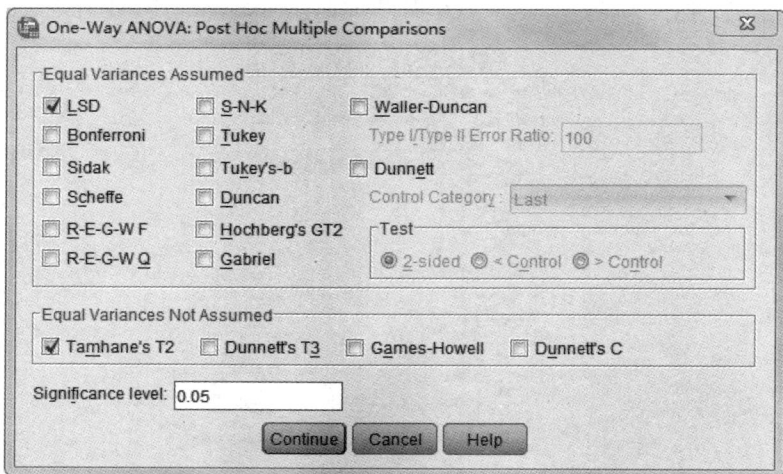

单因素方差分析多重比较对话框

（4）打开【Options】对话框（如下图），依次勾选【Descriptive】、

【Homogeneity of variance test】、【Means plot】，其他默认。单击
【Continue】返回主对话框。单击【OK】，即可执行SPSS命令。

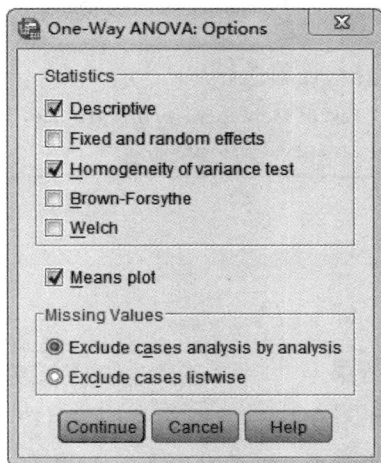

One-Way ANOVA: Options

Statistics
☑ Descriptive
☐ Fixed and random effects
☑ Homogeneity of variance test
☐ Brown-Forsythe
☐ Welch

☑ Means plot

Missing Values
◉ Exclude cases analysis by analysis
○ Exclude cases listwise

Continue　　Cancel　　Help

2. 输出结果分析

（1）描述统计量：

One-Way Descriptives

阅读理解成绩

	N	Mean	Std. Deviation	Std. Error	95% Confidence Interval for Mean		Minimum	Maximum
					Lower Bound	Upper Bound		
标记策略训练	3	19.6667	1.86296	1.07558	15.0388	24.2945	17.69	21.39
重复策略训练	3	15.3800	1.17145	.67634	12.4700	18.2900	14.55	16.72
概括策略训练	3	19.4033	2.07001	1.19512	14.2611	24.5455	17.33	21.47
组织策略训练	3	21.9567	1.06077	.61244	19.3216	24.5918	20.92	23.04
Total	12	19.1017	2.82428	.81530	17.3072	20.8961	14.55	23.04

上表输出的结果中从左到右依次给出了不同阅读训练方法组的样本数、测量结果均值、标准差、标准误、95%的置信区间、最小值和最大值。

（2）方差分析齐次性检验结果：

Test of Homogeneity of Variances

阅读理解成绩

Levene Statistic	df_1	df_2	Significance
.443	3	8	.728

上表输出的结果从左到右依次为莱文方差齐性检验结果值（Levene Statistics=0.443）、组间自由度（df_1=3）、组内自由度（df_2=8）。显著性概率Sig.值为0.728＞0.05，说明各组的方差在 α=0.05的显著性水平上差异不显著，即方差具有齐次性。

（3）单因素方差分析表：

One-Way ANOVA

阅读理解成绩

	Sum of Squares	df	Mean Square	F	Significance
Between Groups	67.236	3	22.412	8.744	.007
Within Groups	20.506	8	2.563		
Total	87.742	11			

在上图的单因素方差分析表中，第一栏是方差来源，包括组间变异"Between Groups"；组内变异"Within Groups"和总变异"Total"。第二栏是离差平方和"Sum of Squares"，组间离差平

和为67.236，组内离差平方和为20.506，总离差平方和为87.742。第三栏是自由度。第四栏是均方"Mean Square"，即第二栏与第三栏之比。第五栏是F值，是组间均方与组内均方之比。第六栏是F值对应的显著性概率值，为0.007<0.01。这说明各组均值有显著性差异。由于F检验差异显著，故需继续对各组均数进行多重比较。

（4）平均值线图：

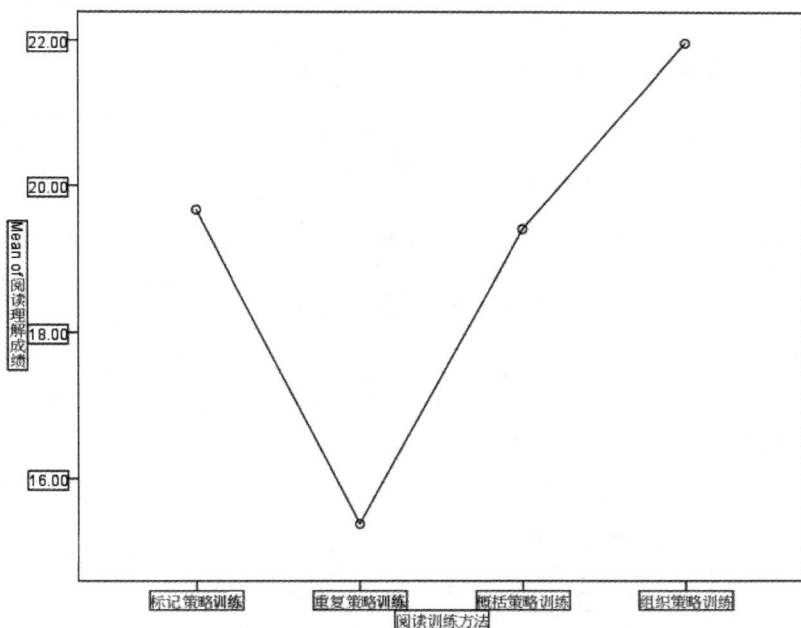

上图给出了各组平均值线图，横坐标是因素变量（阅读训练方法），纵坐标是因变量（阅读理解成绩）。从中可以直观地看出：组织策略方法优于其他三种方法，标记策略方法和概括策略方法优于重复策略方法，标记策略方法优于概括策略方法。值得注意的是，均值图仅提供了一个大致的判断依据。两点之间是否有显著性差异，还需依据数据统计的结论来判断。

（5）均值多重比较：

Multiple Comparisons

Dependent Variable：阅读理解成绩

	(I) 阅读训练方法	(J) 阅读训练方法	Mean Difference (I−J)	Std. Error	Sig.	95% Confidence Interval	
						Lower Bound	Upper Bound
LSD	标记策略训练	重复策略训练	4.28667*	1.30723	.011	1.2722	7.3011
		概括策略训练	.26333	1.30723	.845	−2.7511	3.2778
		组织策略训练	−2.29000	1.30723	.118	−5.3045	.7245
	重复策略训练	标记策略训练	−4.28667*	1.30723	.011	−7.3011	−1.2722
		概括策略训练	−4.02333*	1.30723	.015	−7.0378	−1.0089
		组织策略训练	−6.57667*	1.30723	.001	−9.5911	−3.5622
	概括策略训练	标记策略训练	−.26333	1.30723	.845	−3.2778	2.7511
		重复策略训练	4.02333*	1.30723	.015	1.0089	7.0378
		组织策略训练	−2.55333	1.30723	.087	−5.5678	.4611
	组织策略训练	标记策略训练	2.29000	1.30723	.118	−.7245	5.3045
		重复策略训练	6.57667*	1.30723	.001	3.5622	9.5911
		概括策略训练	2.55333	1.30723	.087	−.4611	5.5678

（续表）

	（I）阅读训练方法	（J）阅读训练方法	Mean Difference (I–J)	Std. Error	Sig.	95% Confidence Interval	
						Lower Bound	Upper Bound
Tamhane	标记策略训练	重复策略训练	4.28667	1.27056	.199	−2.7433	11.3167
		概括策略训练	.26333	1.60785	1.000	−7.5506	8.0773
		组织策略训练	−2.29000	1.23772	.639	−9.5264	4.9464
	重复策略训练	标记策略训练	−4.28667	1.27056	.199	−11.3167	2.7433
		概括策略训练	−4.02333	1.37322	.298	−12.0805	4.0338
		组织策略训练	−6.57667*	.91242	.012	−11.0070	−2.1463
	概括策略训练	标记策略训练	−.26333	1.60785	1.000	−8.0773	7.5506
		重复策略训练	4.02333	1.37322	.298	−4.0338	12.0805
		组织策略训练	−2.55333	1.34290	.633	−10.9093	5.8026
	组织策略训练	标记策略训练	2.29000	1.23772	.639	−4.9464	9.5264
		重复策略训练	6.57667*	.91242	.012	2.1463	11.0070
		概括策略训练	2.55333	1.34290	.633	−5.8026	10.9093

*. Means difference is significant at the 0.05 level.

上表中给出了运用LSD和Tamhane法输出的多重比较结果。由于从方差齐性检验表中已判断出方差具有齐性，所以我们只需看用LSD方法进行各组均值之间的多重比较。第一栏第一列"（I）阅读训练方法"为比较基准等级，第二列"（J）阅读训练方法"是比较等级。第二列是比较基准等级平均数减去比较等级平均数的差值（Mean Difference），均值之间不具有在0.05水平上的显著性差异。第三栏是差值的标准误。第四栏是差值检验的显著性水平。第五栏是差值的95%置信范围的下限和上限。

LSD多重比较结果表明：标记策略训练方法、标记策略训练方法、概括策略训练方法和组织策略训练方法的Sig.值分别为0.011、0.11、0.015、0.001，都小于0.05，说明后几种方法均优于前者，而标记策略方法、概括策略方法与组织策略方法三者之间的差异不显著。

二、双因素方差分析

单因素方差分析只考察某一因素的多个水平对某一因变量的作用之间是否具有显著性差异。但教育现象的发生与变化往往是多种因素共同作用的结果，在因素实验中，其他无关变量往往很难被严格控制。在多元方差分析中，不仅可以检验各因素对因变量作用的显著性，还可以检验因素与因素之间的交互作用对因变量影响的显著性。

双因素方差分析有两种：一种是无交互作用的双因素方差分析，它假定因素A和因素B的效应之间是相互独立的；另一种是有交互作用的双因素方差分析，它假定因素A与因素B的结合会产生出一种新的效应。例如，若假定不同地区的消费者对某种品牌有与其他地区的消费者不同的特殊偏爱，这就是两个因素结合后产生的新效应，属于有交互作用的背景，否则就是无交互作用的背景。

基本操作步骤：

1. 建立一个至少包含两个因素和一个因变量的SPSS数据文件。
2. 单击【Analyze】—【General Linear Model】—【Univariate】

菜单项，打开【Univariate】主对话框。将因变量移到【Dependent Variable】；自变量移到【Fixed Factors（s）】；随机因素移到【Random Factor（s）】中，如有需要，将协变量移至【Covariate（s）】中，加权变量移至【WLS Weight】中。

（1）固定因素：一个因素的水平可能是确定的，即该因素的所有可能水平仅有几种，从方差分析的结果就可以了解该因素所有水平的状况，无须进行外推，该因素就是固定因素。

（2）随机因素：指该因素所有可能的取值在样本中没有全部出现，或不可能全部出现。

（3）在实际研究的过程中，因变量的变异程度可能会明显随着某些指标的改变而改变。如在测评教师教学效果的指标体系中，专家与同行的有关指标可能起着比较重要的作用。如果采用普通的最小二乘法分析，会使结果受变异数大的数据的影响，从而影响数据分析。此时，我们就需要采用加权最小二乘法，根据可预测因变量变异的指标，在分析数据时对变异较小的观测值赋予较大的权重，从而有效平衡不同变异数据的影响。

3. 选择分析模型。打开【Model】对话框，在【Specify Mode】栏中选择模型类型：

（1）【Full factorial】：建立全模型，系统默认此项。全模型包括所有因素的主效应和所有的交互作用。例如有三个因素，全模型包括三个因素的主效应、三个二阶交互作用和一个三阶交互作用。但从实用的角度看，三阶以上的交互作用可以忽略。

（2）【Custom】：建立自定义的模型。选中【Custom】后，在【Factors&Covariates】框中自动列出因素和协变量的变量名。在【Build Term（s）】栏中的组合框有如下几个选项：【Main effects】指定主效应，【Interaction】指定任意的交互作用，【All 2-way】指定所有两阶交互作用，【All 3-way】指定所有三阶交互作用，【All 4-way】指定所有四阶交互作用，【All 5-way】指定所有五阶交互作用。

4. 选择多重比较方法。（具体参见One-Way ANOVA）

5．选择输出项：

（1）【Estimated Marginal Means】栏中，在【Factor（s）and Factor Interactions】中选定因素或交互作用，将之复制到【Display Means for】中，以输出其估计均值。在【Display Means for】中选择需要进行多重比较的因素，选中【Compare main effects】复选项，并在【Confidence interval adjustment】组合框中选择多重比较的方法：LSD（none）、Bonferroni、Sidak。

（2）【Display】栏：指定要求输出的统计量。

①Descriptive Statistics：输出常用描述统计量，包括平均数、标准误和样本容量。

②Estimates of effects size：输出校正模型和各因素计算偏Eta平方，它表示由该因素所导致的变异占因变量总变异的比例。

③Observed power：输出校正模型和所有因素与交互作用的检验效能，通过该数值可以得知实验设计的样本容量是否充足，以及接近检验水准的因素有无必要继续研究。选中此项必须给出显著性水平的值，系统默认显著性水平的值为0.05。

④Parameter estimates：输出截距和各因素的水平与各交互作用的回归系数、标准误、T检验、95%的置信区间。

⑤Transformation matrix：输出计算系数时采用的变换矩阵（L矩阵）。

⑥Homogeneity tests：输出方差齐性检验结果。

⑦Spread vs.level plot：绘制观测值的均值对标准误与方差的图形。

⑧Residuals plot：绘制预测值、实测值与残差三者之间的两两散点图。

⑨Lack of fit：检查模型是否充分描述了因变量与因素之间的关系。若零假设被拒绝，则说明现有模型尚不能充分描述因变量与因素之间的关系，可能还有交互作用未被发现，或者还有其他因素需要引入模型中。需注意，它的计算需要有一个或多个自变量的重复

观测值。

⑩General estimable function：列出模型的设计矩阵。

（3）【Significance level】框中，可改变【Confidence interval】内多重比较的显著性水平。

6.单击【Continue】，返回主对话框，单击【OK】，即可执行SPSS命令。

【案例分析】

例如，在一项探讨"学生学习自主性与不同教学方法对学生学习成绩的影响"的教学实验研究中，因变量是学生学习成绩，两个自变量分别是"学生学习自主性"和"教学方法"。其中，学生学习自主性有高和低两个水平；教学方法有三个水平"传统讲授法""自学辅导法"和"启发教学法"三个水平。实验有6组，每组4个人，随机抽取24名被试，并随机分配到各实验组。获得的实验数据如下表所示：

不同教学方法、不同学习自主性条件下的学生学习成绩

N=24	传统教授法	自学辅导法	启发教学法
学习自主性高	6	5	2
	7	6	4
	6	7	5
	6	6	4
学习自主性低	5	9	7
	8	8	8
	6	8	6
	7	9	7

1. SPSS操作步骤

（1）建立一个至少包含两个因素和一个因变量的SPSS数据文

件。在此案例中，需在变量视图中建立"学习自主性""教学方法"和"学习成绩"三个变量，如下图：

Name	Type	Width	Decimals	Label	Values	Missing	Columns	Align	Measure
学习自主性	Numeric	8	0		{1, 自主性高...	None	8	Right	Nominal
教学方法	Numeric	8	0		{1, 传统数授...	None	8	Right	Nominal
学习成绩	Numeric	8	0		None	None	8	Right	Scale

	学习自主性	教学方法	学习成绩
1	1	1	6
2	1	1	7
3	1	1	6
4	1	1	6
5	1	2	5
6	1	2	6
7	1	2	7
8	1	2	6
9	1	3	2
10	1	3	4

数据文件结构图

（2）单击【Analyze】—【General Linear Model】—【Univariate】菜单项，打开【Univariate】主对话框。将因变量"学习成绩"移到因变量框【Dependent Variable】；自变量"学习自主性"和"教学方法"移到固定因素【Fixed Factor（s）】中，如下图：

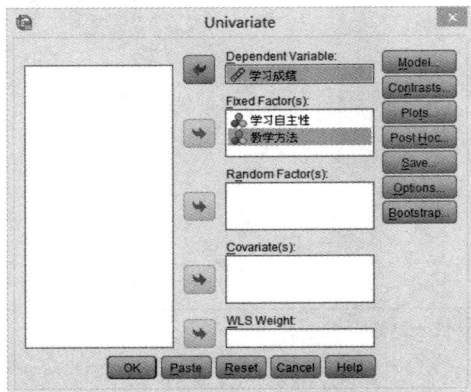

（3）点击【Model】，打开对话框，在【Specify Model】栏中选择默认项全模型【Full factorial】。

（4）单击【Plots】按钮，打开【Univariate：Profile plots】对话框，绘制均值图。选择因素变量"学习自主性"进入【Horizontal Axis】框中，选择因素变量"教学方法"进入【Separate Lines】框中，单击【Add】按钮；或者选择因素变量"教学方法"进入【Horizontal Axis】框中，选择因素变量"学习自主性"进入【Separate Lines】框中，单击【Add】按钮。这里作为演示，同时选择了两种。单击【Continue】返回主对话框。

（5）单击【Post Hoc】按钮，打开多重比较对话框，将【Factor(s)】中的"教学方法"均移入【Post Hoc Tests for】框中，对被试间变量（"教学方法"因素）进行多重比较。选择【Tukey】多重比较方法。单击【Continue】返回主对话框。

注意：在方差齐性的条件下选用【Tukey】多重比较方法；在方差不齐性条件下选用【Dunnett】法。在多因素方差分析中，如果某因素（>2）主效应显著，而其他交互效应不显著时，应进行各因素水平之间均数的多重比较。而当交互效应显著时，则应进行简单效应检验，而不需要进行多重比较。这里作为演示，仍进行多重比较。

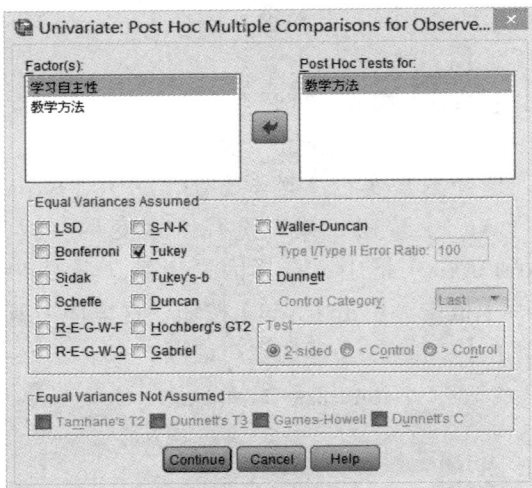

（6）单击【Options】按钮，打开【Univariate：Options】对话框，在【Display】栏内选择【Descriptive statistics】和【Homogeneity tests】复选项。单击【Continue】返回主对话框。

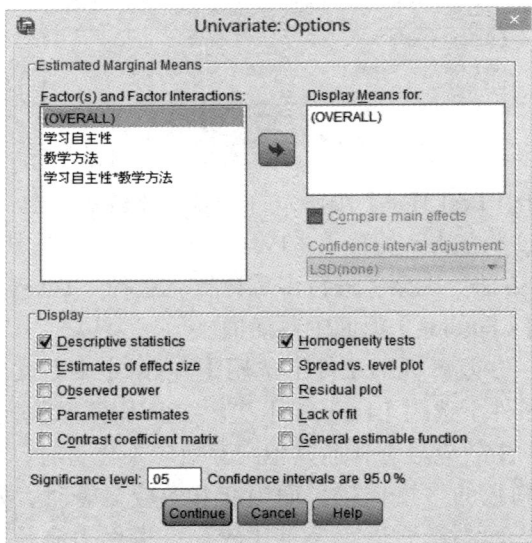

（7）单击【OK】，即可执行SPSS命令。

2. 输出结果分析

（1）描述统计结果表：

Descriptive Statistics

Dependent Variable：学习成绩

学习自主性	教学方法	Mean	Std. Deviation	N
自主性高	传统教授法	6.25	.500	4
	自学辅导法	6.00	.816	4
	启发教学法	3.75	1.258	4
	Total	5.33	1.435	12
自主性低	传统教授法	6.50	1.291	4
	自学辅导法	8.50	.577	4
	启发教学法	7.00	.816	4
	Total	7.33	1.231	12
Total	传统教授法	6.38	.916	8
	自学辅导法	7.25	1.488	8
	启发教学法	5.38	1.996	8
	Total	6.33	1.659	24

上表从第三列开始从左至右依次给出了因变量在各实验单元中的均值、标准差以及被试数。

（2）方差齐性检验：

Levene's Test of Equality of Error Variance

Dependent Variable：学习成绩

F	df_1	df_2	Significance
.923	5	18	.489

Tests the null hypothesis that the error variance of the dependent variable is equal across groups.

a. Design: ＋学习自主性＋教学方法＋学习自主性＊教学方法

从上表可以看出，显著性概率值为0.489>0.05，这表明各组方差在0.05的显著性水平上差异不显著，即方差齐性。

（3）被试间效应检验表：

Tests of Between-Subjects Effects

Dependent Variable：学习成绩

Source	Type III Sum of Squares	df	Mean Square	F	Significance
Corrected Model	47.833ᵃ	5	9.567	11.110	.000
	962.667	1	962.667	1117.935	.000
学习自主性	24.000	1	24.000	27.871	.000
教学方法	14.083	2	7.042	8.177	.003
学习自主性＊教学方法	9.750	2	4.875	5.661	.012
Error	15.500	18	.861		
Total	1026.000	24			
Corrected Total	63.333	23			

a. R Squared = .755 (Adjusted R Squared = .687)

上表给出了被试间效应检验的结果，左上方的 Dependent Variable 表示因变量"学习成绩"。Corrected Model 表示校正模型，其平方和为学习自主性因素平方和、教学方法因素平方和、学习自主性＊教学方法交互效应平方和之总和。Intercept（截距）指检验因变量的总均值是否为零，本例 $P<0.01$，表明因变量的总均值极显著地不为零。"学习自主性"因素的主效应显著，说明学生学习自主性的高低对学习成绩有显著影响。"教学方法"因素的主效应显著，说明不同教学方法对学习成绩有显著影响。两个因素的交互效应显著，说明学习自主性与教学方法对学习成绩有显著的交互影响。

Total代表总平方和，具体为Intercept平方和加上Corrected Total平方和。Corrected Total代表模型所解释的变异与误差变异的总平方和，其平方和=学习自主性因素平方和+教学方法因素平方和+交互效应平方和+误差平方和。

（8）均值多重比较表：

Multiple Comparisons

Dependent Variable：学习成绩

Tukey HSD

（I）教学方法	（J）教学方法	Mean Difference （I–J）	Std. Error	Significance	95% Confidence Interval	
					Lower Bound	Upper Bound
传统教授法	自学辅导法	−.88	.464	.171	−2.06	.31
	启发教学法	1.00	.464	.107	−.18	2.18
自学辅导法	传统教授法	.88	.464	.171	−.31	2.06
	启发教学法	1.88*	.464	.002	.69	3.06
启发教学法	传统教授法	−1.00	.464	.107	−2.18	.18
	自学辅导法	−1.88*	.464	.002	−3.06	−.69

Based on observed means.

*. Means difference is significant at .05 ...

从上表中可知：传统教授法与自学辅导法差异不显著（P=0.171>0.05）；传统教授法与启发教学法差异不显著（P=0.107>0.05）；而自学辅导法与启发教学法差异显著（P=0.002<0.05）。

（9）均值显示图：

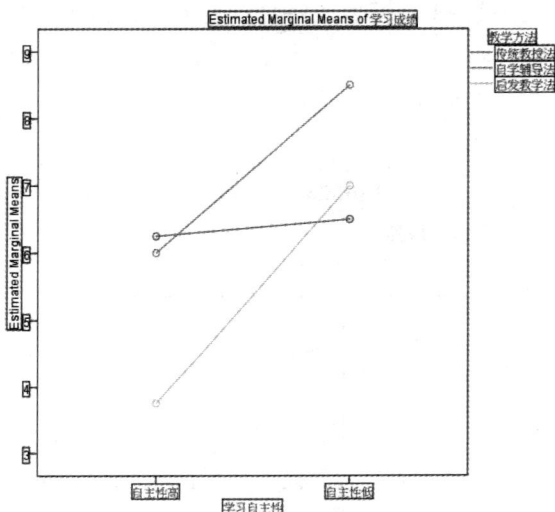

学习自主性＊教学方法均值显示图

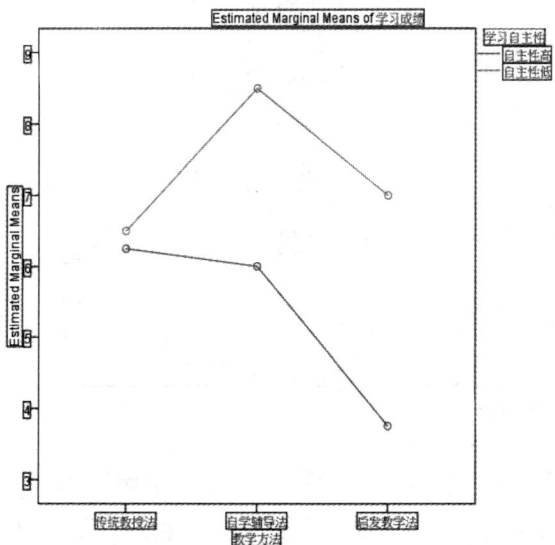

教学方法＊学习自主性均值显示图

从第一张图可见，代表自学辅导法和启发教学法的两条直线大体平行，而代表传统教授法的直线与两条直线交叉。因此，可以大致判断两个因素之间存在交互作用。

从第二张图可见，代表学习自主性高低的两条线无交叉，因此可大致判断两个因素之间不存在交互效应。

3. 简单效应检验

由于本例中两因素之间存在交互效应，故需进行简单效应检验。

（1）操作步骤：

在主对话框，保持原先的设置不变，单击【Paste】按钮，SPSS会把原先的全部操作转换成语句并粘贴到新打开的程序语句窗口中。如下图所示：

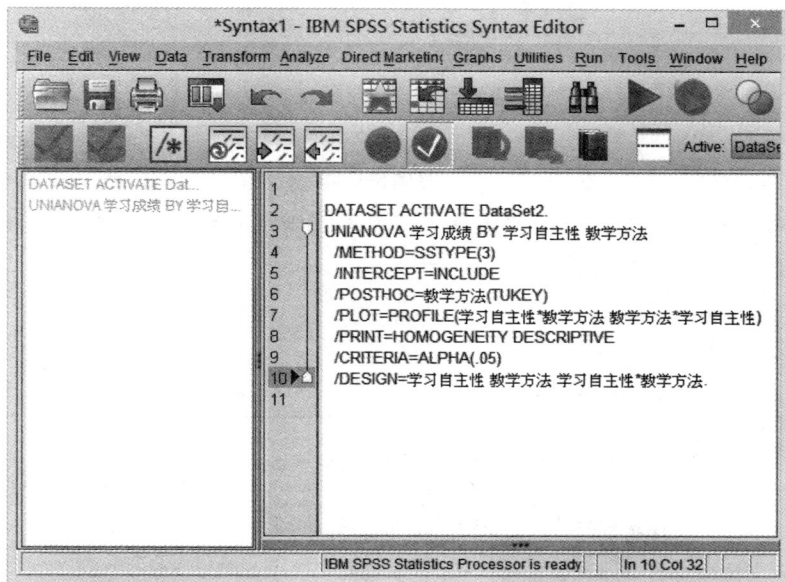

原程序语句

（2）在原程序语句中，保留前两行和后两行语句，加入EMMEANS引导的语句。之后单击【Run-All】运行程序。如下图所示：

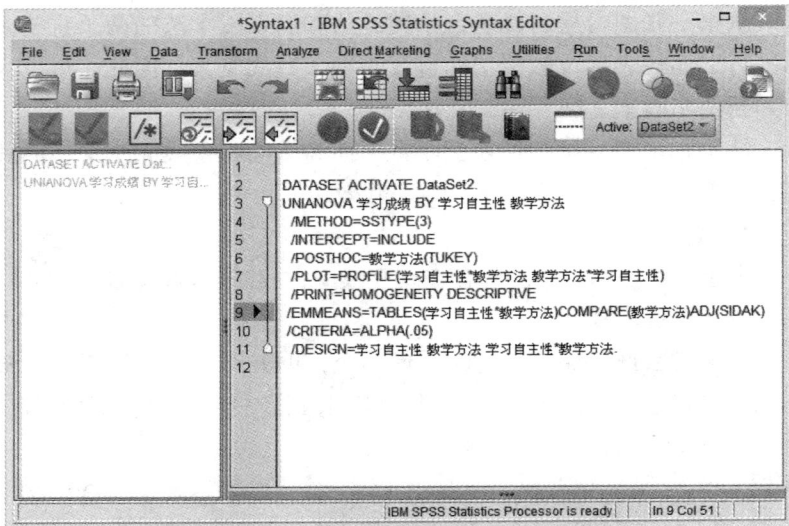

经修改后的程序语句

注意：/ＥＭＭＥＡＮＳ＝ＴＡＢＬＥＳ（学习自主性＊教学方法）ＣＯＭＰＡＲＥ（教学方法）ＡＤＪ（ＳＩＤＡＫ）。该语句的功能在于，在学习自主性的水平上，检查教学方法变量不同水平差异的显著性。

（3）简单效应检验结果：

①描述性统计结果：

Estimates

Dependent Variable：学习成绩

学习自主性	教学方法	Mean	Std. Error	95% Confidence Interval	
				Lower Bound	Upper Bound
自主性高	传统教授法	6.250	.464	5.275	7.225
	自学辅导法	6.000	.464	5.025	6.975
	启发教学法	3.750	.464	2.775	4.725
自主性低	传统教授法	6.500	.464	5.525	7.475
	自学辅导法	8.500	.464	7.525	9.475
	启发教学法	7.000	.464	6.025	7.975

②学习自主性＊教学方法简单效应检验结果：

Pairwise Comparisons

Dependent Variable：学习成绩

学习自主性	（I）教学方法	（J）教学方法	Mean Difference （I–J）	Std. Error	Significance[b]	95% Confidence Interval for Difference[b]	
						Lower Bound	Upper Bound
自主性高	传统教授法	自学辅导法	.250	.656	.975	−1.476	1.976
		启发教学法	2.500*	.656	.004	.774	4.226
	自学辅导法	传统教授法	−.250	.656	.975	−1.976	1.476
		启发教学法	2.250*	.656	.009	.524	3.976
	启发教学法	传统教授法	−2.500*	.656	.004	−4.226	−.774
		自学辅导法	−2.250*	.656	.009	−3.976	−.524
自主性低	传统教授法	自学辅导法	−2.000*	.656	.021	−3.726	−.274
		启发教学法	−.500	.656	.839	−2.226	1.226
	自学辅导法	传统教授法	2.000*	.656	.021	.274	3.726
		启发教学法	1.500	.656	.100	−.226	3.226
	启发教学法	传统教授法	.500	.656	.839	−1.226	2.226
		自学辅导法	−1.500	.656	.100	−3.226	.226

Based on estimated marginal means

*. Means difference is significant at the .05 level.

由上表可知，在学生学习自主性高的情况下，传统教授法与自学辅导法之间无显著差异性（$P=0.975>0.05$）；传统教授法与启发教学法之间有显著差异性（$P=0.004<0.05$）；自学辅导法与启发教学法之间有显著差异性（$P=0.009<0.05$）。在学生学习自主性低的情况下，传统教授法与自学辅导法之间有显著差异性（$P=0.021<0.05$）；传统教授法与启发教学法之间无显著差异性（$P=0.839>0.05$）；自学辅导法与启发教学法之间无显著差异性（$P=0.100>0.05$）。

三、协方差分析

在进行方差分析时，要求控制除研究因素之外的其他变量对因变量的影响。但是，在实际研究中，许多变量是难以直接进行严格控制的。这时，我们可通过协方差分析的方法，将这些难以直接控制的变量作为协变量参与分析，在分析过程中将其影响排除，以实现间接控制这些因素的目的。协方差分析的适用条件：协变量必须是连续变量，且变量与变量之间没有相互作用；若有多个协变量，他们之间的关系应当是相互独立的。

基本操作过程：

1．协方差分析的数据文件类似单因变量方差分析过程中建立的数据文件，只是增加了协变量。

2．在左边变量框中选择协变量，使之移至【Covariate（s）】框中，其余操作详见多因素方差分析过程。

【案例分析】

例如，某语文教师对2个班级的学生进行了同样的为期一个月的阅读理解训练，欲考察不同班级和不同学生类型对训练后的阅读理解测试成绩的影响。从班级A和班级B中各抽取9名学生，按学生类型分成了三组（s1为学困生；s2为中等生；s3为优秀生），每组3名被试，对他们分别进行训练前后的阅读理解能力测试，原始数据详见下表。在此实验中,所有被试训练前的阅读理解测试成绩是不同的,而这一测试成绩(Before)可能会影响训练后的阅读理解测试成绩(After)。因此,本研究将训练前的阅读理解测试成绩作为协变量进行方差分析。

协方差分析原始实验数据

Based on estimated marginal means						B班					
s1		s2		s3		s1		s2		s3	
Before	After	Before	After	Before	After	Before	After	Before	After	Before	After
77	83	81	95	94	89	78	87	80	97	93	96
70	87	89	93	88	93	85	82	86	89	91	92
76	89	91	90	92	91	83	88	84	94	88	90

1. SPSS操作过程

(1)根据案例要求建立SPSS数据文件,并对变量进行正确定义。

Name	Type	Width	Decimals	Label	Values	Missing	Columns	Align	Measure
班级	Numeric	8	0		{1, A班}...	None	8	Right	Nominal
学生类型	Numeric	8	0		{1, 学困生}...	None	8	Right	Nominal
前测成绩	Numeric	8	0		None	None	8	Right	Scale
后测成绩	Numeric	8	0		None	None	8	Right	Scale

	File	Edit	View	Data	Transform	Analyze	Direct Marketing

5 :				
	班级	学生类型	前测成绩	后测成绩
1	1	1	77	83
2	1	1	70	87
3	1	1	76	89
4	1	2	81	95
5	1	2	89	93
6	1	2	91	90
7	1	3	94	89
8	1	3	88	93
9	1	3	92	91
10	2	1	78	87
11	2	1	85	82
12	2	1	83	88

数据文件结构图

（2）单击【Analyze】—【General Linear Model】—【Univariate】菜单项，打开【Univariate】主对话框。将因变量"后测成绩"移到因变量框【Dependent Variable】；将自变量"班级"和"学生类型"移到固定因素【Fixed Factor（s）】；协变量"前测成绩"移到【Covariate（s）】中，效果如下图：

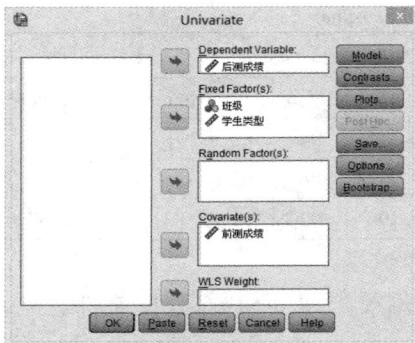

（3）打开【Options】对话框，将左上方【Factor（s）and Factor Interactions】栏中的"（OVERALL）"移到右上方的【Display Means for】栏中；在下方的【Display】栏中，勾选【Homogeneity tests】；点击【Continue】，回到主界面。

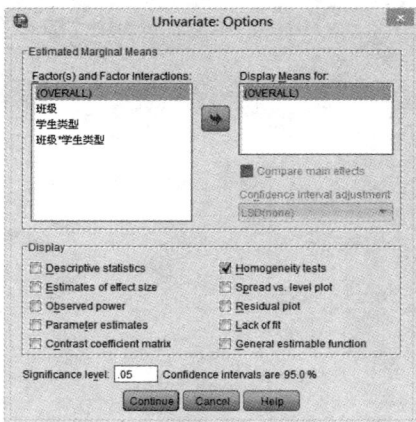

（4）单击【OK】，即可执行SPSS命令。

2. 输出结果分析

（1）因素变量表：

Between-Subjects Factors

		Value Label	N
班级	1	A班	9
	2	B班	9
学生类型	1	学困生	6
	2	中等生	6
	3	优等生	6

上表中给出了按班级和学生类型分组的各样本数量。

（2）方差齐性检验：

Levene's Test of Equality of Error Variances[a]

Dependent Variable：后测成绩

F	df_1	df_2	Sig.
1.585	5	12	.237

Tests the null hypothesis that the error variance of the dependent variable is equal across groups.

a. Design: Intercept + 前测成绩 + 班级 + 学生类型 + 班级 * 学生类型

从上表可以看出，显著性概率值为0.237>0.05，这表明各组方差在0.05的显著性水平上差异不显著，即方差齐性。

（3）协方差分析表：

Tests of Between-Subjects Effects

Dependent Variable: 后测成绩

Source	Type III Sum of Squares	df	Mean Square	F	Sig.
Corrected Model	201.390[a]	6	33.565	4.384	.017
Intercept	349.431	1	349.431	45.639	.000
前测成绩	27.112	1	27.112	3.541	.087
班级	4.455	1	4.455	.582	.462

（续表）

Source	Type III Sum of Squares	df	Mean Square	F	Sig.
学生类型	152.816	2	76.408	9.980	.003
班级*学生类型	5.902	2	2.951	.385	.689
Error	84.221	11	7.656		
Total	146987.000	18			
Corrected Total	285.611	17			

a. R Squared = .705 (Adjusted R Squared = .544)

由上表可知，协变量训练前阅读理解测试成绩的差异不显著（$F=3.541$，$P>0.05$）。同样可知，班级对学生阅读理解成绩也无显著影响（$F=0.582$，$P>0.05$）。学生类型对阅读理解测试成绩有显著影响（$F=9.980$，$P<0.05$），这表明阅读理解测试成绩在不同学生类型中存在显著差异。

综上，方差分析的结果表明，协变量训练前阅读理解测试成绩的主效应差异不显著（$F=3.541$，$P>0.05$），表明训练前阅读理解测试成绩对训练后阅读理解测试成绩没有显著影响；学生类型的主效应差异显著（$F=9.980$，$P<0.05$），说明训练对不同类型的学生的阅读理解测试确实有显著影响。

本 章 小 结

本章主要介绍如何一次性对多个总体平均数的差异显著性进行检验，即方差分析的问题。方差分析有单因素方差分析和多因素方差分析，本章着重介绍了单因素方差分析。

方差分析必须满足变异的可加性、总体的正态性、方差齐性和样本的随机性四个条件。由于方差分析的数据一般都来自完全随机化设计的实验数据，因此，有的教科书并没有列出样本的随机性这一条件。

方差齐性检验的统计量是哈特莱（Hartley）最大F值，即

$F_{\max}$。它是所有 K 个样本方差中最大的方差与最小的方差之比，即：$F_{\max} = \dfrac{S_{\max}^2}{S_{\min}^2}$。

方差分析的步骤与第七章统计假设检验基本相同，不同的是方差分析需要计算总离差平方和 SS_t、组内离差平方和 SS_w、组间离差平方和 SS_b。而且，这三个离差平方和的计算较为复杂，还要计算两个均方差 MS_b（组间均方差）和 MS_w（组内均方差），它们的计算公式为：

$$MS_b = \frac{SS_b}{df_b} \quad ; \quad MS_w = \frac{SS_w}{df_w}$$

如果方差分析的结论为各水平总体平均数存在显著差异，即至少有一对总体平均数存在显著差异，那么，还必须进行多重比较，采用 N-K 检验法，检验统计量是 q 值，因而也称作 q 检验法。其计算公式是：$q_{ij(r)} = \dfrac{\overline{X}_i - \overline{X}_j}{\sqrt{\dfrac{MS_w}{n}}}$，检验完成后，方差分析的任务才告完成。

注意：

1. 方差分析的统计假设是 H_0 为 $\sigma_1^2 = \sigma_2^2 = ... = \sigma_K^2$，$H_1$ 至少有一对 σ^2 不相等，而不是 H_0 为 $\sigma_1^2 = \sigma_2^2 = ... = \sigma_K^2$，$H_1$ 为 $\sigma_1^2 \neq \sigma_2^2 \neq ... \neq \sigma_K^2$。要特别注意。

2. 方差分析的检验统计量 F 的临界值 F_α 是和显著性水平 α、组间自由度 df_b、组内自由度 df_w 联系在一起的。

3. 在逐对平均数差异的检验中，统计量 q 的计算公式是针对各水平样本的容量 n 相等而言的。各水平样本的容量不等，则分母标准误的计算方法也不同。

4. 在逐对平均数差异的检验中，随着检验平均数个数的增多，逐对比较的次数迅速增多。为防止重复和遗漏，可采用列表法协助检验。

思考与实践

1. 简述方差分析的含义、条件与作用。

2. 简述方差分析的基本原理和步骤。

3. 什么是方差齐性？如何判断？

4. 在平均数差异的检验中，u检验、t检验和F检验有什么异同？

5. 简述完全随机化设计和随机区组设计进行方差分析的区别。

6. 某研究者欲研究光线亮度对颜色识别的影响，随机选取了28名被试，分成4组，每组被试进行12次测试，要求他们在两种颜色的物体中判断哪一种色彩的饱和度（客观指标）更高。4个组的实验条件分别是四种不同的亮度环境：正常、稍微昏暗、比较暗、非常暗。记录下12次测试中的正确判断次数，数据如下表。问不同照明条件与色彩识别是否有显著性差异？

正常照明	9	12	8	7	5	8	7
稍微昏暗	2	8	3	9	4	2	7
比较暗	4	3	2	5	3	2	2
非常暗	2	0	1	0	1	2	1

7. 在一项研究中，8名被试先后参加对红、黄、绿、蓝四种色调光线的反应时实验。每个被试的平均反应时如下表。试问被试对四种色调光的反应时有无显著差别？该实验采用区组设计是否合适？

被试	红	黄	绿	蓝
1	6	5	6	6
2	3	3	4	5
3	3	2	3	3
4	3	4	4	7
5	2	1	3	4
6	2	3	3	4
7	3	2	3	4
8	1	1	2	2

8. 某研究者在同一年级随机抽取学生并随机分为4组，在两周内均用120'复习同一组英文单词。但第一组每周一复习60'；第二组每周一、三各复习30'；第三组每周一、三、五各复习20'；第四组每天复习10'。再隔两个半月进行统一测试，结果如下。试问四种复习方式有无显著不同？

分组	X					
一	24	26	20	28		
二	29	25	21	27	28	30
三	30	28	32	30	26	
四	27	31	32	33		

9. 对患有失眠症的病人使用三种不同的睡眠辅助药物，三组病人分别服用一种药物，另有一组病人服用安慰剂。之后令病人在房中入睡，并记录下他们入睡所需的时间，数据如下。试分析三种睡眠辅助药物的功效与安慰剂是否有显著性差异。

辅助药物	N	$\sum X$	$\sum X^2$
安慰剂	9	29.7	105.49
药物1	8	30.4	120.22
药物2	9	32	121.26
药物3	8	30.1	131.51

10. 某教师为考察复习方法对学生记忆单词的影响，将20名学生随机分成4组，每组5人采用一种复习方法。学生学完一定数量的单词后，在规定时间内进行复习，然后进行测试。结果见下表。问各种方法的效果是否有差异？并将各种复习方法按效果的好坏排序。

集中循环复习	8	20	12	14	10
分段循环复习	39	26	31	45	40
逐个击破式复习	17	21	20	17	20
梯度复习	32	23	28	25	29

第九章　卡方检验

前面我们学过的 U 检验、t 检验是只限于对两组能进行具体数值测定的变量的差异进行检验的统计方法。对两组或两组以上称名变量的差异显著性进行检验，则必须应用一种新的检验方法——χ^2 检验。

第一节　χ^2 检验

χ^2（读作卡方）是各组实际次数与理论次数（即期望次数）之差的平方，除以理论次数所得的比率的总和。用 f_0 表示实际观察次数，f_e 表示理论次数，则：

$$\chi^2 = \sum \frac{(f_0 - f_e)^2}{f_e} \qquad (9-1)$$

从公式（9-1）可以看出，χ^2 值是反映实际次数与理论次数差异程度的一个指标。当实际观察次数 f_0 与理论次数 f_e 相差越小时，χ^2 值也越小；若实际观察次数 f_0 与理论次数 f_e 之差越大时，χ^2 值也越大。因此，若要比较实际观察次数与理论次数的差异时，χ^2 检验是一种最有用的方法。

例如我们想了解教师对某种建议或方案的态度，我们可以随机抽取一个样本，如抽取100名教师。在这100名教师中，对某方案持赞成态度的有48人，持反对态度的有37人，不表态的有15人。在这个样本中，三种态度的人数有一定的差异，这种差异是教师总

体意见的真实差异，还是由抽样误差造成的？这就需要我们进行
χ^2 检验。再如，我们在教育调查中发现，某中学1053名学生中，
男生有756人，女生只有297人。那么，该中学男、女生人数的差
异能代表中学生这个总体吗？或者说，该中学男、女生的差异是否
具有统计上的意义？这就需要我们利用 χ^2 检验。

　　χ^2 检验是利用 χ^2 分布进行检验的。χ^2 分布是一种呈偏态的理
论分布，其分布形态因自由度 df 的不同而不同。χ^2 分布的形态如
图9-1。统计学家已为我们编制了一个 χ^2 值表（见附表4）。χ^2 值
表的查法与 t 值表基本一样，我们只要知道自由度 df 并选定显著性
水平 α 的值，便可在附表4中找到对应的临界值 $\chi^2_{\alpha(df)}$。如当 $df=5$，
$\alpha=0.05$时，χ^2 的临界值由附表4可知为16.75；当 $df=30$，$\alpha=0.10$时，
χ^2 的临界值为50.89。

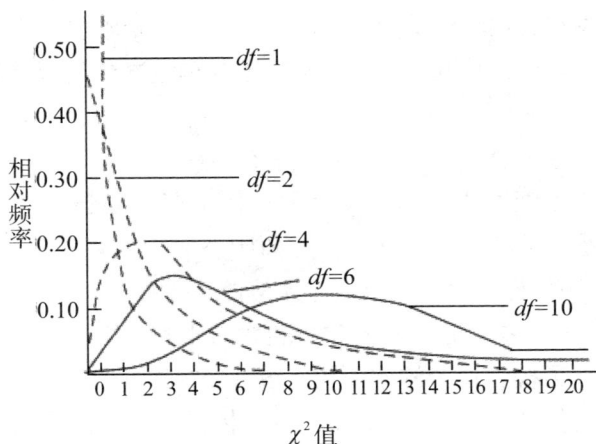

图9-1　不同自由度 χ^2 分布曲线图

　　χ^2 检验的作用有两个：第一，检验实际次数与理论次数是否
吻合，或检验实得分布与理论分布是否吻合，这类问题统称为适合

性检验；第二，检验两组或多组计数资料是相互关联还是彼此独立的，这类检验称为独立性检验。

χ^2检验的步骤与其他方法的检验步骤基本一样，所不同的是，它的虚无假设H_0是根据某种统计理论提出来的。后面我们将通过具体例子加以说明。

第二节　适应性检验

适合性检验是检验实得次数与理论次数或者实得分布与理论分布是否吻合。也就是说，它是检验实得次数与理论次数的差异是否显著的问题。

一、一样本包含两组的适合性检验

一样本包含两组的适合性检验，是指一个样本仅分为两组，实际次数只有两个，检验这两个实得次数与理论次数是否具有一致性（即吻合）。

请看具体例子。

例：为了调查小学男、女生的比例情况，某县教育部门随机抽取两所小学的学生作为样本。这两所小学中有男生925人，女生813人。问小学男、女生人数的差异是否显著？

题析：在例中的这个样本中，包含男生和女生两个组。我们的目的就是为了检验这个样本中男、女生的人数（实际次数）与男、女生人数应各占一半（理论次数）的总体是否一致。这属于一样本包含两组的适合性检验。

检验步骤如下：

1. 建立虚无假设H_0：男、女学生人数没有差异，即各为$\dfrac{1}{2}$

2．计算统计量 χ^2 的值

将资料列表如下：

表 9-1

	实际数 (f_0)	理论数 (f_e)
男生	925	869
女生	813	869

把表中的数值代入公式（9-1）得：

$$\chi^2 = \sum \frac{(f_0 - f_e)^2}{f_e} = \frac{(925 - 869)^2}{869} + \frac{(813 - 869)^2}{869} \approx 7.22$$

3．确定显著性水平 α 的值，查表求临界值 $\chi^2_{\alpha(df)}$

取 α =0.05，这里自由度 df=2-1=1（即组数减去1），则 $\chi^2_{0.05(1)}$=3.84。

4．比较，做出判断

因为求得的 χ^2 =7.22 > $\chi^2_{0.05(1)}$=3.84，χ^2 值落入拒绝区域，因此拒绝 H_0 即男、女生人数的差异在 α =0.05的水平上是显著的。或者说，男、女生的人数比例与男、女生人数应各占一半的理论不相吻合。

二、一样本包含多组的适合性检验

一样本包含多组的适合性检验，即一个样本分成两组以上，检验多组实际次数与理论次数是否一致。

例：从某市随机抽取120名教师，其中高级职称有38人，中级职称有55人，初级职称有27人。若规定高、中、初级职称人数的比例为2∶6∶2，问该市教师的职称结构是否符合规定？

检验步骤如下：

1．建立虚无假设 H_0：该市教师职称的比例与规定相吻合

2．计算 χ^2 值

先计算各级职称的理论次数。因为按规定三级职称人数的比例

为 2∶6∶2，因此，三级职称的理论次数分别为：

高级职称的人数为：$\dfrac{120}{10} \times 2 = 24$

中级职称的人数为：$\dfrac{120}{10} \times 6 = 72$

初级职称的人数为：$\dfrac{120}{10} \times 2 = 24$

由公式（9-1）得：

$$\chi^2 = \sum \frac{\left(f_0 - f_e\right)^2}{f_e} = \frac{(38-24)^2}{24} + \frac{(55-72)^2}{72} + \frac{(27-24)^2}{24} \approx 12.56$$

3. 取 α =0.01，df=3-1=2

查附表4得 $\chi^2_{0.01(2)}$ =9.21

4. 比较，做出判断

因为 χ^2 =12.56 > $\chi^2_{0.01(2)}$ =9.21，χ^2 值落入拒绝区域，因而拒绝 H_0。即我们有99%的把握认为，该市三级职称人数的比例不符合 2∶6∶2的规定。

三、实得分布与正态分布的适合性检验

在统计过程中，可以根据实际资料得到一个实得次数分布，那么，这个分布是否符合正态分布或其他分布？或者说，实得分布与正态分布是否存在显著性差异？这就是实得分布与正态分布的适合性检验问题。这个问题的检验比前面（一）和（二）两个问题复杂一些，它首先必须根据正态分布计算出理论次数 f_e。下面我们用实例加以说明。

例：某中学850名学生的思想品德成绩被评为优、良、中、差四个等级，其中优等的有176人，良等的有278人，中等的有343人，差等的有53人。问该校学生思想品德成绩的分布是否符合正态分布？

题析：解决这一问题，我们可以假设该校学生的思想品德成绩符合正态分布，然后从假设出发，求出符合正态分布这种理论的四个等级的理论次数。求法是：根据正态分布确定各等级的人数比例。取正态分布曲线的基线的全长为 8σ，等分为4份，每份为 2σ，并由此求出各等分曲线下的面积比例，这就是各等级学生人数应占的比例，再分别乘以总人数即得到各等级的理论人数。理论次数的具体求法是：

优等级的学生应在 2σ 至 4σ 之间。查正态分布曲线表可知，优等级的人数比例为：

$0.9^46833 - 0.97725 \approx 0.02272$

良等级的学生应在0至 2σ 之间，由正态分布曲线的性质可知，良等级的人数比例为：

$0.97725 - 0.50 = 0.47725$

由正态分布曲线的对称性可知，中等级的人数比例应与良等级一样，差等级的人数比例应与优等级相等，即分别为：0.47725 和 0.02272。

于是，各等级的理论次数分别为：

优等、差等的理论人数为：$0.02272 \times 850 \approx 19$

良等、中等的理论人数为：$0.47725 \times 850 \approx 406$

检验的具体步骤为：

1. 建立假设 H_0：该校学生思想品德成绩符合正态分布

2. 计算 χ^2 值

将求得的各数值代入公式（9-1）得：

$$\chi^2 = \sum \frac{(f_0 - f_e)^2}{f_e} = \frac{(176-19)^2}{19} + \frac{(278-406)^2}{406} + \frac{(343-406)^2}{406}$$

$$+ \frac{(53-19)^2}{19} \approx 1408.29$$

3. 取 $\alpha = 0.01$，$df = 4-1 = 3$

查表得临界值 $\chi^2_{0.01(3)}=11.34$

4．比较，做出判断

因为 $\chi^2=1408.29 > \chi^2_{0.01(3)}=11.34$，$\chi^2$ 值落入拒绝区域，因而拒绝 H_0。即我们有充分（99.9%）的把握认为，该校学生的思想品德成绩不符合正态分布。

第三节　独立性检验

独立性检验是检验两类不同资料是相互联系还是独立无关的问题。如学生的学习成绩与政治面貌之间是否有关联？教师的教学态度与教学效果是否独立无关？学生的性别与学习成绩是否有关联？检验时，提出的虚无假设是两类资料独立无关。独立性检验可以根据所使用的列联表的不同分成两种方法。下面分别举例说明。

一、2×2列联表的独立性检验

例：从某城市中学和郊区中学中随机抽取一部分学生，调查他们对现行招生制度的看法，结果如表9-2。问城市中学生与郊区中学生对现行招生制度的看法是否有显著差异？

表9-2　2×2列联表

中学生评价态度	城市	郊区	总计
肯定	(a) 20（24.73）	(b) 30（25.27）	$(a+b)$ 50
否定	(c) 25（20.27）	(d) 16（20.73）	$(c+d)$ 41
总计	$(a+c)$ 45	$(b+d)$ 46	(n) 91

检验步骤如下：

1．建立虚无假设 H_0：城市生与郊区生对招生制度的看法没有差异

2. 计算 χ^2 值

计算 χ^2 值，首先要求出各格的理论次数 f_e。每一格内的理论次数，等于该格所在行的总次数乘以所在列的总次数除以全部总次数所得的商。公式为：

$$f_e = \frac{f_r \cdot f_c}{n} \qquad (9\text{-}2)$$

式中，f_e 为各格的理论次数；

f_r 为某一理论次数所在行的总次数；

f_c 为某一理论次数所在列的总次数；

n 为全部总次数。

根据公式（9-2），2×2 列联表各格的理论次数分别为：

$$f_a = \frac{(a+b)(a+c)}{n} \qquad\qquad f_b = \frac{(a+b)(b+d)}{n}$$

$$f_c = \frac{(c+d)(a+c)}{n} \qquad\qquad f_d = \frac{(c+d)(b+d)}{n}$$

本例
$$f_a = \frac{50 \times 45}{91} \approx 24.73 \qquad f_b = \frac{50 \times 46}{91} \approx 25.27$$
$$f_c = \frac{41 \times 45}{91} \approx 20.27 \qquad f_d = \frac{41 \times 46}{91} \approx 20.73$$

因为 2×2 列联表的自由度 $df=2\text{-}1=1$，计算 χ^2 的值必须用下列校正公式：

$$\chi^2 = \sum \frac{\left(\left|f_0 - f_e\right| - 0.5\right)^2}{f_e} \qquad (9\text{-}3)$$

于是本例的 χ^2 值为，

$$\chi^2 = \sum \frac{\left(\left|f_0 - f_e\right| - 0.5\right)^2}{f_e} = \frac{\left(\left|20 - 24.73\right| - 0.5\right)^2}{24.73} + \frac{\left(\left|30 - 25.27\right| - 0.5\right)^2}{25.27} +$$

$$\frac{\left(\left|25 - 20.27\right| - 0.5\right)^2}{20.27} + \frac{\left(\left|16 - 20.73\right| - 0.5\right)^2}{20.73} \approx 3.18$$

3. 确定显著性水平 α ，查表求临界值 $\chi^2_{\alpha(df)}$

取 α =0.05，df=1，查表得 $\chi^2_{0.05(1)}$=3.84。

4. 比较，做出判断

因为 χ^2 =1.613 $<$ $\chi^2_{0.05(1)}$ =3.84， χ^2 值落入接受区域，因而接受假设 H_0，即城市中学生与郊区中学生对现行招生制度的看法没有差异。或者说，学校所在地域与学生对招生制度的看法独立无关。

对于 2×2 列联表，还可以用下列公式直接计算 χ^2 值。公式为：

$$\chi^2 = \frac{n\left(|ad-bc|-\dfrac{n}{2}\right)^2}{(a+b)(c+d)(a+c)(b+d)} \qquad (9\text{-}4)$$

根据表9-2的资料计算

$$\chi^2 = \frac{91\left(|20\times 16-30\times 25|-\dfrac{91}{2}\right)^2}{50\times 41\times 45\times 46} \approx 3.170$$

计算结果和按公式（9-3）算得的结果几乎相同。

二、$m\times n$列联表的独立性检验

$m\times n$列联表是 2×2 列联表的扩展，它是把样本按 A、B 两类属性分类，A 属性分成 m 类，B 属性分成 n 类而排成的具有 m 行 n 列的表。$m\times n$列联表各格的理论次数，同样按公式（9-2）计算，自由度 df=（m-1）（n-1）。

现以 3×4 列联表为例，说明 $m\times n$ 列联表的检验方法。

例：在某中学中随机抽取153名学生，根据他们的家庭出身情况和数学成绩列表9-3。问学生的数学成绩与家庭出身是否独立无关？

表9-3　153名学生数学成绩与家庭出身的列联表

家庭出身 数学成绩	工人家庭	干部家庭	知识分子 家庭	其他	总计
65分及以上	6（5.29）	10（8.59）	0（2.47）	2（1.65）	18
25—64分	26 （27.65）	46 （44.85）	15 （12.90）	7（8.60）	94
24分及以下	13 （12.06）	17 （19.56）	6（5.63）	5（3.75）	41
总计	45	73	21	14	153

检验步骤如下：

1．建立假设H_0：学生的数学成绩与家庭出身独立无关

2．计算χ^2值

根据公式（9-2）先计算各方格的理论次数并将数据填入表中。把表中各数值代入公式（9-1）得：

$$\chi^2 = \sum \frac{(f_0 - f_e)^2}{f_e} = \frac{(6-5.29)^2}{5.29} + \frac{(10-8.59)^2}{8.59}$$

$$+ \cdots + \frac{(6-5.63)^2}{5.63} + \frac{(5-3.75)^2}{3.75} \approx 4.49$$

3．取α=0.05，df=（m-1）（n-1）=（3-1）（4-1）=6

查附表4得临界值$\chi^2_{0.05(6)}$=12.592。

4．比较，做出判断

因为χ^2=4.49＜$\chi^2_{0.05(6)}$=12.592，χ^2值落入接受区域，所以接受H_0。即我们有充分的理由认为，学生的数学成绩与家庭出身独立无关。

第四节　卡方检验在SPSS中的应用

卡方检验既可以用于推断某个变量是否服从某种特定分布的拟合优度检验，也可以用于推断两个离散变量之间是否存在依从

关系的独立性检验，或推断几次重复试验的结果是否是相同的同质性检验。

一、拟合优度检验

基本操作过程：

1．建立至少包含一个待检变量的SPSS数据文件。

2．单击【Analyze】—【Nonparametric Test】—【Chi-square】菜单项，打开【Chi-square】主对话框。从左边变量框中选择待检变量，移至右边【Test Variable List】中。

3．在【Expected Range】栏中确定检验值的范围。

①【Get from data】：数据文件中最大值和最小值所确定的范围。系统默认此项。

②【Use specified range】：可指定检验值范围，在Lower和Upper参数框中输入检验范围的下限和上限。

4．在【Expected Values】栏中指定期望值。

①【All categories equal】：各组所对应的期望值都相同，即要检验的总体服从均匀分布。系统默认此项。

②【Values】：指定要检验的总体服从某种特定的分布，在右边框中输入相应各组所对应的由指定分布所计算得出的期望值。每输入一个数值后按【Add】，便可将值添加到右边的框中，期望值必须大于0，直到输入完所有的期望值。

5．打开【Options】对话框，选择输出统计量和缺失值的处理方式。

①【Statistics】栏中选择输出统计量：【Descriptive】输出描述统计量，包括样本容量、均值、标准差、最大值和最小值。【Quartiles】输出四分位数。

②【Missing plot】栏中选择缺失值的处理方式：【Exclude cases

test by test】：当分析涉及含有缺失值的变量时，先剔除该变量中含有缺失值的记录后再分析。系统默认此项。【Exclude cases listwise】：剔除所有待检变量中含有缺失值的记录后再进行分析。

6．单击【Continue】，返回主对话框，单击【OK】，即可执行SPSS命令。

【案例分析】

例如，从高中入学新生中随机抽取114名学生，进行关于取消文理分科的民意测验。结果赞成取消的有56人，不赞成的有30人，不表态的有28人。试问这个结果是否说明新生中对取消文理分科明显存在意见分歧？

1．SPSS操作步骤

（1）根据案例要求建立SPSS数据文件。

Name	Type	Width	Decimals	Label	Values	Missing	Columns	Align	Measure
意见	Numeric	8	0		{1, 赞成}...	None	8	Right	Nominal
人数	Numeric	8	0		None	None	8	Right	Scale

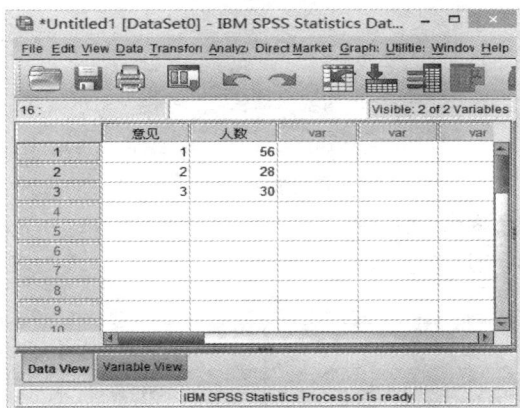

数据文件结构图

（2）单击【Data】—【Weight Cases】菜单项，打开【Weight Cases】对话框，选择【Weight cases by】复选项，将"人数"变量移至【Frequency Variable】框中。单击【OK】。

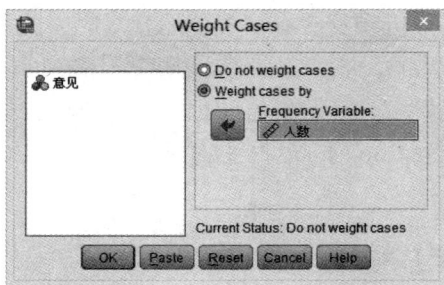

（3）单击【Analyze】—【Nonparametric Test】—【Chi-square】菜单项，打开卡方检验主对话框。将"意见"变量移至【Test Variable List】框中。单击【OK】，执行SPSS命令。

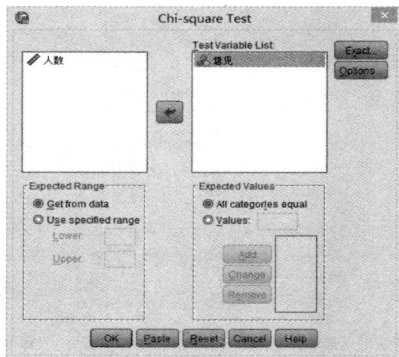

卡方检验主对话框

2. 输出结果分析

（1）组别变量表：

意见

	Observed N	Expected N	Residual
赞成	56	38.0	18.0
不置可否	28	38.0	−10.0
不赞成	30	38.0	−8.0
Total	114		

上表输出的结果中从左到右给出了不同意见的观测频数、期望

频数、观测频数与期望频数的差值即残差。

（2）卡方检验表：

Test Statistics

	骰子点数
Chi-square	12.842[a]
df	2
Asymp. Sig.	.002

a. 0 cells (0.0%) have expected frequencies less than 5. The minimum expected cell frequency is 7.

上表给出了卡方检验的结果，从上到下依次为卡方值12.842、自由度2、*P*值0.002<0.05。脚注：*a.*小于5的期望频数为0，最小的期望频数为7。因此，可以在0.05水平上拒绝虚无假设，说明三种意见存在显著差异。

二、独立性检验

基本操作过程：

1．建立SPSS数据文件。

2．单击【Analyze】—【Descriptive Statistics】—【Crosstabs】菜单项，在左侧变量框中选择一个或多个变量进入【Row（s）】框中，作为交叉变量的行变量；在左侧变量框中选择一个或多个变量进入【Column（s）】框，作为交叉表中的列变量。

3．根据需要选择一个分层变量进入【Layer】框中。SPSS将根据分层变量的不同取值分别对行变量和列变量进行描述和分析。如果要增加另外一个控制变量，首先单击【Next】按钮，再选入一个变量。单击【Previous】按钮可以重新选择前面确定的变量。

4．【Display clustered bar charts】复选项：选中此项显示每一组中各变量的分类条形图。

5．【Suppress tables】复选项：选中此项则禁止输出交叉表。

6. 打开【Exact】对话框，该对话框用于设定是否进行精确概率计算和具体的计算方法，所给出的计算方法有以下几种：

（1）【Asymptotic only】：仅计算近似的概率值，是系统默认项。

（2）【Monte Carlo】：采用蒙特卡罗模拟方法计算精确概率值。蒙特卡罗模拟方法默认进行一万次抽样，给出精确概率及99%置信区间（默认值均可更改）。【Confidence level】：输入0.01到99.9之间的数值，指定置信水平。【Number of samples】：输入1到1000000000之间的数值，指定在【Monte Carlo】近似法计算中的样本数，样本数越大则求得的概率值越精确。

（3）【Exact】：计算精确概率值。默认计算时间限制在5分钟内，超过时限则自动停止。

7. 打开【Statistics】对话框，按要求输出所需统计量。

（1）【Chi-square】：进行行变量、列变量的独立性的皮尔逊卡方检验（Pearson chi-square test）、似然比卡方检验（Likelihood ratio chi-square test）、线性相关检验（Linear by linear association chi-square test）、费舍精确检验（Fisher's exact test）和耶茨修正卡方检验（Yete's corrected chi-square test）。如果数据满足卡方检验的要求，可使用皮尔逊卡方检验。在四格表中，若单元格的最小期望数大于1、小于5，样本容量大于40，可使用耶茨修正卡方检验。如果单元格的最小期望数小于1，或样本容量小于等于40，则要使用费舍精确检验。似然比卡方检验用于对数线性模型的检验。当行/列变量均为连续型变量时，使用线性相关检验。

（2）【Correlations】：相关系数项，仅对数值型变量有效。皮尔逊相关系数用来检验两个连续型变量的线性相关程度，斯皮尔曼相关系数用于检验两个等级变量之间的相关程度。

（3）【Nominal】：包含一组用于反映称名变量相关性的指标。

①【Contingency coefficient】：列联系数，可描述两个变量之间关联性的高低，它由卡方值经过计算得出。其数值介于0和1之间，数值为0表示行变量与列变量之间没有关联。数值越接近1，表示

行变量与列变量之间的关联越强。

②【Phi and Cramer's V】：与列联系数一样，Phi系数和Cramer's V系数也是用来描述两个变量之间关联性的高低，均由卡方值得出。其值介于0和1之间，绝对值越大，相关性越强。

③【Lambda】：用于反映自变量对因变量的预测误差。Lambda系数等于1，表明自变量可完全预测因变量；系数值等于0，表明自变量不能预测因变量，彼此之间独立。

④【Uncertainty coefficient】：不确定系数，表示使用一个变量的值来预测其他变量的值可能发生的错误。不确定系数越接近其上限1，表明从第一个观测值获得的有关第二个变量的值的信息越多；不确定性系数越接近其下限0，则表明从第一个观测值获得的有关第二个变量的值的信息越少。

（4）【Ordinal Data】：包含一组用于反映顺序变量相关性的指标。

①【Gamma】：反映两个顺序变量之间的对称关联，其值的范围在-1到1之间，其绝对值为1时，表明两个变量间存在很强的关联，其值为0时则表明两者相互独立。

②【Somers'd】：反映两个顺序变量间的关联性，其值的范围在-1到1之间。

③【Kendall's tau-b】：对相关的顺序变量进行相关分析。其值范围在-1到1之间，符号表明两变量之间的相关方向。

④【Kendall's tau-c】：由上一个改进而来，在其基础上对表的大小进行了校正。

（5）【Nominal by Interval】：适用一个为称名变量、另一个为等距变量的检验。

【Eta】：系统计算两个Eta值，一个是将行变量作为因变量，另一个是将列变量作为因变量。Eta的平方表示组间平方和所解释的因变量总平方和的比例，即$Eta^2=SS_{组间}/SS_{总和}$，其值介于0到1之间，值越大表示行、列变量之间的关联性越高。

（6）【Kappa】：计算内部一致性系数，用于检验两个评估者对同一对象进行评估时是否具有一致性，仅适用于具有相同分类值和相同分类数量的变量交叉表，如2×2交叉表。其值介于-1到1之间，-1

表示两者完全相反，0表示两者没有共同点，+1表示两者完全一致。

（7）【Risk】：计算相对危险度和比数比，可检验变量相对某一特定事件的关系，仅适用于2×2交叉表。如果其值小于或等于1，则不能确定事件的发生和因素暴露存在关联；如果大于1，说明两者之间有关联，该因素对事件的发生有影响。

（8）【McNemar】：用于两个相关的二项变量的非参数检验。

（9）【Cochran's and Mantel-Haenszel statistics】：用于两个二项变量的独立性检验和同质性检验。

8. 在主对话框中打开【Cell Display】对话框，在对话框中选择显示在交叉单元格中的统计量，包括观测值数、百分比、残差。

（1）【Counts】计数栏：

①【Observed】：输出实际观测频数。系统默认项。

②【Expected】：输出预测频数。

（2）【Percentage】百分数栏：

①【Row】：输出行百分数；②【Column】：输出列百分数；③【Total】：输出总百分数。

（3）【Residual】残差栏：

①【Unstandardized】：输出原始残差（未标准化），即单元格中的实测频数与预测频数的差值。

②【Standardized】：输出标准化残差，残差除以其标准误，均值等于0，标准误等于1。

③【Adj.standardized】：输出校正后的标准化残差。

9. 打开【Format】对话框，输出行变量显示顺序：

①【Ascending】：行变量从左到右升序显示。系统默认项。

②【Descending】：行变量从左到右降序显示。

10. 回到主对话框，单击【OK】按钮，即可执行SPSS命令。

【案例分析】

例如，欲分析高校男、女教师的工作满意程度在性别构成上是否存在显著性差异，获得的数据如下表：

多维频数分析原始数据

问卷编号	性别	工作满意度
1	女	一般满意
2	女	一般满意
3	男	不满意
4	男	比较满意
5	男	不满意
6	男	比较满意
7	男	比较满意
8	女	一般满意
9	女	一般满意
10	女	一般满意
……	……	……
447	男	很满意
448	女	不满意

1. SPSS操作步骤

（1）根据案例建立三个变量"问卷编号""性别"和"工作满意度"。

Name	Type	Width	Decimals	Label	Values	Missing	Columns	Align	Measure
问卷编号	Numeric	4	0		None	None	8	≡ Right	✓ Scale
性别	String	1	0		{f, 女}…	None	4	≡ Right	♣ Nominal
工作满意度	Numeric	8	0		{1, 不满意}…	0	5	≡ Right	✓ Scale

	问卷编号	性别	工作满意
1	1	f	2
2	2	f	2
3	3	m	1
4	4	m	3
5	5	m	1
6	6	m	3
7	7	m	3
8	8	f	2
9	9	f	2
10	10	f	2
11	11	f	3

（2）单击【Analyze】—【Descriptive Statistics】—【Crosstabs】菜单项，打开【Crosstabs】主对话框。将左侧变量框中的变量"性别"移至【Row（s）】框，将变量"工作满意度"移至【Column（s）】框，同时选择【Display clustered bar charts】复选项，输出条形图。

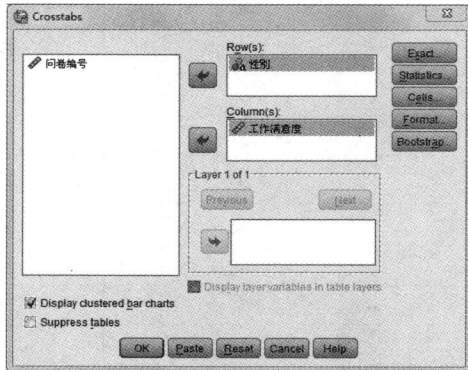

（3）单击【Exact】按钮，打开【Exact Tests】对话框。选中【Exact】选项，并默认计算时间限制在5分钟内。单击【Continue】按钮返回主对话框。

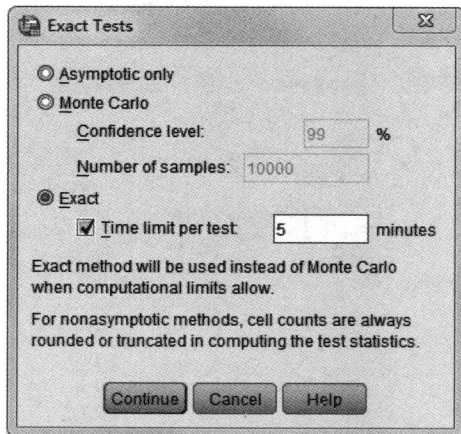

（4）打开【Statistics】对话框，选择【Chi-square】复选项，单击【Continue】按钮返回主对话框。

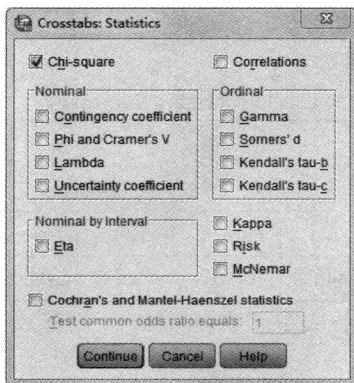

（5）单击【Cells】按钮，打开【Cell Display】对话框，在对话框中的【Counts】栏下选择【Observed】、【Expected】，在【Percentages】栏下选择【Row】和【Column】，其他项默认。单击【Continue】按钮返回主对话框。

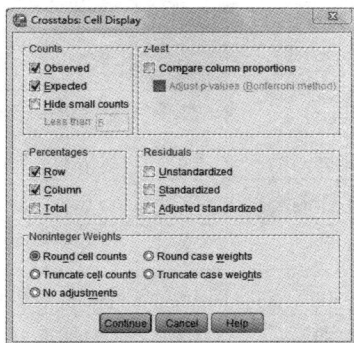

（6）打开【Format】对话框，在【Row Order】栏下选择【Ascending】。单击【Continue】按钮返回主对话框。单击【OK】按钮，即可执行SPSS命令。

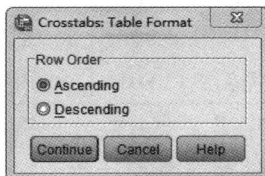

2．输出结果分析

（1）案例处理摘要：

Case Processing Summary

	Cases					
	Valid		Missing		Total	
	N	Percent	*N*	Percent	*N*	Percent
性别＊工作满意度	448	100.0%	0	0.0%	448	100.0%

上表输出的结果从左到右依次给出了有效个案样本数量448、缺失值0、总数448。

（2）性别＊工作满意度交叉表：

性别 ＊ 工作满意度 Crosstabulation

			工作满意度				Total
			不满意	一般满意	比较满意	很满意	
性别	女	Count	18	149	30	8	205
		Expected Count	11.9	103.9	54.0	35.2	205.0
		% within 性别	8.8%	72.7%	14.6%	3.9%	100.0%
		% within 工作满意度	69.2%	65.6%	25.4%	10.4%	45.8%
	男	Count	8	78	88	69	243
		Expected Count	14.1	123.1	64.0	41.8	243.0
		% within 性别	3.3%	32.1%	36.2%	28.4%	100.0%
		% within 工作满意度	30.8%	34.4%	74.6%	89.6%	54.2%
Total		Count	26	227	118	77	448
		Expected Count	26.0	227.0	118.0	77.0	448.0
		% within 性别	5.8%	50.7%	26.3%	17.2%	100.0%
		% within 工作满意度	100.0%	100.0%	100.0%	100.0%	100.0%

上表输出结果中根据男、女分类分别给出了男、女教师对工作满意度不同态度的实际计数、预期计数、在性别内的百分比、在工

作满意度内的百分比。

（3）卡方检验：

Chi-square Tests

	Value	df	Asymp. Sig.（2-sided）	Exact Sig.（2-sided）
Pearson Chi-square	100.385[a]	3	.000	.000
Likelihood Ratio	108.465	3	.000	.000
Fisher's Exact Test	107.018			.000
N of Valid Cases	448			

a. 0 cells (0.0%) have expected count less than 5. The minimum expected count is 11.90.

上表输出的结果中给出了皮尔逊卡方检验值为100.385，似然比卡方检验值为108.465，费舍精确检验为107.018，自由度为3，近似显著性（双尾）概率值为0.000<0.05，精确显著性概率值为0.000<0.05。因此，可以否认零假设，说明男、女教师在工作满意度上存在性别差异。

（4）条形图：

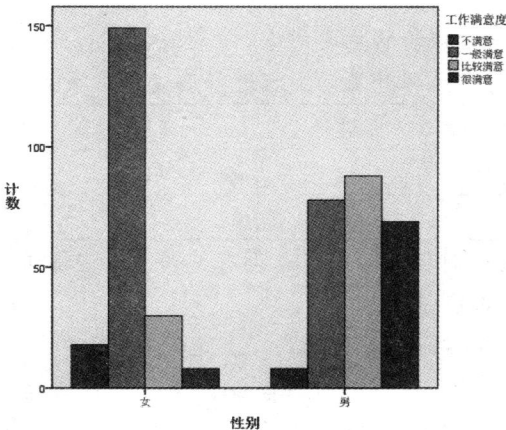

上图是此案例的条形统计图，描绘了男、女教师在不同工作满

意度上的人数分布量。

本 章 小 结

χ^2 检验是检验实得次数和理论次数差异显著性的方法。它使用的基本公式为：

$$\chi^2 = \sum \frac{(f_0 - f_e)^2}{f_e}$$

注意：

1. 差异显著性检验是和显著性水平 α 联系在一起的。我们说差异显著不显著，是针对特定的 α 值而言的。同一个问题，由于显著性水平 α 的值不同，可能会得到完全相反的结论。显著性水平 α 的值，究竟取多大为宜，没有具体规定，这要视问题的性质和解决问题的要求等具体情况而定。

2. χ^2 检验是和自由度 df 联系在一起的。检验的情形不同，自由度 df 也不同，应特别注意。

思考与实践

1. 简述卡方检验的主要用途。

2. 某校对学生课外活动内容进行调查，结果如下表：

	体育	文娱	阅读
男	21	11	23
女	6	7	29

（1）试问性别和活动内容是否有关联，或者说男、女生在课外活动内容上是否有差异？

（2）男生在不同课外活动内容上是否有差异？

3. 某领导从该校中随机抽取84名教职工，进行关于实施新的整体改革方案的民意测验。结果赞成方案者38人，反对者21人，不表态者25人。问持各种不同态度的人数是否有显著差异？

4. 师范院校的男、女生比为3：7，教科院18级有男生40人，女生86人。问18级男、女生的比例与师范院校的男、女生比例是否一致？请尝试用SPSS软件操作并对结果进行解释。

5. 甲、乙两校高中毕业生参加高校统一考试，结果甲校90名毕业生，录取了67名；乙校105名毕业生录取了65名，问两校录取人数之差有无显著意义？

6. 下表是某校对毕业生考研意向的调查数据。试判断学生是否考研与其专业有无联系？

考研意向	专业	
	文科	理科
不考研	23	17
考研	28	22

第十章 回归分析

第一节 回归概述

一、回归

凡是由一个变量的变化推测另一个变量的变化，都可称为回归。

回归是研究变量间相关关系的一种数学工具（或称统计方法）。在教育现象之间，存在着相互联系的关系，为了求得反映教育现象内部规律的东西，就要对搜集的数据资料进行去粗取精、去伪存真、由此及彼、由表及里的改造加工，以达到研究的目的。回归在解决这个问题中的任务，是确定两个或两个以上变量的彼此关系，并可从诸变量间的关系中，根据一个或几个变量值，估计或预测另外的变量的变化状态。如根据学生的数学成绩与统计学成绩的关系，去预测他们的数学成绩或统计学成绩。但相关系数就不能解决这种预测问题。相关与回归的区别在于：相关表示两个变量之间的相互关系，是双向的，而回归只表示 Y 变量随 X 而变化（或 X 随 Y 变化），其关系是单向的。

X、Y 两个变量中，假设 X 为影响它种变量变化的变量，称为自变量；Y 为受它种变量影响的变量，称为因变量（或依变量）。因变量随着自变量的变化而变化，两个变量之间的关系可以用回归线、回归方程及回归系数表示。从自变量的值推算或估计与之相对应的因变量的值，这种推算式的求法称为回归。直线回归是最简单的一种。下面将讨论一元线性回归的问题。

二、回归线、回归系数与回归方程

最能代表诸对变量在分布图上趋势的配合线称为回归线。这条直线的斜率称为回归系数。关于这条直线的方程式，则叫回归方程式。

若要研究许多成对的、不完全相关的变量（X、Y）之间的关系，最简单的方法是把成对的变量用坐标表示，画成散点图。这时，我们可以发现那些散点并不在一条直线上，这些点有一个明显的倾向，即散布在一条直线的周围。如果我们用一根直线在这些散点中移动，当这根直线移动到各点距直线在 Y 方向的距离的平方和为最小时，该直线就被唯一地确定。符合这个条件的直线就叫回归线。这种求回归线的方法，称为最小二乘法。

例：根据十名学生两次测验的分数求回归直线。

表10-1

学生	1	2	3	4	5	6	7	8	9	10
测验一（X）	60	64	66	70	72	76	80	88	94	96
测验二（Y）	62	64	62	70	71	72	76	75	72	80

假定图10-1中的直线是根据表10-1的资料所求得的回归线，由于该表资料不是完全相关，因而十个散点不是完全落在这条回归线上，而是这些点距这条线的平方和最小。如果十个散点完全落在回归线上，则 X 与 Y 是完全相关的，这时就可以用直线方程的通式 $Y=a+bX$ 来表示这条直线了。但是图10-1上十个散点都没有落在回归线上，这条线只是这些点在附近汇聚的一条配合线。因此，回归线的方程写作 $\hat{Y} = a + bX$（$\hat{Y}$ 代表 Y 的估计量）。图10-1只是为了说明回归线而用的很少的资料。事实上，计算相关的二变量是一个正态双变量，计算回归的二变量也应该是一个正态双变量，可以理解为回归线上的各点，都是许多 Y 值的总体平均数的一个估计量，即一

个 X 值可能对应多个 Y 值，这些 Y 值的总体平均数的估计量落在回归线上。

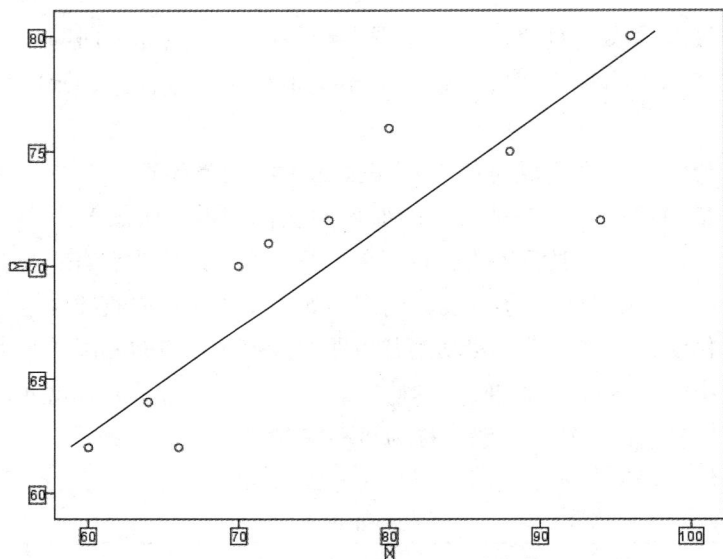

图10-1　表10-1资料以图形表示

以上所说是由 X 估计 Y 的回归线，其方程式为：

$$\hat{Y} = a + bX \qquad （10-1）$$

此外还可以求由 Y 估计 X 的回归线，其方程式为：

$$\hat{X} = a' + b'Y \qquad （10-2）$$

回归线上的 $\hat{Y}$ 值只是 Y 的估计平均数。它与具有确定关系的 X、Y 二变量中，一个 X 值只有一个 Y 值与之相对应不同。因而回归线上的 Y 值，称为估计 $\hat{Y}$ （读作 y 尖）。

由此可知回归线的性质：

1．原数列数值与对应回归线之值的离差平方和为最小，即

$$\sum \left(Y - \hat{Y} \right)^2 = 最小$$

2. 距回归线的离差之和为0，$\sum\left(Y-\hat{Y}\right)=0$，与 $\sum\left(Y-\bar{Y}\right)=0$（$\sum y=0$）道理是一样的。

第二节　回归系数的公式及计算方法

回归系数有两个，即 b_{YX} 和 b_{XY}，若回归系数写作 b_{YX}，意思是指 Y 对 X 的回归系数，或者说从 X 估计 Y 的回归系数。同样，若写成 b_{XY}，是指从 Y 估计 X 的回归系数。因此，应注意回归系数的下标号，这是不能忽略不写的。

一、用原始数据求回归系数

要求得回归方程进行预测，必须先求回归系数，求得回归系数，回归方程就得到了，回归直线也就被确定了。

最优配合线 $\hat{Y}=a+bX$，须满足 $\sum\left(Y-\hat{Y}\right)^2$ 为最小的条件，并根据这个条件确定 a 及 b 的值。将 $\hat{Y}=a+bX$ 代入 $\sum\left(Y-\hat{Y}\right)^2$，因而 $\sum\left(Y-\hat{Y}\right)^2=\sum\left(Y-a-bX\right)^2$。目前的问题是怎样求 a 和 b 的值，才能使上式 $\sum\left(Y-\hat{Y}\right)^2$ 为最小。在上式中，a 与 b 均为未知数，故上式可以用 $G(a,b)$ 表示，即：

$$G(a,b)=\sum\left(Y-a-bX\right)^2$$

若要求 a 与 b 使上式数值为最小，则上式对 a 及 b 的偏导数必须各等于0，即 a 与 b 必须满足下列两个方程式：

$$\frac{\partial G}{\partial a} = \sum 2(Y - a - bX)(-1) = 0$$

$$\frac{\partial G}{\partial b} = \sum 2(Y - a - bX)(-X) = 0$$

上式展开并整理，则得：

$$\sum Y = na + b\sum X$$

$$\sum XY = a\sum X + b\sum X^2$$

上列n指数列项数，这两个联立方程式，是决定a和b值的两个条件，称为标准方程式。用消去法，可得下列公式：

由X估计Y的回归系数：

$$b_{YX} = \frac{\sum XY - \dfrac{\sum X \sum Y}{n}}{\sum X^2 - \dfrac{\left(\sum X\right)^2}{n}} \tag{10-3}$$

同理，由Y估计X的回归系数：

$$b_{XY} = \frac{\sum XY - \dfrac{\sum X \sum Y}{n}}{\sum Y^2 - \dfrac{\left(\sum Y\right)^2}{n}} \tag{10-4}$$

（10-3）式中b_{YX}即指X为自变量Y为因变量，是Y对X的回归系数。（10-4）式中b_{XY}即指Y为自变量X为因变量，是X对Y的回归系数。

根据标准方程式：$\sum Y = ba + b\sum X$，即$na = \sum Y - b\sum X$，则可得

$$a_{YX} = \bar{Y} - b_{YX}\bar{X} \tag{10-5}$$

同理 $\qquad\qquad a_{XY} = \bar{X} - b_{YX}\bar{Y} \tag{10-6}$

现以表10-2的资料为例，求Y对X的回归系数。

表10-2

学号	数学分数（X）	物理分数（Y）	XY	X^2	Y^2	由X推$\hat{Y}$值 $X \to \hat{Y}$	由Y推$\hat{X}$值 $Y \to \hat{X}$
1	94	93	8742	8836	8649	91.63	88.26
2	90	92	8280	8100	8464	88.47	87.46
3	86	92	7912	7396	8464	85.31	87.46
4	86	70	6020	7396	4900	85.31	69.86
5	72	82	5904	5184	6724	74.25	79.46
6	70	76	5320	4900	5776	72.67	74.66
7	68	65	4420	4624	4225	71.09	65.86
8	66	76	5016	4356	5776	69.51	74.66
9	64	68	4352	4096	4624	67.93	68.26
10	61	60	3660	3721	3600	65.56	61.86
	757	774	59626	58609	61202		

已知$n=10$，$\overline{X}=75.7$，$\overline{Y}=77.4$。

将表中数值代入公式（10-3），得：

$$b_{YX} = \frac{\sum XY - \dfrac{\sum X \sum Y}{n}}{\sum X^2 - \dfrac{\left(\sum X\right)^2}{n}} = \frac{59626 - \dfrac{757 \times 774}{10}}{58609 - \dfrac{\left(757\right)^2}{10}} = \frac{1034.2}{1304.1} \approx 0.793$$

（或0.79）

将上列数值代入（10-5）公式，得：

$$a_{YX} = \overline{Y} - b_{YX}\overline{X} = 77.4 - 0.793 \times 75.7 \approx 17.37$$

a_{YX}与b_{YX}均可求出，代入（10-1）即得到Y对X的回归方程。并可根据X值求出$\hat{Y}$值。

Y对X的回归方程为：

$$\hat{Y} = 17.37 + 0.79X$$

$$\hat{Y}_1 = 17.37 + 0.79 \times 94 = 17.37 + 74.26 = 91.63$$

$$\vdots$$

$$\hat{Y}_{10} = 17.37 + 0.79 \times 61 = 17.37 + 48.19 = 65.56$$

用同样方法将表中数值代入公式（10-4），得：

$$b_{XY} = \frac{\sum XY - \dfrac{\sum X \sum Y}{n}}{\sum Y^2 - \dfrac{(\sum Y)^2}{n}} = \frac{59626 - \dfrac{757 \times 774}{10}}{61202 - \dfrac{(774)^2}{10}} = \frac{1034.2}{1294.4} \approx 0.799 \ （或0.80）$$

将上列数值代入公式（10-6），得：

$$a_{XY} = \bar{X} - b_{XY}\bar{Y} = 75.7 - 0.799 \times 77.4 \approx 13.86$$

b_{XY} 与 a 求出后，代入公式（10-2）即得到 X 对 Y 的回归方程，Y 为已知，则可求出 $\hat{X}$ 值。

X 对 Y 的回归方程为：

$$\hat{X} = 13.86 + 0.80Y$$

$$\hat{X}_1 = 13.86 + 0.80 \times 93 = 13.86 + 74.4 = 88.26$$

$$\vdots$$

$$\vdots$$

$$\hat{X}_{10} = 13.86 + 0.80 \times 60 = 13.86 + 48 = 61.86$$

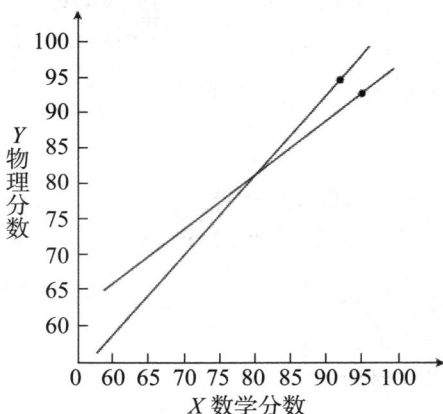

图10-2　十名学生数学与物理分数的回归直线

这样，Y对X的回归直线与X对Y的回归直线就可以描绘出来了。回归系数b_{YX}意味着X变量改变一个单位，Y变量也就随之变动b_{YX}个单位。本例就是：当数学改变一个单位，物理分数就改变0.79个单位。同样，b_{XY}意味着Y变量改变一个单位，X变量相应地变动b_{XY}个单位。在本例中，物理改变一个单位，数学分数就改变0.80个单位。本例回归直线如图10-2。

二、用离差求回归系数

回归系数还可以根据原数与平均数的离差，即根据X和Y进行计算（$x = X - \bar{X}, y = Y - \bar{Y}$）。

已知：

$$\hat{Y} = a + bX \qquad\qquad （1）$$
$$\bar{Y} = a + b\bar{X} \qquad\qquad （2）$$

（1）式减（2）式，得：

$$\hat{Y} - \bar{Y} = \left(a + bX\right) - \left(a + b\bar{X}\right) = bX - b\bar{X} = bx$$

$$\because \hat{Y} - \bar{Y} = \hat{y}$$

$$\therefore \hat{y} = bx$$

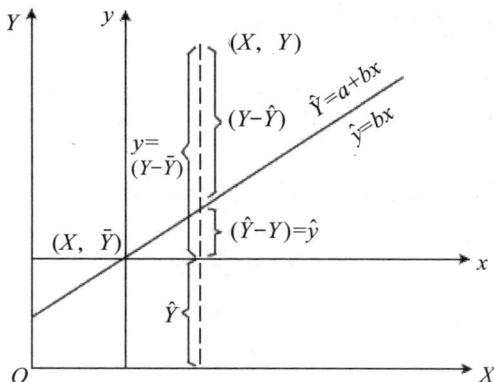

图10-3　说明Y、$\bar{Y}$、$\hat{Y}$的关系

根据回归方程，可以看出，只要 b 被确定，这条回归线就被确定了。因此，决定最优配合线的过程，就是决定斜率 b 的过程。

b 的求法：

$$\sum\left(Y-\hat{Y}\right)^2 = 最小$$

从图 10-3 可知：$Y=\left(Y-\hat{Y}\right)+\left(Y-\overline{Y}\right)+\overline{Y}$

$$Y-\overline{Y}=\left(Y-\hat{Y}\right)+\left(Y-\overline{Y}\right)$$

$$\left(Y-\hat{Y}\right)=\left(Y-\overline{Y}\right)-\left(\hat{Y}-\overline{Y}\right)$$

而 $Y-\overline{Y}=y$ ，$\hat{Y}-\overline{Y}=\hat{y}$ ，$y=bx$。

$$\therefore\left(Y-\hat{Y}\right)=y-\hat{y}=y-bx$$

从而 $\sum\left(Y-\hat{Y}\right)^2=\sum\left(y-\hat{y}\right)^2=\sum\left(y-bx\right)^2$ ，即使 $\sum\left(Y-\hat{Y}\right)^2=$ 最小，就是使 $\sum\left(y-bx\right)^2=$ 最小。

要使 $G=\sum\left(y-bx\right)^2=$ 最小，必须使 $\dfrac{dG}{dG}=\sum 2\left(y-bx\right)\left(-x\right)=0$ ，即 $\sum\left(y-bx\right)x=\sum xy-b\sum x^2=0$ 。

$$\therefore\quad b=\frac{\sum xy}{\sum x^2}$$

从上面推出回归线系数 b 的计算公式如下：

$$b_{YX}=\frac{\sum xy}{\sum x^2} \tag{10-7}$$

同理 $$b_{XY}=\frac{\sum xy}{\sum y^2} \tag{10-8}$$

如已知一个两列变量样本，可通过计算 $\sum xy$、$\sum x^2$、$\sum y^2$，求得回归系数，这样回归方程、回归线也就被确定下来了。

三、两相关系数求回归系数

$$b_{YX} = r\frac{S_Y}{S_X} \qquad (10-9)$$

$$b_{XY} = r\frac{S_X}{S_Y} \qquad (10-10)$$

对于分组归类的样本资料，可用上述公式计算回归系数。

例：由表10-2的资料，可计算出$r=0.80$，$S_X=11.42$，$S_Y=11.38$。将上述值代入公式（10-9）（10-10），得：

$$b_{YX} = 0.80\times\frac{11.38}{11.42} \approx 0.80$$

$$b_{XY} = 0.80\times\frac{11.42}{11.38} \approx 0.80$$

本例回归系数b_{YX}，意味着当数学分数改变一个单位，物理成绩就改变0.80个单位。同样，物理成绩改变一个单位，数学分数也变动0.80个单位。

根据回归系数的计算，可以得到进行预测的回归方程公式如下：

$$\hat{Y} = r\cdot\frac{S_Y}{S_X}\left(X-\bar{X}\right)+\bar{Y} \qquad (10-11)$$

$$\hat{X} = r\cdot\underline{\quad\quad}\left(Y-\bar{Y}\right)+\bar{X} \qquad (10-12)$$

或者为：

$$\hat{Y} = \frac{\sum xy}{\sum}\left(X-\bar{X}\right)+\bar{Y} \qquad (10-13)$$

$$\hat{X} = \frac{\sum xy}{\sum y^2}\left(Y - \bar{Y}\right) + \bar{X} \qquad （10-14）$$

四、回归方程显著性检验

建立了回归方程以后，方程的回归效果如何呢？它是否真实地反映了变量之间的线性关系呢？为此，我们需要对回归方程的有效性进行检验才能加以肯定或否定。对回归方程显著性检验的目的在于保证方程存在线性关系，其检验方法有多种，如回归系数 b 检验，对回归方程整体的检验判定（方差分析），估计标准误差的计算，测定系数和相关系数的拟合程度的测定。对于线性回归方程来说，最常用的显著性检验是方差分析法。

因变量变异的原因及分解：

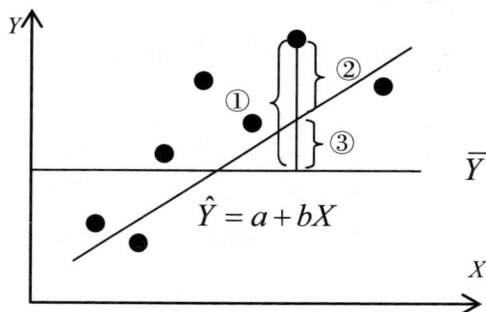

图10-4　线性回归变异分析示意图

上图（10-4）中可以直观地看出 Y 值的几个变异来源。散点图中任意一点 Y 到 $\bar{Y}$ 的距离①可以分成两部分：一部分是该点 Y 到回归线 $\hat{Y}$ 的距离②，另一部分是该点的估计值 $\hat{Y}$ 到 $\bar{Y}$ 的距离③。即：

$$\left(Y - \bar{Y}\right) = \left(Y - \hat{Y}\right) + \left(\hat{Y} - \bar{Y}\right) \qquad （10-15）$$

如果各点都接近回归线，则 $\left(Y - \hat{Y}\right)$ 很小，$\left(Y - \bar{Y}\right)$ 中绝大部分都是 $\left(\hat{Y} - \bar{Y}\right)$，这种情况说明各点与回归线的误差很小，回归方程有效。

将公式（10-15）两边平方，再对所有点求和，则有：

$$\sum \left(Y - \bar{Y}\right)^2 = \sum \left[\left(Y - \hat{Y}\right) + \left(\hat{Y} - \bar{Y}\right)\right]^2$$

$$= \sum \left(Y - \hat{Y}\right)^2 + 2\sum \left(Y - \hat{Y}\right)\left(\hat{Y} - \bar{Y}\right) + \sum \left(\hat{Y} - \bar{Y}\right)^2$$

因为 $\hat{Y} = a + bX$ ，而 $a = \bar{Y} - b\bar{X}$

所以 $\hat{Y} = \bar{Y} + b\left(X - \bar{X}\right)$

因为 $b = \dfrac{\sum \left(Y - \bar{Y}\right)\left(X - \bar{X}\right)}{\sum \left(X - \bar{X}\right)^2}$

即 $\sum \left(Y - \bar{Y}\right)\left(X - \bar{X}\right) = b\sum \left(X - \bar{X}\right)^2$

所以 $2\sum \left(Y - \hat{Y}\right)\left(Y - \bar{Y}\right)$

$$= 2\sum \left[\left(Y - \bar{Y}\right) - b\left(X - \bar{X}\right)\right]\left[\bar{Y} + b\left(X - \bar{X}\right) - \bar{Y}\right]$$

$$= 2\sum \left[\left(Y - \bar{Y}\right) - b\left(X - \bar{X}\right)\right]\left[b\left(X - \bar{X}\right)\right]$$

$$= 2\sum \left(Y - \bar{Y}\right) \times b\left(X - \bar{X}\right) - 2b^2\sum \left(X - \bar{X}\right)^2$$

$$= 2b\sum \left(Y - \bar{Y}\right)\left(X - \bar{X}\right) - 2b^2\sum \left(X - \bar{X}\right)^2$$

$$= 2b^2\sum \left(X - \bar{X}\right)^2 - 2b^2\sum \left(X - \bar{X}\right)^2$$

$$= 0$$

所以 $\sum \left(Y - \bar{Y}\right)^2 = \sum \left(Y - \hat{Y}\right)^2 + \sum \left(\hat{Y} - \bar{Y}\right)^2$ （10-16）

式中：$\sum \left(Y - \bar{Y}\right)^2$ 是所有 Y 值的总平方和，记为 SS_t ；

$\sum \left(\hat{Y} - \bar{Y}\right)^2$ 是总平方和中已被 X 与 Y 的线性关系所说明的那部分，称作回归平方和，记为 SS_R ；

$\sum \left(Y - \hat{Y} \right)^2$ 是指偏离回归线的平方和，称作误差平方和，记为 SS_e。

则有：总变异＝回归变异＋误差变异，即 $SS_t = SS_e + SS_R$。

若用原始数据计算三个平方和，则有：

$$SS_t = \sum \left(Y - \bar{Y} \right)^2 = \sum Y^2 - \frac{\left(\sum Y \right)^2}{n} \qquad （10-17）$$

$$SS_R = \sum \left(\hat{Y} - \bar{Y} \right)^2 = b^2 \left[\sum X^2 - \frac{\left(\sum X \right)^2}{n} \right] \qquad （10-18）$$

各种变异的自由度如下：

对于所有的 Y 值，自由度为 $n-1$，即 $df_t = n-1$。

在回归平方和 $\sum \left(Y - \hat{Y} \right)^2$ 中 $\hat{Y}$ 值的计算不但要用到 $\bar{Y}$，还需要用到 b，所以此时 Y 值失去两个自由度，即 $df_e = n-2$，因此，$df_R = df_t - df_e = 1$。

做 F 检验：$F = \dfrac{MS_R}{MS_e}$ 或 $F = \dfrac{SS_R}{SS_e / \left(n-2 \right)}$

通过 F 检验，判断 MS_R 是否显著大于 MS_e，如果 MS_R 显著大于 MS_e，则表明总变异中回归的贡献显著，或称回归方程显著。

请看下面的具体例子：

例：下表中的16对数据是为确定中考数学成绩与某心理量之间的关系而做的实验的结果。假设两者呈线性关系，且已求出以 X 估计 Y 的回归方程为：$\hat{Y} = 0.91X - 3.74$。试对这一回归方程进行显著性检验。

表10-3　16名被试中考数学成绩（X）与某心理量（Y）

被试	1	2	3	4	5	6	7	8	9	10	11	12	13	14	15	16
X	74	80	97	81	72	110	96	76	86	87	88	87	83	91	73	64
Y	60	63	72	83	67	98	85	61	71	80	93	72	72	71	62	50

解：（1）建立检验假设

H_0：方程无显著线性关系。

H_1：方程有显著线性关系。

（2）方差分析

求平方和：

$$SS_t = \sum Y^2 - \frac{\left(\sum Y\right)^2}{n} = 86524 - \frac{1160^2}{16} = 2424$$

$$SS_R = b^2 \left[\sum X^2 - \frac{\left(\sum X\right)^2}{n}\right] = 0.91^2 \times \left(114995 - 1345^2 / 16\right)$$

$$\approx 1599$$

$$SS_e = SS_t - SS_R = 2424 - 1599 = 825$$

求 F 值：

$$F = \frac{SS_R}{SS_e / (n-2)} = \frac{1599}{825 / (16-2)} \approx 27.13$$

（3）比较与决策

$$F_{0.05(1,14)} = 4.60, \quad F_{0.01(1,14)} = 8.86$$

因为 $F > F_{0.01(1,14)}$，$p < 001$，差异极显著。所以拒绝 H_0，接受 H_1，说明所建立的方程存在极显著的线性关系。

（4）列方差分析表

变异源	SS	df	MS	F
回归	1599	1	1599	26.62**
误差	825	14	59.67	
总合	2424	15		

五、回归系数显著性检验

对回归系数 b 进行显著性检验，如果 b 是显著的，表明建立的回归方程是显著的，也就是说 X 与 Y 之间存在显著的线性关系。

设总体的回归系数为 β ，则对回归系数 b 的显著性检验就是对假设 $\beta=0$ 的检验，一般用 t 检验， $t=\dfrac{b-\beta}{SE_b}$ 。

在回归线上，当与所有自变量 X 相对应的各组因变量 Y 与 $\hat{Y}$ 的离差都呈正态分布，并且其方差齐性时，由 X 估计 Y 回归系数的标准误为：

$$SE_b=\sqrt{\dfrac{S_{YX}^2}{\sum\left(X-\bar{X}\right)^2}} \qquad （10-19）$$

式中： S_{YX} 表示估计误差的标准差；

$\sum\left(X-\bar{X}\right)^2$ 表示 X 变量的离差平方和。

计算 SE_b 必须先求出估计误差的标准差 S_{YX} ，在建立回归方程时，先根据从总体中抽取的一个样本建立方程。由于抽样误差的存在，实际值与回归（估计）值之间会出现误差。从一般的意义上讲，误差小，估计值的准确度高，代表性强；误差大，估计值的准确度低，代表性弱。因此，建立回归方程后，应将估计的标准误计算出来。其计算公式为：

$$S_{YX}=\sqrt{\dfrac{\sum\left(Y-\hat{Y}\right)^2}{N-2}} \qquad （10-20）$$

将公式（10-20）两边平方得：

$$S_{YX}^2=\dfrac{\sum\left(Y-\hat{Y}\right)^2}{N-2}$$

这实际上就是方差分析中的误差均方 MS_e ，即：

$$S_{YX}^2=MS_e=\dfrac{SS_t-SS_R}{N-2}$$

请看下面的具体例子。

例：对根据表10-3建立的回归方程 $\hat{Y}=0.91X-3.74$ 的回归系数进行显著性检验。

解：（1）建立假设：

H_0：　$\beta = 0$

H_1：　$\beta \neq 0$

（2）回归系数的抽样分布为 t 分布，其检验统计量为：

$$SE_b = \sqrt{\dfrac{S_{YX}^2}{\sum (X - \bar{X})^2}}$$

已知 $S_{YX}^2 = MS_e = 59.67$，则：

$$SE_b = \sqrt{\dfrac{S_{YX}^2}{\sum X^2 - \dfrac{\left(\sum X\right)^2}{n}}} = \sqrt{\dfrac{59.67}{114995 - \dfrac{1345^2}{16}}} = 0.18$$

$$t = \dfrac{b}{SE_b} = \dfrac{0.91}{0.18} \approx 5.06$$

（3）统计决策：

$df = n - 2 = 16 - 2 = 14$，查 t 值表，$t = 5.06 > t_{0.01(14)/2} = 2.977$，所以 $p < 0.005$，拒绝零假设，说明回归系数 0.91 是显著的。因此可以说回归方程显著，或者说 X 与 Y 存在线性关系。

六、回归效果评价——测定系数

回归方程经过检验后有显著性，只表明 X 与 Y 两个变量之间存在线性关系。在回归分析中，我们还需要关心回归方程估计、预测的效果如何，即需要进一步考察相关系数 r 与回归方程的关系。

从回归方程的方差分析中可知，回归平方和在总平方和中所占比例越大，说明回归方程越显著，预测效果越好，因此回归平方和在总平方和中所占比例是评价回归效果的一个重要指标。这个比例越大，说明回归效果越好；若这个比例达到 1，则表明 Y 的变异能够完全由 X 的变异来解释，没有误差；若回归平方和为 0，则说明 Y 的变异与 X 无关，回归方程无效。

从公式（10-18）可知，回归平方和为：

$$\sum\left(\hat{Y}-\bar{Y}\right)^2 = b^2\left[\sum X^2 - \frac{\left(\sum X\right)^2}{N}\right]$$

$$= \left[\frac{\sum\left(X-\bar{X}\right)\left(Y-\bar{Y}\right)}{\sum\left(X-\bar{X}\right)^2}\right]^2 \cdot \sum\left(X-\bar{X}\right)^2$$

$$= \frac{\left[\sum\left(X-\bar{X}\right)\left(Y-\bar{Y}\right)\right]^2}{\sum\left(X-\bar{X}\right)^2}$$

因为 $b^2 = \left[\dfrac{\sum\left(X-\bar{X}\right)\left(Y-\bar{Y}\right)}{\sum\left(X-\bar{X}\right)^2}\right]^2$

又因为 $r = \dfrac{\sum\left(X-\bar{X}\right)\left(Y-\bar{Y}\right)}{N\cdot S_X\cdot S_Y}$

$$= \frac{\sum\left(X-\bar{X}\right)\left(Y-\bar{Y}\right)}{\sqrt{\sum\left(X-\bar{X}\right)^2\cdot\sum\left(Y-\bar{Y}\right)^2}} r^2$$

$$= \frac{\left[\sum\left(X-\bar{X}\right)\left(Y-\bar{Y}\right)\right]^2}{\sum\left(X-\bar{X}\right)^2\cdot\sum\left(Y-\bar{Y}\right)^2}$$

所以 $\sum\left(\hat{Y}-\bar{Y}\right)^2 = \dfrac{\left[\sum\left(X-\bar{X}\right)\left(Y-\bar{Y}\right)\right]^2}{\sum\left(X-\bar{X}\right)^2}$

$$= \frac{r^2\cdot\sum\left(X-\bar{X}\right)^2\cdot\sum\left(Y-\bar{Y}\right)^2}{\sum\left(X-\bar{X}\right)^2}$$

$$= r^2 \cdot \sum \left(Y - \overline{Y} \right)^2$$

即 $\qquad r^2 = \dfrac{\sum \left(\hat{Y} - \overline{Y} \right)^2}{\sum \left(Y - \overline{Y} \right)^2} = \dfrac{SS_R}{SS_t}$ （10-21）

　　我们将回归平方和与总平方和的比值称为测定系数，记为 r^2。例如 $r^2 = 0.807$，就表明在因变量的总平方和中回归平方和占 80.7%，或者说 Y 变量的变异中有 80.7% 是由 X 变量的变异引起的。

　　用测定系数 r^2 解释两个变量的共变比例，不仅仅应用于回归分析，对于其他一些问题的解释也有重要意义。例如教育测量中，测验的信度系数达到 0.90 以上才能说明测验可信。相关系数显著只是否定了 $\rho = 0$ 的假设，说明两列变量确实存在相关。但相关系数显著并不等于高相关，如对 $r = 0.50$ 的再测信度，当 N 较大时，其值达到显著，然而 $r = 0.50$ 时，$r^2 = 0.25$，即两列变量的共同变异（变异的一致性）只有 25%，说明这个测验的稳定性很差。所以一般规定信度系数在 0.90 以上才能保证 $r^2 = 0.81$，即保证其共变部分不低于 80%。

第三节　回归方程在预测上的应用

　　根据回归方程式，可以由 X 求 Y，或由 Y 求 X。应用回归方程式进行预测，要根据已知的情况选择合适的公式进行，下面举例子说明。

　　例：设从某校一年级抽取的 50 个学生的数学考试成绩为 X，物理的考试成绩为 Y。已知：

$\overline{X} = 70$，$\sum x^2 = 2500$，$\sum xy = 900$，$\overline{Y} = 66$，$\sum y^2 = 400$。

问：①某生数学成绩（X）为70分，其物理成绩估计为多少分？

根据已知条件应用使用公式（10-13），得：

$$\hat{Y} = \frac{900}{2500}(X - 70) + 66 = 0.36X - 25.2 + 66 = 0.36X + 40.8$$

某生的数学成绩（X）为70分，其物理成绩（Y）估计为：

$$\hat{Y} = 0.36 \times 70 + 40.8 = 66 \ （分）$$

②某生物理成绩（Y）为62分，问其数学成绩（X）估计为多少分？

把上列数值代入公式（10-14），得：

$$\hat{X} = \frac{900}{400}(Y - 66) + 70 = 2.25Y - 148.5 + 70 = 2.25Y - 78.5$$

某生物理成绩（Y）为62分，其数学成绩估计为：

$$\hat{X} = 2.25 \times 62 - 78.5 = 61 \ （分）$$

例：某班学生共55人，根据期中与期末两次数学测验分数（期末有一人因病缺考）计算，得到有关统计量如下：

期中考试 $\bar{X} = 73$ 分 S_X=5.2分

期末考试 $\bar{Y} = 84$ 分 S_Y=4.9分

期中、期末成绩的相关系数 r=0.72

已知某个因病缺考的学生期中考试成绩（X）为80分，试估计该生的期末成绩。

根据已知条件，应使用公式（10-11），得：

$$\hat{Y} = 0.72 \times \frac{4.9}{5.2}(80 - 73) + 84 \approx 54.4 - 49.6 + 84 = 88.8 \ （分）$$

估计该生期末成绩为88.8分。

第四节　回归分析在SPSS中的应用

由前文可知，回归分析描述的是一个或多个自变量与单一因变量之间的线性关系。根据自变量数目的不同，回归分析可以分为一元线性回归分析（只有一个自变量）和多元线性回归分析（有两个或两个以上的自变量）。多元线性回归是探索多个自变量与一个因变量之间的线性关系，并用多元线性回归方程来表达这种关系。现实教育研究中，一个现象往往同多个因素相联系，由多个自变量的最优组合来共同预测因变量更符合现实问题的情况。

基本操作过程：

1. 建立包含两个变量以上的SPSS数据文件。

2. 初步探索变量之间的线性关系：先调用【Graphs】—【Scatter】菜单项制作散点图，初步探索因变量随自变量变化的趋势，以便确定数据是否适合线性模型。只有数据之间大致呈线性关系，才可以建立线性回归方程。

3. 如果通过散点图可以初步判定变量之间呈线性关系，则单击【Analyze】—【Regression】—【Linear】菜单项。在左边变量框中选择因变量，将其移至【Dependent】栏，只能选择一个因变量移至此栏。选择多个自变量移至【Independent（s）】栏中。

4. 在【Method】下拉菜单中选择回归分析方法：

（1）【Enter】：强行进入法，表示所选择的自变量全部进入回归模型，是系统默认的方式，通常用于一元线性回归分析。

（2）【Remove】：剔除法，建立模型时，根据【Options】中设定的条件剔除部分自变量。

（3）【Forward】：向前选择法，首先将因变量有最大相关的自变量引入方程，如果该自变量没有通过F检验，则选择工作结束，方程中没有引入任何变量；如果通过F检验，则在剩余的变量中寻找具有最大偏相关系数的变量，将其引入方程，并再次进行F检验，如果通过F检验，则在模型中保留该变量，并以这样的模式继续寻找下一个进入回归方程的自变量，直到所有满足【Options】对话框所设立判据的变量都被引入模型为止。

（4）【Backward】：向后剔除法，与向前剔除法的顺序相反，首先建立全模型，然后根据【Options】对话框所设立的判据，每次删除一个最不符合进入模型判据的变量，直到回归方程中不再含有不符合判据的自变量为止。

（5）【Stepwise】：逐步回归法，是前两种方法的结合。其特点是每一次按照向前选择法的标准引入变量后，都要按照向后剔除法的标准对已经引入的变量进行检验，直到进入模型的自变量均符合判据，没进入模型的自变量都不符合判据为止。

5.【Selection Variable】：可对样本数据进行筛选，挑选符合一定筛选条件的样本数据进行线性回归分析。将筛选变量移至该栏中，单击【Rule】，打开【Set Rule】对话框，确定运算法则和数值。此栏的数据选择功能可以排除一些异常值对回归方程解释率低的影响。

6.【Case Labels】：确定在作图时作为各样本数据点的标志变量。

7.【WLS Weight】：如有加权变量，利用加权最小二乘法代替普通最小二乘法，给观测值施加不同的权重，可以补偿或减少采用不同测量方式所产生的误差。但应注意，自变量和因变量不能作为加权变量使用。

8. 打开【Statistics】对话框，弹出输出统计量对话框。

（1）【Regression Coefficients】回归系数栏：

①【Estimates】输出回归系数 B 及其标准误、标准化回归系数 Beta 值、T 值、P 值。这是系统默认的选项，操作时不用改变。

②【Confidence intervals】输出每个回归系数95%的置信区间。

③【Covariance matrix】多重回归分析时输出各个自变量的相关系数矩阵和方差、协方差矩阵。

（2）与模型拟合及拟合效果有关的选项：

①【Model fit】输出产生回归方程过程中引入和剔除回归方程的变量列表，并给出有关拟合优度的检验，包括：复相关系数 R、判断系数 R^2、校正 R^2、估计值的标准误及 ANOVA 方差分析表。这

也是系统默认项。

②【R Square change】输出每个自变量引入模型后引起判定系数R^2值和F值的变化量。

③【Descriptives】输出符合判据要求的观测值的数量、变量的平均数、标准差、相关系数矩阵和单侧检验显著性水平矩阵。

④【Part and Partial Correlations】输出方程各自变量与因变量之间的部分相关系数与偏相关系数。

⑤【Collinearity diagnostics】输出一些诊断共线性的统计量，如特征根（Eigen values）、方差膨胀因子（VIF）等。

（3）【Residuals】设置残差选项：

①【Durbin-Watson】：输出Durbin-Watson统计量以及可能是异常值的观测量诊断表。

②【Casewise diagnostics】：输出观测量诊断表。

③【Outlines outside standard deviation】：设置异常值的判据，默认为大于等于3。

④【All cases】：对所有样本数据进行诊断。

9. 打开【Plots】选择残差图形的对话框，可以利用各种残差图形对残差进行分析，如绘制残差图、残差直方图和残差正态分布累积图。

（1）选择左侧变量列表中任意两个变量的组合，分别送入Y、X轴变量框中。若绘制多个散点图，可单击【Next】，重新指定Y变量和X变量。最多可绘制9个散点图。可选择的作图源变量有：因变量DEPENDNT、标准化预测值ZPRED、标准化残差ZRESID、剔除残差DRESID、修正后的预测值ADJPRED、学生化残差SRESID、学生化剔除残差SDRESID。

（2）【Standard Residual Plots】：选择输出标准化残差图。【Histogram】是带有正态曲线的标准化残差直方图；【Normal probability plot】是残差的正态分布累积图（P-P图）。

（3）【Produce all partial plots】输出每一个自变量的残差相对于

因变量残差的散点图。

10．打开【Save】保存变量的对话框。

（1）【Predicted Values】栏，选择输出因变量的预测值。

①【Unstandardized】：非标准化的预测值。②【Standardized】：标准化的预测值。③【Adjusted】：修正后的预测值。④【S.E.of mean predictions】：预测值的标准误。

（2）【Distances】栏，计算并保存自变量的一个观测值与所有观测值的均值的距离。

①【Mahalanobis】：马氏距离，是一种测量自变量观测值与所有观测值均值差异的测度，把马氏距离数值大的观测值视为异常值。

②【Cook's】：库克距离，用于测量一个特殊的观测值被排除在回归系数的计算之外时，所有观测值的残差有多大变化的测度。库克距离大的观测值若被排除在回归分析之外时，会导致回归系数发生较大的变化。一般来说，库克距离大于1，则该观测点可能为强影响点。

③【Leverage values】：中心点杠杆值，用于测量回归拟合中一个数据点对回归方程拟合度的影响，其值介于0和（$N-1$）/N之间。若该值为0，则说明该点对回归拟合没有影响。该值越大，对回归拟合的影响越大。

（3）【Prediction intervals】栏，选择输出预测区间。

①【Mean】：均值预测区间的上限和下限。②【Individual】：单一观测值预测区间的上限和下限。③【Confidence Interval】：设置置信区间，默认值为95%，取值范围在1%—99%。

（4）【Residuals】栏，选择输出观测值与模型预测值之间的残差值。

①【Unstandardized】：非标准化残差，观测值与预测值之间的差异值。

②【Standardized】：标准化残差，其均值为0，方差为1。

③【Studentized】：学生化残差。

④【Delete】：剔除残差。

⑤【Studentized delete】：学生化剔除残差。

11. 打开【Options】对话框，设置变量判据和缺失值的处理等。

（1）【Stepping Method Criteria】栏：设置变量进入模型或从模型中剔除的判据。

①【Use probability of F】：采用F值检验的概率值作为判据。Entry：0.05，这是变量进入方程的标准概率，默认Pin=0.05，可选择0—0.09之间的值。Removal：0.10，这是变量移出方程的标准概率，默认Pout=0.10，可选择0.10—1之间的值。

②【Use F value】：采用F值作为判据。Entry：当一个变量的F值大于等于输入值时，该变量引入模型中。Removal：当一个变量的F值小于等于输入值时，该变量从模型中剔除。

（2）【Include constant in equation】选项，回归方程中含有常数，这是系统默认的选项。

（3）【Missing Values】栏：选择缺失值处理。

①【Exclude case list wise】：凡是带有缺失值的观测值都不参与分析。

②【Exclude case pair wise】：剔除成对数据中至少含有一个缺失值的数据。

③【Replace with mean】：如果某变量存在缺失值，则用该变量的均值替代缺失值。

【案例分析】

例如，某校研究人员为了考察教师的教育水平、起始薪金、雇佣时间和经验对教师当前薪金的影响，收集了474名教师在教育水平、起始薪金、雇佣时间和经验上的数据与当前薪金数据，详见下表。试用多元线性回归分析的方法为教师当前薪金寻求一个恰当的回归模型。

1. SPSS操作步骤

（1）根据题目要求建立SPSS数据文件如下图。

Name	Type	Width	Decimals	Label	Values	Missing	Columns	Align	Measure
职工代码	Numeric	4	0	员工代码	None	None	6	Right	Scale
性别	String	1	0	性别	{f, 女}...	None	1	Left	Nominal
出生日期	Date	10	0	出生日期	None	None	9	Right	Scale
教育水平	Numeric	2	0	教育水平（年）	{0, 0（缺少}...	0	7	Right	Ordinal
雇佣类别	Numeric	1	0	雇佣类别	{0, 0（缺少}...	0	6	Right	Nominal
当前薪金	Dollar	8	0	当前薪金	{$0, 缺少}...	$0	8	Right	Scale
起始薪金	Dollar	8	0	起始薪金	{$0, 缺少}...	$0	8	Right	Scale
雇佣时间	Numeric	1	0	雇佣时间（以月）	{0, 缺少}...	0	8	Right	Scale
经验	Numeric	6	0	经验（以月计）	{0, 缺少}...	None	5	Right	Scale
少数民族	Numeric	1	0	少数民族分类	{0, 否}...	9	6	Right	Nominal

File	Edit	View	Data	Transform	Analyze	Direct Marketing	Graphs	Utilities	Window	Help

	职工代码	性别	出生日期	教育水平	雇佣类别	当前薪金	起始薪金	雇佣时间	经验	少数民族
1	1	m	02/03/1952	15	3	$57,000	$27,000	98	144	0
2	2	m	05/23/1958	16	1	$40,200	$18,750	98	36	0
3	3	f	07/26/1929	12	1	$21,450	$12,000	98	381	0
4	4	f	04/15/1947	8	1	$21,900	$13,200	98	190	0
5	5	m	02/09/1955	15	1	$45,000	$21,000	98	138	0
6	6	m	08/22/1958	15	1	$32,100	$13,500	98	67	0
7	7	m	04/26/1956	15	1	$36,000	$18,750	98	114	0
8	8	f	05/06/1966	12	1	$21,900	$9,750	98	0	0
9	9	f	01/23/1946	15	1	$27,900	$12,750	98	115	0
10	10	f	02/13/1946	12	1	$24,000	$13,500	98	244	0
11	11	f	02/07/1950	16	1	$30,300	$16,500	98	143	0
12	12	m	01/11/1966	8	1	$28,350	$12,000	98	26	1
13	13	m	07/17/1960	15	1	$27,750	$14,250	98	34	1
14	14	f	02/26/1949	15	1	$35,100	$16,800	98	137	1
15	15	m	08/29/1962	12	1	$27,300	$13,500	97	66	0

数据文件结构图

（2）打开数据文件，首先分别以"教育水平""起始薪金""雇佣时间"和"经验"为自变量，以"当前薪金"为因变量绘制散点图，观察自变量与因变量之间是否存在线性关系（具体操作参见相关分析、相关步骤）。

（3）单击【Analyze】—【Regression】—【Linear】菜单项，打开【Linear Regression】主对话框。将"当前薪金"移至【Dependent】栏中，将"教育水平""起始薪金""雇佣时间"和"经验"移至

【Independent（s）】栏中。【Method】栏选择【Stepwise】。进入如下界面：

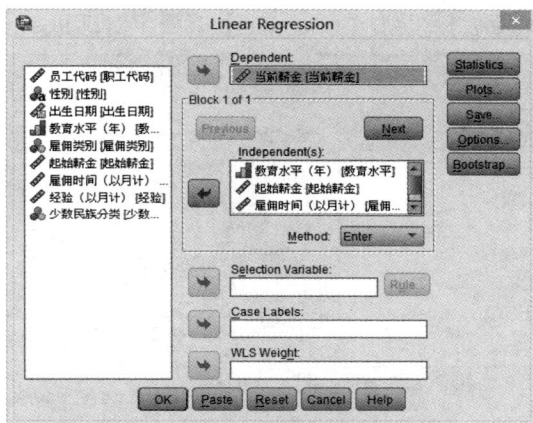

多元线性回归主对话框

（4）打开【Statistics】对话框，勾选【Regression Coefficients】选项组中的【Estimates】，接着勾选【Model fit】输出常用统计量，选择【Collinearity diagnostics】进行共线性诊断，勾选【Residuals】选项组中的【Casewise diagnostics】进行奇异值辨别，在【Outliers outside】参数框中输入3。点击【Continue】返回主对话框。

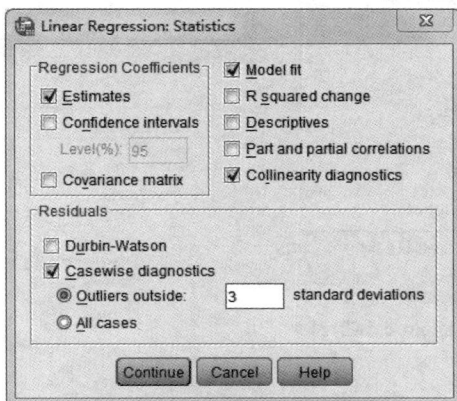

输出统计量对话框

（5）打开【Plots】对话框，将*ZPRED移至【X】，将*SDRESID移至【Y】；点击【NEXT】到下一页，将*ZPRED移至【X】，将*ZRESID移至【Y】。点击【Continue】返回主对话框。

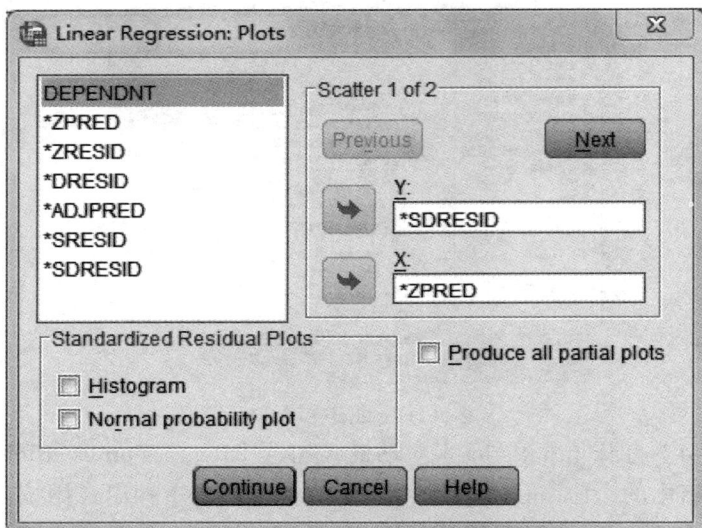

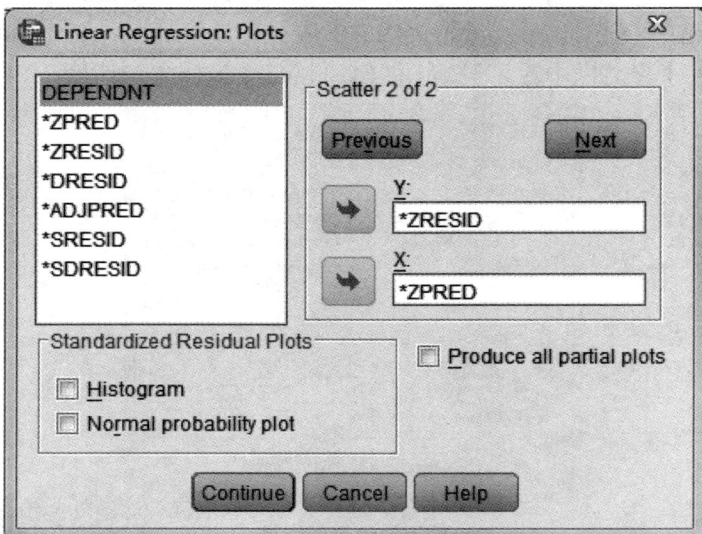

（6）打开【Save】对话框，勾选【Predicted Values】（预测值）和【Residuals】（残差）选项组中的【Unstandardized】，点击【Continue】返回主对话框。

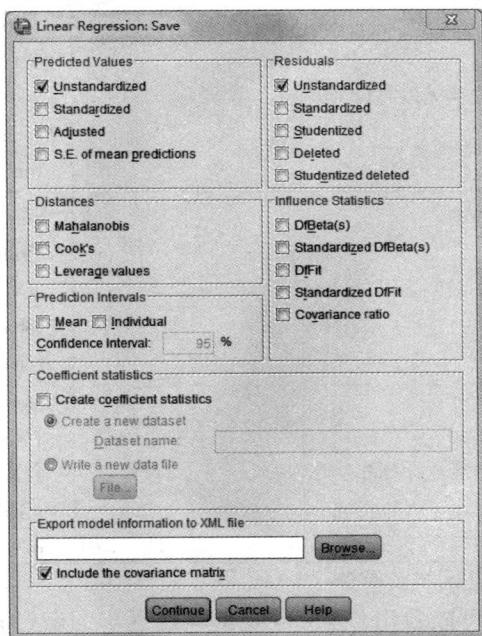

（7）单击【OK】，即可执行SPSS命令。

2．输出结果分析

（1）引入/剔除变量表：

Variables Entered/Removed^a

Model	Variables Entered	Variables Removed	Method
1	起始薪金	.	Stepwise（Criteria：Probability-of-F-to-enter <= .050，Probability-of-F-to-remove >= .100）．

（续表）

Model	Variables Entered	Variables Removed	Method
2	经验（以月计）	.	Stepwise（Criteria：Probability-of-F-to-enter <= .050, Probability-of-F-to-remove >= .100 ）.
3	雇佣时间（以月计）	.	Stepwise（Criteria：Probability-of-F-to-enter <= .050, Probability-of-F-to-remove >= .100 ）.
4	教育水平（年）	.	Stepwise（Criteria：Probability-of-F-to-enter <= .050, Probability-of-F-to-remove >= .100 ）.

a. Dependent Variable: 当前薪金

　　从上表中可以看出，4个自变量经过逐步回归过程都进入了回归方程，没有被剔除的自变量。该表显示模型最先被引入的自变量为起始薪金，第二个被引入模型的是变量经验，接着是雇佣时间，最后是教育水平。

　　（2）模型汇总：

Model Summary[e]

Model	R	R Square	Adjusted R Square	Std. Error of the Estimate
1	.880[a]	.775	.774	$8,115.356
2	.891[b]	.793	.793	$7,776.652
3	.897[c]	.804	.803	$7,586.187
4	.900[d]	.810	.809	$7,465.139

a. Predictors: (Constant)，起始薪金

b. Predictors: (Constant)，起始薪金，经验（以月计）

c. Predictors: (Constant)，起始薪金，经验（以月计），雇佣时间（以月计）

d. Predictors: (Constant)，起始薪金，经验（以月计），雇佣时间（以月计），教育水平（年）

e. Dependent Variable: 当前薪金

该表显示模型的拟合情况。表中给出了模型的复相关系数（R），判定系数（R Square），校正后的判定系数（Adjusted R Square），估计值的标准差（Std.Error of Estimate），根据校正后的判定系数值。可以看出模型4解释的变异最大，建立的回归方程比较好。模型4的校正R^2值为0.809，说明自变量可以解释因变量变异的80.9%。

（3）方差分析表：

ANOVA[a]

Model		Sum of Squares	df	Mean Square	F	Sig.
1	Regression	106831048750.124	1	106831048750.124	1622.118	.000[b]
	Residual	31085446686.216	472	65858997.217		
	Total	137916495436.340	473			
2	Regression	109432147156.685	2	54716073578.343	904.752	.000[c]
	Residual	28484348279.654	471	60476323.311		
	Total	137916495436.340	473			
3	Regression	110867882865.426	3	36955960955.142	642.151	.000[d]
	Residual	27048612570.913	470	57550239.513		
	Total	137916495436.340	473			
4	Regression	111779919524.266	4	27944979881.067	501.450	.000[e]
	Residual	26136575912.073	469	55728306.849		
	Total	137916495436.340	473			

a. Dependent Variable: 当前薪金

b. Predictors: (Constant)，起始薪金

c. Predictors: (Constant)，起始薪金，经验（以月计）

d. Predictors: (Constant)，起始薪金，经验（以月计），雇佣时间（以月计）

e. Predictors: (Constant)，起始薪金，经验（以月计），雇佣时间（以月计），教育水平（年）

上表输出的结果中给出了模型、因变量的方差来源、方差平方和、自由度、均方、F值以及显著性水平，其中方差来源包括回归、残差和总平方和。该表显示了对拟合的四个模型的方差分析检验结果。从表中统计分析输出的结果可知，四个模型均有统计学意义。但我们还需要对模型内的各项回归系数的有效性进行检验。

（4）回归模型系数表：

Coefficients[a]

Model		Unstandardized Coefficients		Standardized Coefficients	t	Sig.	Collinearity Statistics	
		B	Std. Error	Beta		Tolerance	VIF	
1	（Constant）	1928.206	888.680		2.170	.031		
	起始薪金	1.909	.047	.880	40.276	.000	1.000	1.000
2	（Constant）	3850.718	900.633		4.276	.000		
	起始薪金	1.923	.045	.886	42.283	.000	.998	1.002
	经验（以月计）	−22.445	3.422	−.137	−6.558	.000	.998	1.002
3	（Constant）	−10266.629	2959.838		−3.469	.001		
	起始薪金	1.927	.044	.888	43.435	.000	.998	1.002
	经验（以月计）	−22.509	3.339	−.138	−6.742	.000	.998	1.002
	雇佣时间（以月计）	173.203	34.677	.102	4.995	.000	1.000	1.000
4	（Constant）	−16149.671	3255.470		−4.961	.000		
	起始薪金	1.768	.059	.815	30.111	.000	.551	1.814
	经验（以月计）	−17.303	3.528	−.106	−4.904	.000	.865	1.156
	雇佣时间（以月计）	161.486	34.246	.095	4.715	.000	.992	1.008
	教育水平（年）	669.914	165.596	.113	4.045	.000	.516	1.937

a. Dependent Variable：当前薪金

该表为多元线性回归模型的系数列表。表中分别显示了四个回归模型的非标准化的回归系数 B 值和标准误、标准化回归系数 Beta值、t值以及其显著性水平、共线性统计量中的容许度和方差膨胀因子。从表中可以看出模型4中四个变量的系数和常数项都具有统计学意义。从容许度和方差膨胀因子的值来看，模型4中的自变量存在一定的共线性，但不是很严重，因为经验表明，当 $0 < VIF < 10$ 时，不存在多重共线性；当 $10 \leq VIF < 100$ 时，存在较强的多重共线性；当 $VIF \geq 100$ 时，存在严重多重共线性。

（5）模型外的变量：

Excluded Variables[a]

Model		Beta In	t	Sig.	Partial Correlation Tolerance	Collinearity Statistics		
						VIF	Minimum Tolerance	
1	教育水平（年）	.172[b]	6.356	.000	.281	.599	1.669	.599
	雇佣时间（以月计）	.102[b]	4.750	.000	.214	1.000	1.000	1.000
	经验（以月计）	−.137[b]	−6.558	.000	−.289	.998	1.002	.998
2	教育水平（年）	.124[c]	4.363	.000	.197	.520	1.923	.520
	雇佣时间（以月计）	.102[c]	4.995	.000	.225	1.000	1.000	.998
3	教育水平（年）	.113[d]	4.045	.000	.184	.516	1.937	.516

a. Dependent Variable：当前薪金

b. Predictors in the Model：(Constant)，起始薪金

c. Predictors in the Model：(Constant)，起始薪金，经验（以月计）

d. Predictors in the Model：(Constant)，起始薪金，经验（以月计），雇佣时间（以月计）

该表显示的是每个回归方程模型外的各变量的有关统计量，表中输出的结果从左到右依次为模型、用来判断变量下一步能否进入方程的标准化回归系数、t值以及其显著性水平Sig.值。接着是偏相关系数和共线性诊断表。可见模型方程外的各变量偏回归系数经过检验，概率P值均小于0.10，故可以引入方程。

（6）共线性诊断：

Collinearity Diagnostics[a]

Model	Dimension	Eigenvalue	Condition Index	Variance Proportions				
				（Constant）	起始薪金	经验（以月计）	雇佣时间（以月计）	教育水平（年）
1	1	1.908	1.000	.05	.05			
	2	.092	4.548	.95	.95			
2	1	2.482	1.000	.02	.03	.06		
	2	.429	2.406	.04	.08	.90		
	3	.090	5.263	.94	.90	.04		
3	1	3.408	1.000	.00	.01	.03	.00	
	2	.461	2.720	.00	.03	.96	.00	
	3	.124	5.237	.02	.93	.01	.02	
	4	.007	21.476	.98	.03	.00	.97	
4	1	4.351	1.000	.00	.00	.01	.00	.00
	2	.500	2.948	.00	.01	.81	.00	.00
	3	.124	5.915	.01	.53	.01	.02	.00
	4	.018	15.749	.01	.45	.14	.18	.87
	5	.007	25.232	.97	.02	.03	.79	.12

a. Dependent Variable：当前薪金

上表输出的结果给出了回归模型的编号、特征值序号、特征值、条件指数、方差比。在方差比栏中，理论上每一个变量的总方差被分解为若干个方差之和，其和为1。如果同一特征值序号上若干系数方差比例较大，则说明它们之间存在相关。

（7）观测值诊断表和残差描述性统计表：

Casewise Diagnostics[a]

Case Number	Std. Residual	当前薪金	Predicted Value	Residual
18	6.173	$103，750	$57，671.26	$46，078.744
103	3.348	$97，000	$72，009.89	$24，990.108
106	3.781	$91，250	$63，026.82	$28，223.179
160	−3.194	$66，000	$89，843.83	−$23，843.827
205	−3.965	$66，750	$96，350.44	−$29，600.439
218	6.108	$80，000	$34，405.27	$45，594.728
274	5.113	$83，750	$45，581.96	$38，168.038
449	3.590	$70，000	$43，200.04	$26，799.959
454	3.831	$90，625	$62，027.14	$28，597.858

a. Dependent Variable：当前薪金

上表为观测值诊断表，表中显示了被怀疑为奇异值的观测量个案的标准化残差、对应的当前薪金数额、预测值以及残差值。

Residuals Statistics[a]

	Minimum	Maximum	Mean	Std. Deviation	N
Predicted Value	$13，354.82	$150，076.77	$34，419.57	$15，372.742	474
Std. Predicted Value	−1.370	7.524	.000	1.000	474
Standard Error of Predicted Value	391.071	3191.216	721.093	260.806	474
Adjusted Predicted Value	$13，290.94	$153，447.97	$34，425.45	$15，451.094	474
Residual	−$29，600.439	$46，078.746	−$0.000	$7，433.507	474
Std. Residual	−3.965	6.173	.000	.996	474

（续表）

	Minimum	Maximum	Mean	Std. Deviation	N
Stud. Residual	−4.089	6.209	.000	1.004	474
Deleted Residual	−$31, 485.213	$46, 621.117	−$5.882	$7, 553.608	474
Stud. Deleted Residual	−4.160	6.474	.002	1.016	474
Mahal. Distance	.300	85.439	3.992	5.306	474
Cook's Distance	.000	.223	.003	.016	474
Centered Leverage Value	.001	.181	.008	.011	474

a. Dependent Variable：当前薪金

该表为回归模型的残差统计量，表中最左侧从上到下依次给出了预测值、标准化预测值、预测值的标准误、校正后的预测值、非标准化残差、学生化残差、剔除残差、标准化剔除残差、马氏距离、库克距离、中心点杠杆值的最小值和最大值、均数、标准差和观测量的书目。根据3σ原则，标准化残差或者学生化残差的绝对值大于3对应的观测值为异常值，从表中可以看出，确实存在小部分异常值。

（8）回归标准化残差的直方图和P–P图：

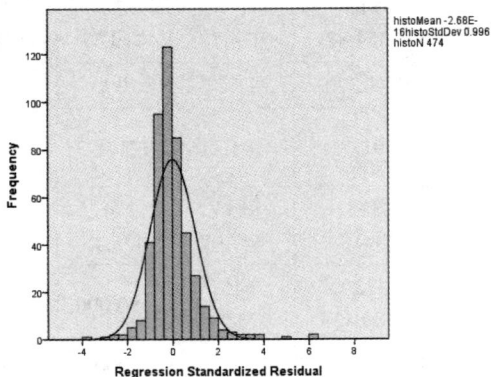

上图为标准化残差的直方图，正态曲线也被显示在直方图上，从图中可以看出样本的残差近似于正态分布。为进一步观察残差是否服从正态分布，我们可以观察残差的正态分布P-P图，如下图。

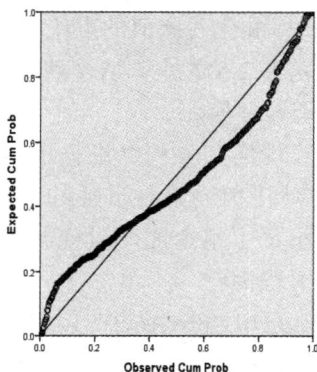

上图为回归标准化的正态P-P图，该图给出了观测值的残差分布与假设的正态分布的比较。由图可知，代表标准化残差值的散点分布靠近直线，但仍存在一些偏离值。根据以上两个图，我们可以判断标准化残差基本呈正态分布。

（9）因变量与回归标准化预测值的散点图：

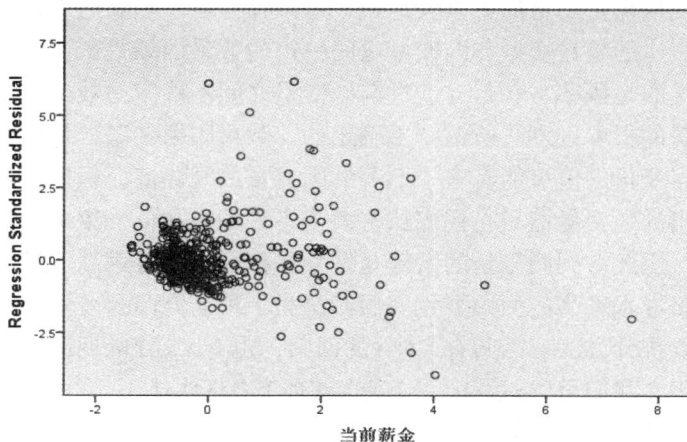

当前薪金与标准化残差的散点图

该图显示的是因变量与回归标准化预测值的散点图，是以"当前薪金"为横坐标轴，以标准化残差为纵坐标轴的散点图。用于观察残差是否有随因变量增大而改变的趋势，用来诊断因变量的独立性。从图中可以看出，标准化残差值的点绝大部分落在绝对值为2.5的区间内，一小部分落在2.5之外。结合残差的描述性统计表，我们可以确定确实有个别异常值。

综上所述，多重线性回归分析结果显示，474名教师的教育水平、起始薪金、雇佣时间和经验与教师的当前薪金存在显著的多重线性关系。自变量解释了整个因变量变异程度的80.9%（校正的R^2=0.809）。建立回归方程为：

$$Y=1.768x_1-17.303x_2+161.486x_3+669.914x_4-16149.671$$

其中，x_1代表起始薪金；x_2代表经验；x_3代表雇佣时间；x_4代表教育水平。

本 章 小 结

回归分析就是利用已知的函数关系去拟合测量数据的主要关系趋势的方法。根据测量数据的集中关系趋势建立起类似函数关系式的因变量与自变量的关系表达式，即回归方程。不同的是，函数关系式表达的是自变量与因变量之间确定的数量因果关系，而回归方程表达的是概率水平上自变量与因变量之间不确定的数量关系，这是二者的根本区别。所谓"不确定的"数量因果关系，是指一个确定的自变量的值可能有多个不等的因变量的观测值。根据回归方程计算出的因变量值只是代表那些多个不等的观测值的集中数量或近似值，因此，回归分析的关键是探索并拟合出解释率高、发生率高的显著性水平高的回归方程。回归是另一种研究两列变量相互关系的重要统计方法。回归有Y对X的回归，也有X对Y的回归。利用回归方程，我们可以对其中一个变量X或Y进行估计。

注意：

1. 相关系数只描述两列变量相互关系的密切程度，而不反映两个变量之间的因果关系。回归不仅能描述两列变量相互关系的密切程度，而且能反映它们之间的因果关系。相关是双向的，而回归是单向的。

2．回归是另一种研究两列变量相互关系的重要统计方法。回归有 Y 对 X 的回归，也有 X 对 Y 的回归。要注意这两种回归的方程及回归系数之间的差别。

3．利用回归方程进行预测，必须保证两列变量有切实的相关，即相关系数具有显著性意义，否则，预测的结果将不可靠。

思考与实践

1．简述相关分析和回归分析的联系和区别。

2．利用下面的资料，建立英语成绩对语文成绩的线性回归方程。

学生编号：1　2　3　4　5　6　7　8　9　10

英语成绩：80　70　30　40　65　40　30　15　60　35

语文成绩：60　55　15　25　75　15　10　25　85　45

3．16名学生的高考数学（X）和统计学（Y）成绩如下表。某生高数80分，其统计成绩可能为多少？

1　2　3　4　5　6　7　8　9　10　11　12　13　14　15　16

X　74　80　97　81　72　110　96　76　86　87　88　87　83　91　73　64

Y　60　63　72　83　67　98　85　61　71　80　93　72　72　71　62　50

4．150名6岁男童体重（X）与屈臂悬体（Y）的相关系数为 -0.35，平均体重20公斤，标准差2.25公斤；屈臂悬体平均时间42.7秒，标准差8.2秒。试估计屈臂悬体为40秒的男童，体重为多少公斤？

5．一项研究考察长跑运动员肺活量的增加如何依赖每月锻炼时数，测得7名运动员的数据如下表。试求肺活量与锻炼时数之间的数量关系，并进行显著性检验。

每月锻炼时数	40	50	60	70	80	90	100
肺活量增量	500	600	600	800	750	750	900

6. 下表是5位同学统计学的学习时间与学习成绩分数。

同学编号	学习时数（h）	学习成绩
1	4	40
2	6	60
3	7	50
4	10	70
5	13	90

（1）计算学生学习时数与学习成绩的关系。

（2）试建立直线回归方程。

（3）计算估计标准误差。

7. 某地高校教育经费（X）与高校学生人数（Y）连续六年的统计资料如下：

教育经费（万元）	在校学生数（万人）
316	11
343	16
373	18
393	20
418	22
455	25

（1）建立回归直线方程，并估计教育经费为500万时的在校生人数。

（2）计算估计标准误差。

附　　录

附录 1　电子计算器的使用方法

下面以函数型计算器 $fx-3600PV$ 为例，说明如何利用电子计算器计算标准差和相关系数。

一、标准差 S（或 σ）的计算

下面以实例说明用电子计算器求标准差的操作步骤。

例　求下列一组样本数据的标准差　　（注意：本题强调的是"样本"数据。）

56，43，78，12，69，94，83，27，56，86。

操作步骤如下：

步骤名称	操作（按键）	显示
1. 开机	on	"0"
2. 状态选择	MODE 3	"SD"
3. 清除内存	SHIFT AC	"0"
4. 输入数据	56 DATA	"56"
	43 DATA	"43"
	直至数据全部输完	
	86 DATA	"86"
5. 检查输入数据个数	Kout　n	"10"

6. 提取结果　说明：可以根据需要分别提取 $\sum x$，$\sum x^2$，$\bar{x}$，标准差 σ_n 和 σ_{n-1}（也就是 S）。

a. 提取 $\sum x$ |Kout| $\sum x$ "604"

b. 提取 $\sum x^2$ |Kout| $\sum x^2$ "42960"

c. 提取 $\bar{x}$ |SHIFT| $\bar{x}$ "60.4"

d. 提取 σ_n |SHIFT| σ_n "25.4527"

e. 提取 σ_{n-1} |SHIFT| σ_{n-1} "26.8295"

说明：电子计算器中的标准差有两个，即 σ_n 和 σ_{n-1}，σ_n 是大样本，即样本容量 $n \geq 30$ 时的标准差 S，使用的计算公式为 $S = \sqrt{\dfrac{\sum (X - \bar{X})^2}{n}}$（分母为 n）；σ_{n-1} 为小样本，即样本容量 $n < 30$ 时的标准差，使用公式为 $S = \sqrt{\dfrac{\sum (X - \bar{X})^2}{n-1}}$（分母为 $n-1$）。因为本题的 $n = 10 < 30$，故标准差应提取 σ_{n-1}，即 $S = \sigma_{n-1} = 26.8295$。

二、积差相关数 r 的计算

例 下表是10名学生的数学和物理成绩，求数学成绩和物理成绩的积差相关系数。

学生编号	1	2	3	4	5	6	7	8	9	10
数学成绩 X	65	78	94	46	73	59	87	83	78	90
物理成绩 Y	69	75	97	43	70	62	80	84	65	93

操作步骤如下：

步骤名称	操作（按键）	显示
1. 开机	|on|	"0"
2. 状态选择	|MODE| 2	"LR"
3. 清除内存	|SHIFT| |AC|	"0"

4. 输入数据（数据要一对一对地输入直至全部数据输完）

65	x_D，y_D	"65"
69	DATA	"69"
78	x_D，y_D	"78"
75	DATA	"75"
90	x_D，y_D	"90"
98	DATA	"98"

5. 检查输入数据对数　Kout　n　　　"10"

6. 提取结果　说明：可以根据需要提取 $\sum x$，$\sum x^2$，$\sum y$，$\sum y^2$，$\sum xy$，$\bar{x}$，$\bar{y}$，$x\sigma_n$，$x\sigma_{n-1}$，$y\sigma_n$，$y\sigma_{n-1}$ 和 r 等。

    a. 提取 $\bar{x}$　　　　SHIFT　$\bar{x}$　　　"75.3"

    b. 提取 $\bar{y}$　　　　SHIFT　$\bar{y}$　　　"73.8"

    c. 提取 $\sum xy$　　　Kout　$\sum xy$　　"57571"

    d. 提取 r　　　　　SHIFT　r　　　"0.9390…"

说明：计算相关系数 r 时，计算器应处于"LR"状态，即"回归"状态，而计算标准差 S 时应处于"SD"状态，即"统计"状态。相关系数的数据输入是以"对"为单位输入的，即每一对数据（x，y）作为一个输入单位，如例中的（65，66），（78，75），…，（78，65），（90，93）。在输入数据之前，可以任意选取哪一个数据为 x，哪一个数据为 y，但一旦确定一列数据为 x，则每对数据中的 x 必须先输入，然后再输入 y。

上面的操作过程可归纳为三个阶段：

第一阶段（第1至第3步）是输入数据前的准备工作，不论计算标准差还是相关系数，每次计算都必须操作这三步（如果计算器已处于所需要的状态，则第2步可以省去），尤其是第3步，一定要操作。否则，如果计算器内存没有清除，计算的结果可能是错误的。

第二阶段（第 4 步）是输入数据。在计算相关系数时，要注意两个数据的顺序，确定一个数列在先（作为 x 数列），则输入的每一对数据都要将这个数列的数据先输入，然后输入另一个数列（y 数列）相对应的数据。

第三阶段（第 5 步、第 6 步）是提取结果。第 5 步是用于检查输入的数据个数（或对数）是否正确，（对于输入并存储于计算器内的数据是否正确，则无法检查），第 6 步可视具体需要按键提取相应的结果。

在按键输入数据的过程中，有时可能出现错误，改正的办法之一是从第 3 步开始重新操作，但这样往往费时费力。因此，下面介绍在不同情况下发现错误的改正方法。

1. 刚输入数据 x 但尚未存储于计算器的内存（即尚未按 " DATA " 键）即发现了错误。这时，我们只要按改错键 C （显示 "0"）再输入正确的数据并存储即可。

2. 数据已输入并存储于计算器的内存（即已按 "x_D, y_D" 或 " DATA " 键），可分为两种情况改正：

（1）即时发现错误。如正确的数据 "23" 错按成 "27" 并已存储，这时屏幕显示错误的数据 "27"。这时，我们只要按 SHIFT 和 DEL 两个键，错误的数据 "27" 即从计算器的内存中剔除（尽管这时屏幕仍然显示 "27"，但 "27" 这个数据已在内存中清除了）；然后，再输入正确的数据 "23" 并存储即可（即按 "23" 和 DATA ）。如果输入一对数据（x, y）中的第一个数据，并存储之后发现错误，如要输入的正确数据对为（35，76），却把第一个数据 35 错按成 "38" 并已存储（即已按 38，x_D, y_D）。这时，我们只要重新输入正确的数据 "35" 即可。如果一对数据中的第二个数据 y 或这对数据中的两个数据（x, y）全部输错并已存储，如将（35，76）错输为（25，75）（这时屏幕显示为"75"）我们只需需按 SHIFT 和 DEL 两个键，并重新输入正确的数据即可。

（2）过后发现错误。如一对正确的数据（35，76），错输入为（35，86），当时没有发现，直到某一步之后才突然发现，这时可按下法改正：

先清除（35，86）这对错误的数据。按"35，x_D，y_D，86 SHIFT DEL"，然后输入正确的数据（35，76），即按（"35，x_D，y_D，76 DATA"即可），其余步骤不变。

对于其他型号的计算器，可按说明书操作。

附录2 《教育与心理统计学》练习册

第一章 绪 论

1. 什么是教育与心理统计学？

2. 学习教育与心理统计学有什么意义？

3. 教育与心理统计学包括哪些内容？

4. 什么是描述统计？什么是推断统计？推断统计包括哪两部分？

5. 参数估计包括哪些方法？

6. 什么是抽样？抽样的随机原则是什么？

7. 什么是总体、样本？它们分别用什么符号表示？

8. 大、小样本是怎样划分的？

9. 什么是统计量？什么是参数？它们是用什么符号表示的？两者之间有何异同？

第二章 数据的处理

1. 什么是变量？什么是数据？下列观察值哪些是连续数据？哪些是离散数据？

（1）王宁名列年级第3名；

（2）李华语文考试成绩85分；

（3）高一年级共有328人；

（4）张林身高168厘米；

（5）赵英100米跑13秒。

2. 什么是连续数据的实限？下列连续数据的实限是什么？

（1）30；（2）1.825；（3）0.260；（4）100.3。

3. 有实限的数据是什么数据？下列实限所表示的数据的表现形式是什么？

（1）[16.125，16.135）；（2）[0.7645，0.7655）。

4. 有一组数据分成四组：25—35；35—45；45—55；55—65。请问 35、55 两个数据应归入哪一组？它们的组中值是什么？

第三章　　集中量数

1. 什么是集中量数？集中量数描写的是一组数据的什么特征？

2. 算术平均数、中位数、众数、几何平均数和调和平均数的计算公式是什么？这五种集中量数的特点（优、缺点）及适用范围是什么？

3. 有一组数据如下：36，45，75，82，63，75，25，46，89，75，63，90，66，75，78，71，72，75，91，75。

这组数据的算术平均数、中位数、众数分别是什么？

4. 某校高一 3 个班的人数分别为 47 人、52 人和 50 人。在某次考试中，平均分分别是 76 分、69 分、83 分。问该年级此次考试的平均成绩是多少分？

5. 求下列分组数据的算术平均数、中数、众数。

组　别	次　数	累积次数
30—40	3	3
40—50	11	14
50—60	19	33
60—70	38	71
70—80	20	91
80—90	9	100
合　计	100	

6. 求下列两组数据的几何平均数和调和平均数。

（1）36，28，45，63，78；（2）12，65，43，52，76。

7. 某中学 1997 年至 2001 年的在校生人数分别为 1000，1089，1156，1276，1428。求在校生人数的年平均发展速度和平均增长率。照此速度发展，四年后，该校在校生人数是多少？

8. 发展速度有哪几种？用公式表示平均发展速度和平均增长率的关系。

9. 甲、乙、丙、丁四位学生打完一篇 300 字的文章所用的时间分别是 3.0、3.5、2.8 和 4.1（分钟）。求这四位学生的平均打字速度。

10. 王林到自选商场选购商品，买甲商品 3 件，共用了 57 元，买乙商品 5 件，共用了 75 元，买丙商品 4 件，共用了 68 元。问平均每件商品多少元？

第四章　差异量数

1. 什么是差异量数？差异量数描写的是一组数据的什么特征？

2. 什么是全距、平均差、方差和标准差？其计算公式分别是什么？

3. 求下列两组样本数据的全距、平均差、方差和标准差。

（1）75，63，45，78，80，96，78，35，66，82；

（2）54，88，63，42，76，87，92，58，67，54。

4. 差异量数越大，数据的离散程度越高，反之，离散程度越低，这种说法对吗？在什么条件下，这种说法成立？

5. 比较数据之间的离散程度的高低，采用什么统计量更合适？计算下列两组样本数据的标准差并加以分析比较。

（1）56，74，65，83，92，48，67，75，85，96；

（2）85，67，53，74，90，80，65，74，89，92。

6. 标准差变异系数的计算公式是什么？为什么在衡量数据之间的离散程度时，它比标准差更合适？

7. 下面是某校高一3个班的期中物理考试的平均分和标准差。试分析三个班级的物理成绩的离散程度。

已知 $\overline{X}_1 = 75$，$S_1 = 8.6$；$\overline{X}_2 = 80$，$S_2 = 9.2$；$\overline{X}_3 = 72$，$S_3 = 7.57$。

8. 什么是标准分？计算公式是什么？为什么说标准分比原始分更科学？

9. 林声期末考试政治83分，语文75分。已知该次考试语文的平均分为70分，标准差为10分；政治的平均分为78分，标准差为12分。请问政治成绩优于语文成绩吗？为什么？

10. 甲、乙两学生升高中考试的原始分总分均为516分，能否说明其成绩一样？为什么？

11. 陈兵期中考试英语成绩为86分，期末英语成绩为79分，这是否意味着他的英语学习成绩下降了？为什么？

12. 有甲、乙、丙三名学生，某次考试的成绩如下表。用标准分比较分析三人的成绩。

	语 文	数 学	英 语	合 计
$\overline{X}$	61	73	52	
S	8	12	14	
甲	57	73	54	184
乙	66	56	60	182
丙	70	65	43	178

第五章 相关分析

1. 什么是相关？其特点是什么？相关系数描写的是两类事物、两种现象或两列变量之间的何种特征？

2. 相关有哪几种？相关系数的取值范围是什么？相关系数的

正、负号表示的意义是什么？

3. 当相关系数 $r = 0$ 时，这种相关称为什么相关？这是否意味着事物之间是相互孤立的？

4. 积差相关、等级相关和点二列相关的适用范围是什么？

5. 设 $r_1 = 0.63$，$r_2 = -0.72$。如果样本的容量 $n_1 = n_2 = 35$，则 r_1、r_2 所表示的相关程度哪个更为密切？如果样本容量不等，则根据 r_1、r_2 的值，能得出什么结论？

6. 积差相关的适用条件是什么？写出积差相关系数的计算公式。

7. 如何把连续数据转化成等级数据？把下列连续数据转换成等级数据。

76，56，76，83，56，43，62，89，76，83，64，93。

8. 有 15 名学生的物理和数学成绩如下表，求这 10 名学生的数学与物理成绩的积差相关系数和等级相关系数。

学生性别	男	男	女	女	女	男	男	女	男	男	女	女	男	男	女
数学成绩 x	86	59	65	73	84	92	84	75	89	65	68	80	73	89	73
物理成绩 y	89	63	65	70	80	94	89	70	89	65	70	83	78	86	72

9. 根据第 7 题的资料，计算性别与数学成绩、性别与物理成绩的相关系数。

10. 有人说，相关系数的绝对值越大，相关的密切程度越高，如 $r = 0.72$ 所表示的密切程度比 $r = 0.58$ 的要高，对吗？相关系数只有通过什么手段的统计处理之后，才能确定其意义？

11. 什么是回归？回归的特点和主要作用是什么？

12. 写出 X 对 Y 和 Y 对 X 的回归方程。这两种回归方程的自变量分别是什么？写出这两种回归方程的回归系数。

13. 根据第 8 题的资料，分别建立数学成绩对物理成绩和物理成绩对数学成绩的回归方程。

第六章　　参数估计

1. 什么是事件？事件有哪几种？什么是必然事件、不可能事件和随机事件？

2. 什么是概率？什么是小概率事件原理？小概率事件原理在推断统计中有何作用？

3. 什么是正态分布？它有何特点？

4. 熟练掌握标准正态分布表的查法。查表求下列标准分 Z 或面积 P 所对应的 P 值或 Z 值。

Z 值	0.38	-1.25	2.38	-1.65	0.20
所对应的 P					
P 值	0.50	0.78	0.39	0.92	0.44
所对应的 Z					

5. 某年某地高考英语成绩基本服从正态分布，查表求：

（1）标准分低于 -1.0 分的人数比例；

（2）标准分在 1.53 分以上的人数比例；

（3）标准分在 [-0.86，1.38] 之间的人数比例。

6. 某校 300 名学生参加该市的升中考试，物理成绩近似正态分布，且平均分 $\mu = 72$ 分，标准差 $\sigma = 10$ 分。求：

（1）50 分以上有多少人？

（2）65—85 分之间的人数比例是多少？

（3）随机抽取一份试卷，抽到 80 分以上的概率有多大？

7. 某校 400 名学生参加全省高考模拟考试，语文成绩近似正态分布，且全校平均分为 70 分，标准差为 10 分。求：

（1）处于中间 50% 的人数的分数区间；

（2）若要对成绩最好的 80 名学生进行奖励，奖励的最低分数是多少？

8. 有 500 名学生，假定他们的能力服从正态分布。若按能力分成 4 组，每组各为多少人？若分成 3 组呢？

9. 某市准备在 5000 名高二的学生中选出 100 名学生参加全国的英语竞赛预赛，已知全市英语预赛的成绩近似于正态分布，且平均分为 63 分，标准差为 12 分。问此次预赛成绩为 80 分的学生，能否被选拔上？为什么？

10. 什么是标准误？它说明什么？计算样本平均数的标准误要分成哪几种情况？计算公式是什么？

11. 什么是置信度？什么是置信区间？置信区间的两个值称为什么？

12. 置信度与置信区间存在什么关系？

13. 样本的容量 n 和标准差 S 对区间估计的置信区间有何影响？

14. 某小学为检查学生的身体发育情况，从三年级中随机抽取 40 名学生，测得平均身高为 130.4 厘米，标准差为 4.2 厘米，试估计该校三年级学生的平均身高。（置信度为 95%、99%）

15. 什么是 t 分布？它有何特点，与正态分布有何关系？什么是自由度？

16. t 分布是与自由度联系在一起的。在查 t 分布表时，如果表中没有所查的自由度，则应查比它大的还是比它小的自由度？

17. t 分布在什么情况下变成了正态分布？

18. 某学校教导主任为检查高一学生的数学水平，现随机抽取 10 名学生进行测验，得平均分为 78 分，标准差为 9 分。请以 95% 的置信度估计该校学生的数学成绩。

19. 某市教育部门为了了解学生的身体健康状况，现随机抽取 300 名中小学生进行调查，发现有 93 名学生已经患了近视。请以 95%、99% 的置信度估计该市中小学生的近视率。

第七章　　统计假设检验

1. 什么是统计假设检验？统计假设检验应以什么为前提？为什么要对样本的统计量进行统计假设检验？以平均数的显著性差异的检验为例，说明统计假设检验的基本步骤。

2. 什么是双尾检验、单尾检验？在实际问题中，如何判断是使用双尾检验还是单尾检验？

3. 什么是差异的显著性？显著性水平 α 的意义是什么？α 的大小要如何确定？

4. 在显著性检验中，α 值的大小常常会影响到判断的结论。为什么？除 α 以外，还有哪些因素会影响判断结论？它们是如何影响的？

5. 要检验总体平均数之间的差异，有哪几种方法？什么情况下用 U 检验？什么情况下用 t 检验？

6. 某校学生参加该市的升中考试，现随机抽取 200 名学生，物理平均成绩为 68 分，标准差为 12 分，已知全市物理成绩的平均分为 70 分。问该校学生的物理成绩与该市的物理成绩是否存在差异？（$\alpha = 0.05$。若 $\alpha = 0.01$ 呢？）

7. 某市高中入学考试英语的平均分为 72 分，标准差为 9 分。某校随机抽取的 26 名学生的平均分为 75 分。问该校学生的英语成绩与全市的成绩是否存在显著差异？（$\alpha = 0.05$。若 $\alpha = 0.01$ 呢？）

8. 某市教育局为检查甲、乙两校学生的水平，现从两校中各随机抽取 40 名学生进行数学测验。测验结果：甲校平均分为 74 分，标准差为 13 分；乙校平均分为 71 分，标准差为 11 分。问甲校学生的数学水平是否比乙校的高？（$\alpha = 0.05$）

9. 某校上一届初一学生自学能力平均分为 40 分。假定这一届初一学生的学习条件与上一届相同，现随机从本届初一学生中抽取 17 名学生进行测验。结果自学能力的平均分为 43 分，标准差为

5.6分。问这一届初一学生的自学能力是否高于上一届？（$\alpha = 0.01$）

10. 某县语文统考平均分为67.2分，现在该县某重点中学中随机抽取12名学生在此次统考中的语文总分 $\sum X = 842$ 分，$\sum X^2 = 63208$，问该中学此次语文统考成绩是否优于全县？（$\alpha = 0.01$）

11. 现从某年级中随机抽取男生16名，女生20名，进行英语水平的测验。结果男生平均分为72，标准差为12.8；女生平均分为76，标准差为11.5。问男、女英语水平是否存在差异？（$\alpha = 0.05$）

12. 现从某小学三年级中随机抽取26名学生进行记忆能力的测验，得平均分为38分，标准差为3.2分；经过一个阶段的强化训练以后再进行类似测验，得平均分为40分，标准差为3.0分，两次测验的相关系数为0.58。问学生记忆能力的进步是否显著？（$\alpha = 0.05$）

13. 某校长为检查初一语文的教学效果，开学初随机抽取17名学生进行语文阅读水平的测验，学期末又对这17名学生进行同样的测验，两次测验成绩如下表。问期末学生的阅读水平是否有明显提高？（$\alpha = 0.01$）

学 生	1	2	3	4	5	6	7	8	9	10	11	12	13	14	15	16	17
期初成绩	82	65	78	90	43	77	64	66	78	89	85	80	76	68	69	70	56
期末成绩	87	62	78	85	40	83	69	70	86	92	85	83	78	67	71	74	60

14. 某县教育局从该县刚到学龄的儿童中随机抽取250人，调查发现有230名儿童入了学。问该县儿童的入学率是否达到95%？（$\alpha = 0.05$）

15. 从甲、乙两所学校中分别随机抽取200和170名学生，调查发现体育达标的人数分别为154和145人。问甲、乙两校学生体育的达标率是否有显著差异？（$\alpha = 0.05$）

16. 单总体相关系数的显著性检验是与自由度联系在一起的，检验时其自由度是什么？当所查的自由度在表中没有，如 $df = 61$

时，要查什么？

17. 某校随机抽取53名学生的数学、物理成绩，计算得到数学、物理的积差相关系数为0.68，用 t 检验法和查表法检验这个相关系数是否有显著意义？（ $\alpha = 0.001$ ）

18. 什么是 χ^2？计算公式是什么？什么是 χ^2 分布？它有何特点？ χ^2 检验的使用范围是什么？ χ^2 检验的作用是什么？ χ^2 分布是与自由度联系在一起的，在查 χ^2 分布表时，如果所查的自由度表中没有，那么，要查哪个自由度，比它大的还是小的？

19. 什么是适合性检验、独立性检验？适合性、独立性检验的虚无假设是什么？

20. 某市教育局为了了解学生对中考改革的态度，现从初中生中随机抽取1000名学生进行调查，结果如下表。问三种态度的学生人数是否有显著差异？（ $\alpha = 0.05$ ）

态　度	赞　成	反　对	不置可否
人　数	413	327	260

21. 对200名学生的品德进行等级评定，结果优等26人，良等82人，中等72人，差等20人。问这样的分布是否符合正态分布？（ $\alpha = 0.05$ ）

22. 某校高中应届毕业生200人，参加高考的结果如下表。问高考录取结果是否具有性别差异？（ $\alpha = 0.05$ ）

性　别	录取人数	未录取人数	合　计
男	70	36	106
女	52	42	94
合　计	122	78	200

23. 某大学从教师、职工和学生中随机抽取300人，调查对学校后勤社会化的态度，结果如下表。问对该问题的态度是否受到被调查者身份的影响？（ $\alpha = 0.01$ ）

	赞　成	反　对	无所谓	合　计
教　师	63	19	18	100
职　工	23	48	19	90
学　生	52	28	30	110
合　计	138	95	67	300

24. 分析下面两表所隐含的统计信息（包括检验什么统计量、用什么分布、显著性水平、检验结果是否显著、单尾检验还是双尾检验等）。

班　别	人数 n	$\overline{X}$	S	U 值
实验班	45	78	9	1.39
对照班	50	75	12	
合　计	95			

$P < 0.10$

性　别	录取人数	未录取人数	χ^2 值
男	70	36	1.98
女	52	42	
合　计	122	78	

$P > 0.10$

第八章　　方差分析

1. 什么是方差分析？方差分析的作用是什么？

2. 方差分析需要哪些条件？

3. 什么是变异的可加性？总离差平方和、组间离差平方和、组内离差平方和是如何计算的？总均方差、组间均方差和组内均方差的自由度是什么？

4. 什么是方差齐性？如何判断方差齐性？

5. 下面四个样本分别来自四个总体，其样本容量均为 10，在 $\alpha = 0.05$ 的水平上，检验该四个总体的方差是否齐性？

$$S_1^2 = 45 \quad S_2^2 = 153 \quad S_3^2 = 180 \quad S_4^2 = 102$$

6. 在平均数差异的检验中，u 检验、t 检验和 F 检验有何异同？

7. 简述方差分析的基本过程。

8. 什么是 F 分布？其特点是什么？如何使用 F 分布表？

9. 随机抽取 28 名学生并将他们随机分成四个小组，接受四种不同的心理暗示训练，训练后做某种推理测验，测验结果如下表。在 $\alpha = 0.05$ 的水平上，检验这四种训练对于测验成绩的影响是否显著？若显著，进一步做逐对检验并指出差异显著的水平对。

水　平	1	2	3	4	5	6	7
A	14	12	10	10	9	6	6
B	17	5	12	9	9	7	7
C	14	12	12	11	11	10	10
D	8	6	5	4	2	2	2

10. 某心理研究者经实验获得下表的实验数据，请你根据下表的数据完成方差分析，并指出各水平间有无显著差异？（$\alpha = 0.01$）

水　平	1	2	3	4	5
样本容量	5	5	5	5	5
样本均数	11.5	14.8	7.6	19.4	18.0
样本方差	22.2	18.6	20.8	19.4	27.5

模拟试题一

一、选择题（每小题 2 分，共 10 分）

1. 张峰的体重为 52 公斤，这个数据是（   ）。

A. 连续数据   B. 离散数据

C. 顺序数据   D. 称名数据

2. 两名医生为学生体检，甲医生每小时检查 15 人，乙医生每小时检查 20 人，则平均每人每小时检查学生（   ）人。

A. 17.32   B. 17.50   C. 17.14   D. 17.83

3. 集中量数反映了一组数据的（   ）。

A. 离散程度   B. 可信程度   C. 一般水平   D. 精确度

4. 在其他条件相同的情况下，相关系数 $r_1 = -0.75$，$r_2 = +0.68$，则这两个相关系数所表示的密切程度是（   ）。

A. r_1 比 r_2 强   B. r_1 比 r_2 弱   C. 一样   D. 无法知道

5. 对 3×4 列联表做 χ^2 检验，其 χ^2 分布的自由度为（   ）。

A. 1   B. 3   C. 6   D. 4

二、填空题（每空 3 分，共 30 分）

1. 在显著性检验中，如果我们得到的结论越可靠，则所取的显著性水平 α 的值就要_____。

2. 区间估计是以概率表示总体参数落入某一区间的估计方法，这个概率称为_____，区间称为_____。

3. 有两列连续数据：

X：78，54，63，42，96，81，74，65，57，88

Y：82，55，61，45，98，79，65，65，60，90

这两列数据的积差系数 $r = $_____，$Y$ 对 X 的回归方程是_____。

4. 某校规定学科成绩的总分按平时：期中：期末＝2：3：5 的比例计算。某学生平时、期中、期末的物理成绩分别为 85、76、90 分，这位学生的物理总评成绩是_____分。

5. 随机抽取 100 名高中生进行调查，发现近视率达到 72%，若根据这个样本估计，高中生近视率置信区间的上限为 83.6%，则用来估计这个置信区间的置信度为_____。

6. 标准正态分布曲线的原点所对应的原始分 $X =$ _____，标准分 $Z = 0$。

7. 某市 1993—1997 年在职教师的人数分别为 7258、8105、8823、9107 和 9215 人，若按这种速度增长，则 1998 年该市的在职教师的人数将达到_____人。

8. 在单总体相关系数的假设检验中，若查表检验时的自由度为 28，则样本的容量 $n =$ _____。

三、计算题（共 50 分）

1. （8 分）某县教育部门为了了解该县教师的年龄结构，现随机抽取 100 名教师进行调查，结果平均年龄为 36.8 岁，标准差为 5.6 岁，以 95% 的置信度估计该县教师的平均年龄。

2. （12 分）某市组织 600 名中学生参加的数学竞赛，竞赛成绩基本符合正态分布，且平均分为 59.7 分，标准差为 12.4 分；求：

（1）成绩在 70 ~ 85 分之间的学生有多少人？

（2）若要对此次竞赛成绩最好的30名学生予以奖励，则获奖者应在多少分以上？

3.（12分）某县随机抽查甲、乙两个学校的学生并进行英语能力综合测验，结果如下表。

校　别	人　数	平　均分 $\overline{X}$	标　准　差 S
甲　校	70	76.5	9.6
乙　校	63	79.6	8.1

问甲校学生的英语能力是否差于乙校？（$\alpha = 0.05$）

4.（18分）随机抽取24名学生并将他们随机分成四个小组，接受四种不同的心理暗示训练，训练后做某种推理测验，测验结果如下表。在 $\alpha = 0.05$ 的水平上，检验这四种训练对于测验成绩的影响是否显著？若显著，进一步做逐对检验并指出差异显著的水平对。

水　平	1	2	3	4	5	6
A	17	12	10	17	9	8
B	19	6	12	9	9	7
C	14	12	12	11	13	10
D	7	6	5	4	2	2

四、分析题（10分）

分析下表所隐含的统计信息（包括检验什么统计量、用什么分布、显著性水平、检验结果是否显著、单尾检验还是双尾检验等）。

班　别	人数 n	$\overline{X}$	S	t 值
实验班	30	78	11	1.58
对照班	28	73	13	
合计	95			

$P < 0.10$

模拟试题二

一、选择题（每小题 2 分，共 14 分）

1. 差异量数反映了一组数据的（　　）。

A. 一般水平　　　　　　　　B. 可信程度

C. 离散程度　　　　　　　　D. 精确程度

2. 把性别视为变量，这个变量是（　　）。

A. 连续变量　　　　　　　　B. 离散变量

C. 称名变量　　　　　　　　D. 顺序变量

3. 三名打字员打完一篇 200 字的文章所用的时间分别为 3、3.5 和 4 分钟，则平均每人每分钟的打字速度为（　　）。

A. 53.5　　　B. 57.1　　　C. 57.9　　　D. 57.5

4. 抽样调查的目的在于（　　）。

A. 了解总体的基本情况　　　B. 用抽样指标推断总体指标

C. 对样本进行全面调查　　　D. 了解样本的基本情况

5. 在单总体相关系数的假设检验中，样本容量为 n，则查表时所取的自由度为（　　）。

A. n　　　B. $n-1$　　　C. $n-2$　　　D. $2n-2$

6. 两列变量均为等级变量，计算这两列变量的相关系数应采用（　　）。

A. 积差相关　　　　　　　　B. 等级相关

C. 点二列相关　　　　　　　D. 三种相关均可

7. 在一次数学考试中，考生的原始分数服从正态分布，则其标准分必服从（　　）。

A. 标准正态分布　　　　　　B. t 分布

C. χ^2 分布　　　　　　　D. F 分布

二、填空题（每空 2 分，共 26 分）

1. 有一连续数据为 18.46，这个数据的实限为＿＿＿＿＿＿。

2. 标准分是一种地位量数，它具有＿＿＿＿和＿＿＿＿的特点。

3. 有一组样本数据：78，54，63，42，96，81，74，65，57，88。这组数据的标准差是＿＿＿＿，标准差变异系数是＿＿＿＿。

4. 某校高三年级共有三个班，人数分别为 40、45 和 50 人。体检结果如下：三个班的近视率依次为 45.2%、59.8% 和 53.1%，则高三年级的近视率为＿＿＿＿。

5. 已知一组数据的平均数为 80，标准差变异系数为 15%，其标准差是＿＿＿＿。

6. 若 $r_{0.05(15)} = a$，$r_{0.05(20)} = b$，现有一相关系数 $r_{0.05(19)} = c$，a、b、c 之间的关系用不等式表示为＿＿＿＿。

7. 反映样本特征的标志量称为＿＿＿＿，反映总体特征的标志量称为＿＿＿＿。

8. 某市随机抽取 200 名学龄儿童，发现入学率为 95%，若置信度为 95%，该市学龄儿童的入学率为＿＿＿＿。

9. 某校 2010—2014 年在校学生的人数分别为 1489、1610、1698、1763 和 1892 人，则在校生人数的年平均增长速度为＿＿＿＿。

10. 某市升中考试的英语平均分 $\mu = 75.4$，标准差 $\sigma = 10.8$，一学生在该次考试中的英语成绩为 80.8 分，则该生英语的标准分为 $Z =$＿＿＿＿。

三、计算题（第 1、2 小题各 8 分，第 3、4 小题各 13 分，第 5 题 18 分，共 60 分）

1. 某校教导主任为了解初二学生的英语水平，随机抽取 25 名学生进行测验，测得平均分为 72.3 分，标准差为 9.3 分，以 95%

的置信度估计该校初三学生的语文水平。

2. 某市教育局为评估甲、乙两所学校的数学教学水平，现从两所学校的学生中各随机抽取40名学生进行测验，测验结果：甲校学生的平均分为82.3分，标准差为9.2分；乙校学生的平均分为80.8分，标准差为10.1分。问甲、乙两校英语的教学水平是否存在差异？（$\alpha = 0.05$）

3. 一位教师为了进等面教学方法的研究，从其任教的学生中随机抽取90名各方面条件基本相同的学生，分成人数相等的两个班，实施两种不同的教学方法，经过一个阶段的教学之后，用同一试卷进行测验，结果：第一种教学方法的平均分和标准差分别为76.8分和8.7分，第二种教学方法的平均分和标准差分别为73.6分和9.1分，且两种教学方法的相关系数 $r = 0.68$。问第一种教学方法是否比第二种教学方法更优越？（$\alpha = 0.05$）

4. 为了解教师和学生对现行高中会考制度的态度，现随机抽取 300 名师生进行调查，所得数据如下表。

身份 ＼ 态度	赞　成	反　对	无所谓	合　计
教　师	84	62	24	170
学　生	56	60	14	130
合　计	140	122	38	300

问身份对会考制度的态度是否有影响？（$\alpha = 0.05$）

5. 随机抽取 28 名学生并将他们随机分成四个小组，接受四种不同的心理暗示训练，训练后做某种推理测验，测验结果如下表。在 $\alpha = 0.05$ 的水平上，检验这四种训练对于测验成绩的影响是否显著？若显著，进一步做逐对检验并指出差异显著的水平对。

水　平	1	2	3	4	5	6	7
A	12	12	10	17	9	8	6
B	18	5	12	9	9	7	7
C	14	12	12	11	13	10	10
D	7	6	5	4	2	2	3

附　录

附表 1　（1）随机数码表

编号	1	2	3	4	5	6	7	8	9	10	11	12	13	14	15	16	17	18	19	20	21	22	23	24	25
1	03	47	43	73	86	36	96	47	36	61	46	98	63	71	62	33	26	16	80	45	60	11	14	10	95
2	97	74	24	67	62	42	81	14	57	20	42	53	32	37	32	27	07	36	07	51	24	51	79	89	73
3	16	76	62	27	66	56	50	26	71	07	32	90	79	78	53	13	55	38	58	59	88	97	54	14	10
4	12	56	85	99	26	96	96	68	27	31	05	03	72	93	15	57	12	10	14	21	88	26	49	81	76
5	55	59	56	35	64	38	54	82	46	22	31	62	43	09	90	06	18	44	32	53	23	83	01	30	30
6	16	22	77	94	39	49	54	43	54	82	17	37	93	23	78	87	35	20	96	43	84	26	34	91	64
7	84	42	17	53	31	57	24	55	06	88	77	04	74	47	67	21	76	33	50	25	83	92	12	06	76
8	63	01	63	78	59	16	95	55	67	19	98	10	50	71	75	12	86	73	58	07	44	39	52	38	79
9	33	21	12	34	29	78	64	56	07	82	52	42	07	44	38	15	51	00	13	42	99	66	02	79	54
10	57	60	86	32	44	09	47	27	96	54	49	17	46	09	62	90	52	84	77	27	08	02	73	43	28
11	18	18	07	92	46	44	17	16	58	09	79	83	86	19	62	06	76	50	03	10	55	23	64	05	05
12	26	62	38	97	75	84	16	07	44	99	83	11	46	32	24	20	14	85	88	45	10	93	72	88	71
13	23	42	40	64	74	82	97	77	77	81	07	45	32	14	08	32	98	94	07	72	93	85	79	10	75
14	52	36	28	19	95	50	92	26	11	97	00	56	76	31	38	80	22	02	53	53	86	60	42	04	53
15	37	85	94	35	12	83	39	50	08	30	42	34	07	96	88	54	42	06	87	98	35	85	29	48	39
16	70	29	17	12	13	40	33	20	38	26	13	89	51	03	74	17	76	37	13	04	07	74	21	19	30
17	56	62	18	37	35	96	83	50	87	75	97	12	25	93	47	70	33	24	03	54	97	77	46	44	80

续附表 1(1)

编号	1	2	3	4	5	6	7	8	9	10	11	12	13	14	15	16	17	18	19	20	21	22	23	24	25
18	99	49	57	22	77	88	42	95	45	72	16	64	36	16	00	04	42	18	66	79	94	77	24	21	90
19	16	08	15	04	72	33	27	14	34	09	45	59	34	68	49	12	72	07	34	45	99	27	72	95	14
20	31	16	93	32	43	50	27	89	87	19	20	15	37	00	49	52	85	66	60	44	38	68	88	11	80
21	68	34	30	13	70	55	74	30	77	40	44	22	78	84	26	04	33	46	09	52	68	07	97	06	57
22	74	57	25	65	76	59	29	97	68	60	71	91	38	67	54	13	58	18	24	76	15	54	55	95	52
23	27	42	37	86	53	48	55	90	65	72	96	57	69	36	10	96	46	92	42	45	77	60	49	04	91
24	00	39	68	29	61	66	37	32	20	30	77	84	57	03	29	10	45	65	04	26	11	04	96	67	24
25	29	94	98	94	24	68	49	69	10	82	53	75	91	93	30	34	25	20	57	27	40	48	73	51	92
26	16	90	82	66	59	83	62	64	11	12	67	19	00	71	74	60	47	21	29	68	02	02	37	03	31
27	11	27	94	75	06	06	09	19	74	66	02	94	37	34	02	76	70	90	30	86	38	45	94	30	38
28	35	24	10	16	20	33	32	51	26	38	79	78	45	04	91	16	92	53	56	16	02	75	50	95	98
29	38	23	16	86	38	42	38	97	01	50	87	75	66	81	41	40	01	74	91	62	48	51	84	08	32
30	31	96	25	91	47	96	44	33	49	13	34	86	82	53	91	00	52	43	48	85	27	55	26	89	62
31	66	67	40	67	14	64	05	71	95	86	11	05	65	09	68	76	83	20	37	90	57	16	00	11	66
32	14	90	84	45	11	75	73	88	05	90	52	17	41	14	86	22	98	12	22	08	07	52	74	95	80
33	68	05	51	18	00	33	96	02	75	19	07	60	62	93	55	59	33	82	43	90	49	37	38	44	59
34	20	46	78	73	90	97	51	40	14	02	04	02	33	31	08	39	54	16	49	36	47	95	93	13	30

续附表 1(1)

编号	1	2	3	4	5	6	7	8	9	10	11	12	13	14	15	16	17	18	19	20	21	22	23	24	25
35	64	19	58	97	79	15	06	15	93	20	01	90	10	75	06	40	78	73	89	62	02	67	74	17	33
36	05	26	93	70	60	22	35	85	15	13	92	03	51	59	77	59	56	78	06	83	52	91	05	70	74
37	07	97	10	88	23	09	98	42	99	64	61	71	62	99	15	06	51	29	16	93	58	05	77	09	51
38	68	71	86	85	85	54	87	66	47	54	73	32	08	11	12	44	95	92	63	16	29	56	24	29	48
39	26	99	61	65	53	58	37	78	80	70	42	10	50	67	42	32	17	55	85	74	94	44	67	16	94
40	14	65	52	68	75	87	59	36	22	41	26	78	63	06	55	13	08	27	01	50	12	29	39	39	43
41	17	53	77	58	71	71	41	61	50	72	12	41	94	96	26	44	95	27	36	99	02	96	74	30	83
42	90	26	59	21	19	23	52	23	33	12	96	93	02	18	39	07	02	18	36	07	25	99	32	70	23
43	41	23	52	55	99	31	04	49	69	96	10	47	48	45	88	13	41	43	89	20	97	17	14	49	17
44	60	20	50	81	69	31	99	73	68	68	35	81	33	03	76	24	30	12	48	60	18	99	10	72	34
45	91	25	38	05	90	94	58	28	41	36	45	37	59	03	09	90	35	57	29	12	82	62	54	65	60
46	34	50	57	74	67	98	80	33	00	91	09	77	93	19	82	74	94	80	04	04	45	07	31	66	49
47	85	22	04	39	43	73	81	53	94	79	33	62	46	86	28	08	31	54	46	31	53	94	13	38	47
48	09	79	13	77	48	73	82	97	22	21	05	03	27	24	83	72	89	44	05	60	35	80	39	94	88
49	88	75	80	18	14	22	95	75	42	49	39	32	82	22	49	02	48	07	70	37	16	04	61	67	87
50	90	96	23	70	00	39	00	03	06	90	55	85	78	38	36	94	37	30	69	32	90	89	00	76	33

附表 1 （2）随机数码表

编号	1	2	3	4	5	6	7	8	9	10	11	12	13	14	15	16	17	18	19	20	21	22	23	24	25
1	53	74	23	99	67	61	32	28	69	84	94	62	67	86	24	98	33	41	19	95	47	53	53	38	09
2	63	38	06	86	54	99	00	65	26	94	02	82	90	23	07	79	62	67	80	60	75	91	12	81	19
3	35	30	58	21	46	06	72	17	10	94	25	21	31	75	96	49	28	24	00	49	55	65	79	78	07
4	63	43	36	82	69	65	51	18	37	88	61	38	44	12	45	32	92	85	88	65	54	34	81	85	35
5	98	25	37	55	26	01	91	82	81	46	74	71	12	94	97	24	02	71	37	07	03	92	18	66	75
6	02	63	21	17	69	71	50	80	89	56	38	15	70	11	48	43	40	45	86	98	00	83	26	91	03
7	64	55	22	21	82	48	22	28	06	00	61	54	13	43	91	82	78	12	23	29	06	66	24	12	27
8	85	07	26	13	89	01	10	07	82	04	59	63	69	36	03	69	11	15	83	80	13	29	54	19	28
9	58	54	16	24	15	51	54	44	82	00	62	61	65	04	69	38	18	65	18	97	85	72	13	49	21
10	34	85	27	84	87	61	48	64	56	26	90	18	48	13	26	37	70	15	42	57	65	65	80	39	07
11	03	92	18	27	46	57	99	16	96	56	30	33	72	85	22	84	64	38	56	98	99	01	30	98	64
12	62	95	30	27	59	37	75	41	66	48	86	97	80	61	45	23	53	04	01	63	45	76	08	64	24
13	08	45	93	15	22	60	21	75	46	91	98	77	27	85	42	28	88	61	08	84	69	62	03	42	73
14	07	08	55	18	40	45	44	75	13	90	24	94	96	61	02	57	55	66	83	15	73	42	37	11	61
15	01	85	89	95	66	51	10	19	34	88	15	84	97	19	75	12	76	39	43	78	64	63	91	08	25
16	72	84	71	14	35	19	11	58	49	26	50	11	17	17	76	86	31	57	20	18	95	60	78	46	75
17	88	78	28	16	84	13	52	53	94	53	75	45	69	30	96	73	89	65	70	31	99	17	43	48	76

续附表 1(2)

编号	1	2	3	4	5	6	7	8	9	10	11	12	13	14	15	16	17	18	19	20	21	22	23	24	25
18	45	17	75	65	57	28	40	19	72	12	25	12	74	75	67	60	40	60	81	19	24	62	01	61	16
19	96	76	28	12	54	22	01	11	94	25	71	96	16	16	88	68	64	36	74	45	19	59	60	88	92
20	43	31	67	72	30	24	02	94	08	63	38	32	36	66	02	69	36	38	25	39	48	03	45	15	22
21	50	44	66	44	21	66	06	58	05	62	63	15	54	35	02	42	35	48	96	32	14	52	41	52	48
22	22	66	22	15	86	26	63	75	41	99	58	42	36	72	24	58	37	52	18	51	03	37	18	39	11
23	96	24	40	14	51	23	22	30	88	57	95	67	47	29	83	94	69	40	06	07	18	16	36	78	86
24	31	73	91	61	19	60	20	72	93	48	98	57	07	23	69	65	95	39	69	58	56	80	30	19	44
25	78	60	73	99	84	43	89	94	36	45	56	69	47	07	41	90	22	91	07	12	78	35	34	08	72
26	84	37	90	61	56	70	10	23	98	05	85	11	34	76	60	76	48	45	34	60	01	64	18	39	96
27	36	67	10	08	23	98	93	35	08	86	99	29	76	29	81	33	34	91	58	93	63	14	52	32	52
28	07	28	59	07	48	89	64	58	89	75	93	85	62	27	89	30	14	78	56	27	86	63	59	80	02
29	0	15	83	87	60	79	24	31	66	56	21	48	24	06	93	91	98	94	05	49	01	47	59	38	00
30	55	19	68	97	65	03	73	52	16	56	00	53	55	90	27	33	42	29	38	87	22	13	88	83	34
31	53	81	29	13	39	35	01	20	71	34	62	33	74	82	14	53	73	19	09	03	56	54	29	56	93
32	51	86	32	68	92	33	98	74	66	99	40	14	71	94	58	45	94	19	38	81	14	44	99	81	07
33	35	91	70	29	13	80	03	54	07	27	96	94	78	32	66	50	95	52	74	33	13	80	55	62	54
34	37	71	67	95	13	20	02	44	95	94	64	85	04	05	72	01	32	90	76	14	53	89	74	60	41

续附表 1（2）

编号	1	2	3	4	5	6	7	8	9	10	11	12	13	14	15	16	17	18	19	20	21	22	23	24	25
35	93	66	13	83	27	92	79	64	64	72	28	54	96	53	84	48	14	52	98	94	56	07	93	89	30
36	02	96	08	45	65	13	05	00	41	84	93	07	54	72	59	21	45	57	09	77	19	48	56	27	44
37	49	83	43	48	35	82	88	33	69	96	72	36	04	19	76	47	45	15	18	60	82	11	08	95	97
38	84	60	71	62	46	40	80	81	30	37	34	39	23	05	38	25	15	35	71	30	88	12	57	21	77
39	18	17	30	88	71	44	91	14	88	47	89	23	30	63	15	56	34	20	47	89	99	82	93	24	98
40	79	69	10	61	78	71	32	76	95	62	87	00	22	58	40	92	54	01	75	25	43	11	71	99	31
41	75	93	26	57	83	56	20	14	87	11	74	21	97	90	65	96	42	68	63	86	74	54	13	26	94
42	38	30	92	29	03	06	28	81	39	38	62	25	06	84	63	61	29	08	93	67	04	32	92	08	09
43	51	29	50	10	34	31	57	75	95	80	51	97	02	74	77	76	15	48	49	44	18	55	63	71	09
44	21	31	38	86	24	37	79	81	53	74	73	24	16	10	33	52	83	90	94	76	70	47	14	54	36
45	29	01	23	57	88	50	02	39	37	67	42	10	14	20	92	16	55	23	42	45	54	96	09	11	06
46	95	33	95	22	00	18	74	72	00	18	38	79	53	69	32	81	76	80	26	92	82	80	84	25	39
47	90	84	60	79	80	24	36	59	87	38	82	07	53	89	35	96	35	23	79	18	05	98	90	07	35
48	46	40	62	98	82	54	97	20	56	95	15	74	80	08	32	16	46	70	50	80	67	72	16	42	79
49	20	31	29	03	43	38	46	82	68	72	32	14	82	99	70	80	60	47	18	97	63	49	30	21	30
50	71	59	73	05	50	08	22	23	71	77	91	01	93	20	49	82	96	59	26	94	66	39	67	98	60

附表 1 （3）随机数码表

编号	1	2	3	4	5	6	7	8	9	10	11	12	13	14	15	16	17	18	19	20	21	22	23	24	25
1	22	17	68	65	84	68	95	23	92	35	87	02	22	57	51	61	09	43	95	06	58	24	82	03	47
2	19	36	27	59	46	13	79	93	37	55	39	77	32	77	09	85	52	05	30	62	47	83	51	62	74
3	16	27	23	02	77	09	61	87	25	21	28	06	24	25	93	16	71	13	59	78	23	05	47	47	25
4	78	43	76	71	61	20	44	80	32	64	97	67	63	99	61	46	38	03	93	22	69	81	21	99	21
5	03	28	28	26	04	73	37	32	04	05	69	30	16	09	05	88	69	58	28	99	35	07	44	75	47
6	93	22	53	64	39	07	10	63	76	35	87	03	04	79	88	08	13	13	85	51	55	34	57	72	69
7	78	76	58	54	74	92	38	70	96	92	52	06	79	79	45	82	63	18	27	44	69	66	92	19	09
8	23	68	35	26	00	99	53	93	61	28	52	70	05	48	34	56	65	05	61	86	90	92	10	70	80
9	15	39	25	70	99	93	86	52	77	65	15	33	59	05	28	22	87	26	07	47	86	96	98	29	06
10	58	71	96	30	24	18	46	23	34	27	85	13	99	24	44	49	18	09	79	49	74	16	32	23	02
11	57	35	27	33	72	24	53	63	94	09	41	10	76	47	91	44	04	95	49	66	39	60	04	59	81
12	48	50	86	54	48	22	06	34	72	52	82	21	15	65	20	33	29	94	71	11	15	91	29	12	03
13	61	96	48	95	03	07	16	39	33	66	98	56	10	56	79	72	21	30	27	12	90	49	22	23	62
14	36	93	89	41	26	29	70	83	63	51	99	94	20	52	36	87	09	41	15	09	98	60	16	03	03
15	18	87	00	42	31	57	90	12	02	07	23	47	37	17	31	54	08	01	88	63	39	41	88	92	10
16	88	56	53	27	59	33	35	72	67	47	77	34	55	45	70	08	18	27	38	90	16	95	86	70	75
17	09	72	95	84	29	49	41	31	06	70	42	38	06	45	18	64	84	73	31	65	52	53	37	97	15

续附表 1（3）

编号	1	2	3	4	5	6	7	8	9	10	11	12	13	14	15	16	17	18	19	20	21	22	23	24	25
18	12	96	88	17	31	65	19	ff9	02	83	60	75	86	90	68	24	64	19	35	51	56	61	87	39	12
19	85	94	57	24	16	92	09	84	38	76	22	00	27	69	85	29	81	94	78	70	21	94	47	90	12
20	38	64	43	59	93	98	77	87	68	07	91	51	67	62	44	40	98	05	93	78	23	32	65	41	18
21	53	44	09	42	72	00	41	86	79	79	68	47	22	00	20	35	55	31	51	51	00	83	63	22	55
22	40	76	66	26	84	57	99	99	90	37	36	63	32	08	58	37	40	13	68	97	87	64	81	07	83
23	02	17	79	18	05	12	59	52	57	02	22	07	90	47	03	28	14	11	30	79	20	69	22	40	98
24	95	17	82	06	53	31	51	10	96	46	92	06	88	07	77	56	11	50	81	69	40	23	72	51	39
25	35	76	22	42	92	96	11	83	44	80	34	68	35	48	77	33	42	40	90	60	73	96	53	97	86
26	26	29	13	56	41	85	47	04	66	08	34	72	57	59	13	82	43	80	46	15	38	26	61	70	04
27	77	80	20	75	82	72	82	32	99	90	63	95	73	76	63	89	73	44	99	05	48	67	26	43	18
28	46	40	66	44	52	91	36	74	43	53	30	82	13	54	00	78	45	63	98	35	55	03	36	67	68
29	37	56	08	18	09	77	53	84	46	47	31	91	18	95	58	24	16	74	11	53	44	10	13	85	57
30	61	65	61	68	66	37	27	47	39	19	84	83	70	07	48	53	21	40	06	71	95	06	79	88	54
31	93	43	69	64	07	34	18	04	52	35	56	27	09	24	86	61	85	53	83	45	19	90	70	99	00
32	21	96	60	12	99	11	20	99	45	18	48	13	93	55	34	18	37	79	49	90	65	97	38	20	46
33	95	20	47	97	97	27	37	83	28	71	00	06	41	41	74	45	89	09	39	84	51	67	11	52	49
34	97	86	21	78	73	10	65	81	92	59	58	76	17	14	97	04	76	62	16	17	17	95	70	45	80

续附表 1(3)

编号	1	2	3	4	5	6	7	8	9	10	11	12	13	14	15	16	17	18	19	20	21	22	23	24	25
35	69	92	06	34	13	59	71	74	17	32	27	55	10	24	19	23	71	82	13	74	63	52	52	01	41
36	04	31	17	21	56	33	73	99	19	87	26	72	39	27	67	53	77	57	68	93	60	61	97	22	61
37	61	06	98	03	91	87	14	77	43	96	43	00	65	98	50	45	60	33	01	07	98	99	46	50	47
38	85	93	85	86	88	72	87	08	62	40	16	06	10	89	20	23	21	34	74	97	76	38	03	29	63
39	21	74	32	47	45	73	96	07	94	52	09	65	90	77	47	25	76	16	19	33	53	05	70	53	30
40	15	69	53	82	80	79	96	23	53	10	65	39	07	16	29	45	33	02	43	70	02	87	40	41	45
41	02	89	08	04	49	20	21	14	68	86	87	63	93	95	17	11	29	01	95	80	35	14	97	35	33
42	87	18	15	89	79	85	43	01	72	73	08	61	74	51	69	89	74	39	82	15	94	51	33	41	67
43	98	83	71	94	22	59	97	50	99	52	08	52	85	08	40	87	80	61	65	31	91	51	80	32	44
44	10	08	58	21	66	72	68	49	29	31	89	85	84	46	06	59	73	19	85	23	65	09	29	75	63
45	47	90	56	10	08	88	02	84	27	83	42	29	72	23	19	66	56	45	65	79	20	71	53	20	25
46	22	85	61	68	90	49	64	92	85	44	16	40	12	89	88	50	14	49	81	06	01	82	77	45	12
47	67	80	43	79	33	12	83	11	41	16	25	58	19	68	70	77	02	54	00	52	53	43	37	15	26
48	27	62	50	96	72	79	44	61	40	15	14	53	40	65	39	27	31	58	50	28	11	39	03	34	25
49	33	78	80	87	15	38	30	06	38	21	14	47	47	07	26	54	96	87	53	32	40	36	40	96	76
50	13	13	92	66	99	47	24	49	57	74	32	25	43	62	17	10	97	11	69	84	99	63	22	32	98

附表 1 （4）随机数码表

编号	1	2	3	4	5	6	7	8	9	10	11	12	13	14	15	16	17	18	19	20	21	22	23	24	25
1	10	27	53	96	23	71	50	54	36	23	54	31	04	82	93	04	14	12	15	09	26	78	25	47	47
2	28	41	50	61	88	64	85	27	20	18	83	36	36	05	56	39	71	65	09	62	94	76	62	11	89
3	34	21	42	57	02	59	19	18	97	48	80	30	03	30	98	05	24	67	70	07	84	97	50	87	46
4	61	81	77	23	23	82	82	11	54	08	53	28	70	58	96	44	07	39	55	43	42	34	43	39	28
5	61	15	18	13	54	16	86	20	26	88	90	74	80	55	09	14	53	90	51	17	52	01	63	01	59
6	91	76	21	64	64	44	91	13	32	97	75	31	62	66	54	84	80	32	75	77	56	08	25	70	29
7	00	97	79	08	06	37	30	28	59	85	53	56	68	53	40	01	74	39	59	73	30	19	99	85	48
8	36	46	18	34	94	75	20	80	27	77	78	91	69	16	00	08	43	18	73	68	67	69	61	34	25
9	88	98	99	60	50	65	95	79	42	94	93	62	40	89	96	43	56	47	71	66	46	76	29	67	02
10	04	37	59	87	21	05	02	03	24	17	47	97	81	56	51	92	34	86	01	82	55	51	33	12	91
11	63	62	06	34	41	94	21	78	55	09	72	76	45	16	94	29	95	81	83	83	79	88	01	97	30
12	78	47	23	53	90	34	41	92	45	71	09	23	70	70	07	12	38	92	79	43	14	85	11	47	23
13	87	68	62	15	43	53	14	36	59	25	54	47	33	70	15	59	24	48	40	35	50	03	42	99	36
14	47	60	92	10	77	88	59	53	11	52	66	25	69	07	04	48	68	64	71	06	61	65	70	22	12
15	56	88	87	59	41	65	28	04	67	53	95	79	88	67	31	50	41	06	94	76	81	83	17	16	33
16	02	57	45	86	67	73	43	07	34	48	44	26	87	93	29	77	09	61	67	84	06	69	44	77	75
17	31	54	14	13	17	48	62	11	90	60	68	12	93	64	28	46	24	79	16	76	14	60	25	51	01

续附表 1（4）

编号	1	2	3	4	5	6	7	8	9	10	11	12	13	14	15	16	17	18	19	20	21	22	23	24	25
18	28	50	16	43	36	28	97	85	58	99	67	22	52	76	23	24	70	36	54	54	59	28	61	71	96
19	63	29	62	66	50	02	63	45	52	38	67	63	47	54	75	83	24	78	43	20	92	63	13	47	48
20	45	65	58	26	51	76	96	59	38	72	86	57	45	71	46	44	67	76	14	55	44	88	01	62	12
21	39	65	36	63	70	77	45	85	50	51	74	13	39	35	22	30	53	36	02	95	49	34	88	73	61
22	73	71	98	16	04	29	18	94	51	23	76	51	94	84	86	79	93	96	38	63	08	58	25	58	94
23	72	20	56	20	11	72	65	71	08	86	79	57	95	13	91	97	48	72	66	48	09	71	17	24	89
24	75	17	26	99	76	89	37	20	70	01	77	31	61	95	46	26	97	05	73	51	53	33	18	72	87
25	37	48	60	82	29	81	30	15	39	14	48	38	75	93	29	06	87	37	78	48	45	46	00	84	47
26	68	08	02	80	72	83	71	46	30	49	89	17	95	88	29	02	39	56	03	46	97	74	06	56	17
27	14	23	98	61	67	70	52	85	01	50	01	84	02	78	43	10	62	98	19	41	18	83	99	47	99
28	49	08	96	21	44	25	27	99	41	28	07	41	08	34	66	19	42	74	39	91	41	96	53	78	72
29	78	37	06	08	43	63	61	62	42	29	39	68	95	19	96	09	24	23	00	62	56	12	80	73	16
30	37	21	34	17	68	68	96	83	23	56	32	84	60	15	31	44	73	67	34	77	91	15	79	74	58
31	14	29	09	34	04	87	83	07	55	07	76	58	30	83	64	87	29	25	58	84	86	50	60	00	25
32	58	43	28	06	36	49	52	83	51	14	47	56	91	29	34	05	87	31	06	95	12	45	47	09	09
33	10	43	67	29	70	80	62	80	03	42	10	80	21	38	84	90	56	35	03	09	43	12	74	49	14
34	44	38	88	39	54	86	97	37	44	22	00	95	01	31	76	17	16	29	56	63	38	78	94	49	81

续附表 1（4）

编号	1	2	3	4	5	6	7	8	9	10	11	12	13	14	15	16	17	18	19	20	21	22	23	24	25
35	90	69	59	19	51	85	39	52	85	13	07	28	37	07	61	11	16	36	27	03	78	86	72	04	95
36	41	47	10	25	62	97	05	31	03	61	20	26	36	31	62	68	69	86	95	44	84	95	48	46	45
37	91	94	14	63	19	75	89	11	47	11	31	56	34	19	09	79	57	92	36	59	14	93	87	81	40
38	80	06	54	18	66	09	18	94	06	19	98	40	07	17	81	22	45	44	84	11	24	62	20	42	31
39	67	72	77	63	48	84	08	31	55	58	24	33	45	77	58	80	45	67	93	82	75	70	16	08	24
40	59	40	24	13	27	79	26	88	86	30	01	31	60	10	39	53	58	47	70	93	85	81	56	39	38
41	05	90	35	89	95	01	61	16	96	94	50	78	13	69	36	37	68	53	37	31	71	26	35	03	71
42	44	43	80	69	98	46	68	05	14	82	90	78	50	05	62	77	79	13	57	44	59	60	10	39	66
43	61	81	31	96	82	00	57	25	60	59	46	72	60	18	77	55	66	12	62	11	08	99	55	64	57
44	42	88	07	10	05	24	98	65	63	21	47	21	61	88	32	27	80	30	21	60	10	92	35	36	12
45	77	94	30	05	39	28	10	99	00	27	12	73	73	99	12	49	99	57	94	82	96	88	57	17	91
46	78	83	19	76	16	94	11	68	84	26	23	54	20	86	85	23	86	66	99	07	36	37	34	99	09
47	87	76	59	61	81	43	63	64	61	61	65	76	36	95	90	18	48	27	45	68	27	23	65	30	72
48	91	43	05	96	47	55	78	99	95	24	37	55	85	78	78	01	48	41	19	10	35	19	54	07	73
49	84	97	77	72	73	09	62	06	65	72	87	12	49	03	60	41	15	20	76	27	50	47	02	29	16
50	87	41	60	76	83	44	88	96	07	80	83	05	83	88	96	73	70	66	81	90	39	56	10	48	59

附表 1 （5）随机数码表

编号	1	2	3	4	5	6	7	8	9	10	11	12	13	14	15	16	17	18	19	20	21	22	23	24	25
1	28	89	65	87	08	13	50	63	04	23	25	47	57	91	13	52	62	24	19	94	91	67	48	57	10
2	30	29	43	65	42	78	66	2	55	80	47	46	41	90	08	55	98	78	10	70	49	92	05	12	07
3	95	74	62	60	53	51	57	32	22	27	12	72	72	27	77	44	67	32	23	13	67	95	07	76	30
4	01	85	54	96	72	66	86	65	64	60	56	59	75	36	75	46	44	33	63	71	54	50	06	44	75
5	10	91	46	96	86	19	83	52	47	53	65	00	51	93	51	30	80	05	19	29	56	23	27	19	03
6	05	33	18	08	51	51	78	57	26	17	34	87	96	23	95	89	99	93	39	79	11	28	94	15	52
7	04	43	13	37	00	79	68	96	26	60	70	39	83	66	56	62	03	55	86	57	77	55	33	62	02
8	05	85	40	25	24	73	52	93	70	50	48	21	47	74	63	17	27	27	51	26	35	96	29	00	45
9	84	90	90	65	77	63	99	25	69	02	09	04	03	35	78	19	79	95	07	21	02	84	48	51	97
10	28	55	53	09	48	86	28	30	02	35	71	30	32	06	47	93	74	21	86	33	49	90	21	69	94
11	89	83	40	69	80	97	96	47	59	97	56	33	24	87	36	17	18	16	90	46	75	27	28	52	13
12	73	20	96	05	68	93	41	69	96	07	97	50	81	79	59	42	37	13	81	83	92	42	85	04	31
13	10	89	07	76	21	40	24	74	36	42	40	33	04	46	24	35	63	02	31	61	34	59	43	36	96
14	91	50	27	78	37	06	06	16	25	98	17	79	80	36	85	26	41	77	63	37	71	63	94	94	33
15	03	45	44	66	88	97	81	26	03	89	39	46	67	21	17	98	10	39	33	15	61	63	00	25	92
16	89	41	58	91	63	65	99	59	97	84	90	14	79	61	55	56	16	88	87	60	32	15	99	67	43
17	13	43	00	97	26	16	91	21	32	41	60	22	66	72	17	31	85	33	69	07	68	49	20	43	29

续附表 1（5）

编号	1	2	3	4	5	6	7	8	9	10	11	12	13	14	15	16	17	18	19	20	21	22	23	24	25
18	71	71	00	51	72	62	03	89	26	32	35	27	99	18	25	78	12	03	09	70	50	93	19	35	56
19	19	28	15	00	41	92	27	73	40	38	37	11	05	75	16	98	81	99	37	29	92	20	32	39	67
20	56	38	30	92	30	45	51	94	69	04	00	84	14	36	37	95	66	39	01	09	21	68	40	95	79
21	39	27	52	39	11	00	81	06	28	48	12	08	05	75	26	03	35	63	05	77	13	81	20	67	58
22	73	13	28	58	01	05	06	42	24	07	60	60	29	99	93	72	93	78	04	36	05	76	01	54	03
23	81	60	84	51	57	12	68	46	55	89	60	09	71	87	89	70	81	10	95	91	83	79	68	20	66
24	05	62	98	07	85	07	79	26	69	61	67	85	72	37	41	85	79	76	48	23	61	58	87	08	05
25	62	97	16	29	18	52	16	16	23	56	62	95	80	97	63	32	25	34	03	36	48	84	60	37	65
26	31	13	63	21	08	16	01	92	58	21	48	79	74	73	72	08	64	80	91	38	07	28	66	61	59
27	97	38	35	34	19	89	84	05	34	47	88	09	31	54	88	97	96	86	01	69	46	13	95	65	96
28	32	11	78	33	82	51	99	98	44	39	12	75	10	03	36	80	66	39	94	97	47	36	31	16	59
29	81	99	13	37	05	08	12	60	39	23	61	73	84	89	18	26	02	04	37	95	96	18	69	06	30
30	45	74	00	03	05	69	99	47	26	52	48	06	30	00	18	03	30	28	55	59	66	10	71	44	05
31	11	84	13	69	01	88	91	28	79	50	71	42	14	96	55	98	59	96	01	36	88	77	90	45	59
32	14	66	12	87	22	59	45	27	08	51	85	64	23	85	41	64	72	08	59	44	67	98	36	65	56
33	40	25	67	87	82	84	27	17	30	37	48	69	49	02	58	98	02	50	58	11	95	39	06	35	63
34	44	48	97	49	43	65	45	53	41	07	14	53	46	74	11	76	66	63	60	08	90	54	33	65	84

续附表 1（5）

编号	1	2	3	4	5	6	7	8	9	10	11	12	13	14	15	16	17	18	19	20	21	22	23	24	25
35	41	94	54	06	57	48	28	01	83	84	09	11	21	91	73	97	28	44	74	06	22	30	95	69	72
36	07	12	15	58	84	93	18	31	83	45	54	52	62	29	91	53	58	54	66	05	47	19	63	92	75
37	64	27	90	43	52	18	26	32	96	83	50	58	45	27	57	14	96	39	64	85	73	87	96	76	23
38	80	71	86	41	03	45	62	63	40	88	35	69	34	10	94	32	22	52	04	74	69	63	21	83	41
39	27	06	08	09	92	26	22	59	28	27	38	58	22	14	79	24	32	12	38	42	33	56	90	92	57
40	54	68	97	20	54	33	26	74	03	30	74	22	19	13	48	30	28	01	92	49	58	61	52	27	03
41	02	92	65	68	99	05	53	15	26	70	04	69	22	64	07	04	73	25	74	82	78	35	22	21	88
42	83	52	57	78	62	98	61	70	48	22	68	50	64	55	75	40	70	32	09	60	58	70	61	43	97
43	82	82	76	31	33	85	13	41	38	10	16	47	61	43	77	83	27	19	70	41	34	78	77	60	25
44	38	61	34	09	49	04	41	66	09	76	20	50	73	40	95	24	77	95	73	20	47	42	80	61	03
45	01	01	11	88	38	03	10	16	82	24	39	58	20	12	39	82	77	02	18	88	33	11	49	15	16
46	21	66	14	38	28	54	08	18	07	04	92	17	63	36	75	33	14	11	11	78	97	30	53	62	38
47	32	29	30	69	59	68	50	33	31	47	15	64	88	75	27	04	51	41	61	96	86	62	93	66	71
48	04	59	21	65	47	39	90	89	86	77	46	86	86	88	86	50	09	13	24	91	54	80	67	78	66
49	38	64	50	07	36	56	50	45	94	25	48	28	48	30	51	60	73	73	03	87	68	47	37	10	84
50	48	33	50	83	53	59	77	64	59	90	58	92	62	50	18	93	09	45	89	06	13	26	98	86	29

附表 1　(6) 随机数码表

编号	1	2	3	4	5	6	7	8	9	10	11	12	13	14	15	16	17	18	19	20	21	22	23	24	25
1	25	19	64	82	84	62	74	29	92	24	61	03	91	22	48	64	94	63	15	07	66	85	12	00	27
2	23	02	41	46	04	44	31	52	43	07	44	06	03	09	34	19	83	94	62	94	48	28	01	51	92
3	55	85	66	96	28	28	30	62	58	83	65	68	62	42	45	13	08	60	46	28	95	68	45	52	43
4	68	45	19	69	59	35	14	82	56	80	22	06	52	26	39	59	78	98	76	14	36	09	03	01	86
5	69	31	46	29	85	18	88	26	95	54	01	02	14	03	05	48	00	26	43	85	33	93	81	45	95
6	37	31	61	28	98	94	61	47	03	10	67	80	84	41	26	88	84	59	69	14	77	32	82	81	89
7	66	42	19	24	94	13	13	38	69	96	76	69	76	24	13	43	83	10	13	24	18	32	84	85	04
8	33	65	78	12	35	91	59	11	38	44	23	31	48	75	74	05	30	08	46	32	90	04	93	56	16
9	76	32	06	19	35	22	95	30	19	29	57	74	43	20	90	20	25	36	70	69	38	32	11	01	01
10	43	33	42	02	59	20	39	84	95	61	58	22	04	02	99	99	78	78	83	82	43	67	16	38	95
11	28	31	93	43	94	87	73	19	38	47	54	36	90	98	10	83	43	32	26	26	22	00	90	59	22
12	97	19	21	63	34	69	33	17	03	02	11	15	50	46	08	42	69	60	17	42	14	68	61	14	48
13	82	80	37	14	20	56	39	59	89	63	33	90	38	44	50	78	22	87	10	88	06	58	87	39	67
14	03	68	03	13	60	64	13	09	37	11	86	02	57	41	99	31	66	60	65	64	03	03	02	58	97
15	65	16	58	11	01	98	78	80	63	23	07	37	66	20	56	20	96	06	79	80	33	39	40	49	42
16	24	65	58	57	04	18	62	85	28	24	26	45	17	82	76	39	65	01	73	91	50	37	49	38	73
17	02	72	64	07	75	85	66	48	38	73	75	10	96	59	31	48	78	58	08	88	72	08	54	57	17

续附表 1（6）

编号	1	2	3	4	5	6	7	8	9	10	11	12	13	14	15	16	17	18	19	20	21	22	23	24	25
18	79	16	78	63	99	43	61	00	66	42	76	26	71	14	33	33	86	76	71	66	37	85	05	56	07
19	04	75	14	93	34	68	52	16	83	34	64	09	44	62	58	48	32	72	26	95	32	67	35	49	71
20	40	64	64	57	60	97	00	12	91	33	22	14	73	01	11	83	97	68	95	65	67	77	80	98	87
21	06	27	07	91	26	01	52	48	69	57	19	17	53	55	96	02	41	03	89	33	86	85	73	02	32
22	62	40	03	87	10	96	88	22	46	04	35	56	60	94	20	60	73	04	84	98	96	45	18	47	07
23	00	98	48	18	97	91	51	63	27	95	74	25	84	03	07	88	29	04	79	84	03	71	13	78	26
24	50	64	19	18	91	98	55	83	46	09	49	66	41	12	45	41	49	36	83	43	53	75	35	13	39
25	38	54	52	25	78	01	98	00	89	85	86	12	22	89	25	10	10	71	19	45	88	84	77	00	07
26	46	86	90	97	78	65	12	64	64	70	58	41	05	49	08	68	68	88	54	00	81	61	61	80	41
27	90	72	92	93	10	09	12	81	93	63	69	30	02	04	26	92	36	48	69	45	91	99	08	07	82
28	66	21	41	77	60	99	35	72	61	22	52	40	74	67	29	97	50	71	39	79	57	82	14	88	40
29	87	05	46	52	76	89	96	34	22	37	27	11	57	04	19	57	93	08	35	69	07	51	19	92	13
30	46	90	61	03	06	89	85	33	22	80	34	89	12	29	37	44	71	38	40	37	15	49	55	51	08
31	11	88	53	06	09	81	83	33	98	29	91	27	59	43	09	70	72	51	49	73	35	97	25	85	41
32	11	05	92	06	97	68	82	34	08	83	25	40	58	40	64	56	42	78	54	06	60	96	96	12	82
33	33	94	24	20	28	62	42	07	12	63	34	39	02	92	31	80	61	68	44	19	09	92	14	73	40
34	24	89	74	75	61	61	02	73	36	85	67	28	50	49	85	37	79	95	02	66	73	19	76	28	13

续附表 1（6）

编号	1	2	3	4	5	6	7	8	9	10	11	12	13	14	15	16	17	18	19	20	21	22	23	24	25
35	15	19	74	67	23	61	38	93	73	68	76	23	15	58	20	35	36	82	82	59	01	38	48	17	66
36	05	64	12	70	88	80	58	35	06	88	73	48	27	39	43	43	40	13	35	45	55	10	54	38	50
37	57	49	36	44	06	74	93	55	39	26	27	70	98	76	68	78	36	26	24	06	43	24	56	40	80
38	77	82	96	96	97	60	42	17	18	48	16	34	92	19	52	98	84	48	42	92	83	19	06	77	78
39	24	10	70	06	51	59	62	37	95	42	53	67	14	95	29	84	65	43	07	30	77	54	00	15	42
40	50	00	07	78	23	49	54	36	85	14	18	50	54	18	82	23	79	80	71	37	60	62	95	40	30
41	44	37	76	21	96	37	03	08	98	64	90	85	59	43	64	17	79	96	52	35	21	05	22	59	30
42	90	57	55	17	47	53	26	79	20	38	69	90	58	64	03	33	48	32	91	54	68	44	90	24	25
43	50	74	64	67	42	95	28	12	73	23	32	54	98	64	94	82	17	18	17	14	55	10	61	64	29
44	44	04	70	22	02	84	31	64	64	08	52	55	04	24	29	91	95	43	81	14	66	13	18	47	44
45	32	74	61	64	73	21	46	51	44	77	72	48	92	00	05	83	59	89	65	06	53	76	70	58	78
46	75	73	51	70	49	12	53	67	51	54	38	10	11	67	73	22	32	61	43	75	31	61	22	21	11
47	76	18	36	16	34	16	28	25	82	98	64	26	70	54	87	49	48	55	11	39	94	25	20	80	85
48	00	17	37	71	81	64	21	91	15	82	81	04	14	52	11	39	07	30	60	77	39	18	27	85	68
49	54	95	57	55	04	12	77	40	70	14	79	86	61	57	50	52	49	41	73	46	05	63	34	92	33
50	69	99	95	54	63	44	37	33	53	17	38	06	58	37	93	47	10	62	31	28	63	59	40	40	32

附表 2 （1）正态分布表

$$\varphi(u) = \int_{-\infty}^{u} \frac{1}{\sqrt{2\pi}} e^{-\frac{u^2}{2}} dx \quad (u \le 0)$$

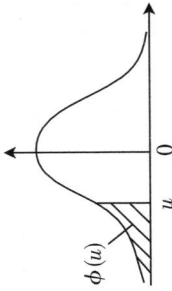

u	0.00	0.01	0.02	0.03	0.04	0.05	0.06	0.07	0.08	0.09	u
-0.0	0.5000	0.4960	0.4920	0.4880	0.4840	0.4801	0.4761	0.4721	0.4681	0.4641	-0.0
-0.1	0.4602	0.4562	0.4522	0.4483	0.4443	0.4404	0.4364	0.4325	0.4286	0.4247	-0.1
-0.2	0.4207	0.4168	0.4129	0.4090	0.4052	0.4013	0.3974	0.3936	0.3897	0.3859	-0.2
-0.3	0.3821	0.3783	0.3745	0.3707	0.3669	0.3632	0.3594	0.3557	0.3520	0.3483	-0.3
-0.4	0.3446	0.3409	0.3372	0.3336	0.3300	0.3264	0.3228	0.3192	0.3156	0.3121	-0.4
-0.5	0.3085	0.3050	0.3015	0.2081	0.2946	0.2912	0.2877	0.2843	0.2810	0.2776	-0.5
-0.6	0.2743	0.2709	0.2676	0.2643	0.2611	0.2578	0.2546	0.2514	0.2483	0.2451	-0.6
-0.7	0.2420	0.2389	0.2358	0.2327	0.2297	0.2266	0.2236	0.2206	0.2177	0.2148	-0.7
-0.8	0.2119	0.2090	0.2061	0.2033	0.2005	0.1977	0.1949	0.1922	0.1894	0.1867	-0.8
-0.9	0.1841	0.1814	0.1788	0.1762	0.1736	0.1711	0.1685	0.1660	0.1635	0.1611	-0.9
-1.0	0.1587	0.1562	0.1539	0.1515	0.1492	0.1469	0.1446	0.1423	0.1401	0.1379	-1.0
-1.1	0.1357	0.1335	0.1314	0.1202	0.1271	0.1251	0.1230	0.1210	0.1190	0.1170	-1.1
-1.2	0.1151	0.1131	0.1112	0.1093	0.1075	0.1056	0.1038	0.1020	0.1003	0.09853	-1.2
-1.3	0.09680	0.09510	0.09342	0.09176	0.09012	0.08851	0.08691	0.08534	0.08379	0.08223	-1.3

续附表 2（1）

u	0.00	0.01	0.02	0.03	0.04	0.05	0.06	0.07	0.08	0.09	u
−1.4	0.08076	0.07927	0.07780	0.07636	0.07493	0.07353	0.07215	0.07078	0.06944	0.06811	−1.4
−1.5	0.06681	0.06552	0.06426	0.06301	0.06178	0.06057	0.05938	0.05821	0.05705	0.05592	−1.5
−1.6	0.05480	0.05370	0.05262	0.05155	0.05050	0.04947	0.04846	0.04746	0.04648	0.04551	−1.6
−1.7	0.04457	0.04363	0.04272	0.04182	0.04093	0.04006	0.03920	0.03836	0.03754	0.03673	−1.7
−1.8	0.03593	0.03515	0.03438	0.03362	0.03288	0.03216	0.03144	0.03074	0.03005	0.02938	−1.8
−1.9	0.02872	0.02807	0.02743	0.02680	0.02619	0.02559	0.02500	0.02442	0.02385	0.02330	−1.9
−2.0	0.02275	0.02222	0.02169	0.02118	0.02068	0.02018	0.01970	0.01923	0.01876	0.01831	−2.0
−2.1	0.01786	0.01743	0.01700	0.01659	0.01618	0.01578	0.01539	0.01500	0.01463	0.01426	−2.1
−2.2	0.01390	0.01355	0.01321	0.01287	0.01255	0.01222	0.01191	0.01160	0.01130	0.01101	−2.2
−2.3	0.01072	0.01044	0.01017	$0.0^2 9903$	$0.0^2 9642$	$0.0^2 9387$	$0.0^2 9137$	$0.0^2 8894$	$0.0^2 8656$	$0.0^2 8424$	−2.3
−2.4	$0.0^2 8198$	$0.0^2 7976$	$0.0^2 7760$	$0.0^2 7549$	$0.0^2 7344$	$0.0^2 7143$	$0.0^2 6947$	$0.0^2 6756$	$0.0^2 6569$	$0.0^2 6387$	−2.4
−2.5	$0.0^2 6210$	$0.0^2 6037$	$0.0^2 5868$	$0.0^2 5703$	$0.0^2 5543$	$0.0^2 5386$	$0.0^2 5234$	$0.0^2 5085$	$0.0^2 4940$	$0.0^2 4799$	−2.5
−2.6	$0.0^2 4661$	$0.0^2 4527$	$0.0^2 4396$	$0.0^2 4269$	$0.0^2 4145$	$0.0^2 4025$	$0.0^2 3907$	$0.0^2 3793$	$0.0^2 3681$	$0.0^2 3573$	−2.6
−2.7	$0.0^2 3467$	$0.0^2 3364$	$0.0^2 3264$	$0.0^2 3167$	$0.0^2 3072$	$0.0^2 2980$	$0.0^2 2890$	$0.0^2 2803$	$0.0^2 2718$	$0.0^2 2635$	−2.7
−2.8	$0.0^2 2555$	$0.0^2 2477$	$0.0^2 2401$	$0.0^2 2327$	$0.0^2 2256$	$0.0^2 2186$	$0.0^2 2118$	$0.0^2 2052$	$0.0^2 1988$	$0.0^2 1926$	−2.8
−2.9	$0.0^2 1866$	$0.0^2 1807$	$0.0^2 1750$	$0.0^2 1695$	$0.0^2 1641$	$0.0^2 1589$	$0.0^2 1538$	$0.0^2 1489$	$0.0^2 1441$	$0.0^2 1395$	−2.9
−3.0	$0.0^2 1350$	$0.0^2 1306$	$0.0^2 1264$	$0.0^2 1223$	$0.0^2 1183$	$0.0^2 1144$	$0.0^2 1107$	$0.0^2 1070$	$0.0^2 1035$	$0.0^2 1001$	−3.0
−3.1	$0.0^3 9676$	$0.0^3 9354$	$0.0^3 9043$	$0.0^3 8740$	$0.0^3 8447$	$0.0^3 8164$	$0.0^3 7888$	$0.0^3 7622$	$0.0^3 7364$	$0.0^3 7114$	−3.1

续附表 2（1）

u	0.00	0.01	0.02	0.03	0.04	0.05	0.06	0.07	0.08	0.09	u
-3.2	0.0^3687	0.0^36637	0.0^364	0.0^36190	0.0^35976	0.0^35570	0.0^35571	0.0^35377	0.0^35190	0.0^35009	-3.2
-3.3	0.0^34834	0.0^34665	0.0^345011	0.0^34342	0.0^34189	0.0^34041	0.0^333897	0.0^33758	0.0^33624	0.0^33495	-3.3
-3.4	0.0^333369	0.0^33248	0.0^33131	0.0^33018	0.0^329	0.0^32803	0.0^32701	0.0^32602	0.0^32507	0.0^32415	-3.4
-3.5	0.0^332326	0.0^332241	0.0^32158	0.0^32078	0.0^32001	0.0^31926	0.0^31854	0.0^31785	0.0^331718	0.0^31653	-3.5
-3.6	0.0^31591	0.0^31531	0.0^31473	0.0^31417	0.0^31363	0.0^31311	0.0^31261	0.0^31213	0.0^31166	0.0^31121	-3.6
-3.7	0.0^31078	0.0^31036	0.0^4996	0.0^49574	0.0^49201	0.0^48842	0.0^48496	0.0^48162	0.0^47841	0.0^47532	-3.7
-3.8	0.0^47235	0.0^46948	0.0^46673	0.0^46407	0.0^46152	0.0^45906	0.0^45669	0.0^45442	0.0^45223	0.0^45012	-3.8
-3.9	0.0^44810	0.0^44615	0.0^44427	0.0^44247	0.0^44074	0.0^43908	0.0^43447	0.0^43594	0.0^43446	0.0^43304	-3.9
-4.0	0.0^43167	0.0^43036	0.0^42910	0.0^42789	0.0^42673	0.0^42561	0.0^42454	0.0^42351	0.0^42252	0.0^42157	-4.0
-4.1	0.0^42066	0.0^41978	0.0^41894	0.0^41814	0.0^41737	0.0^41662	0.0^41591	0.0^41523	0.0^41458	0.0^41395	-4.1
-4.2	0.0^41335	0.0^41277	0.0^41222	0.0^41167	0.0^41118	0.0^41069	0.0^41022	0.0^59774	0.0^59345	0.0^58934	-4.2
-4.3	0.0^58540	0.0^58163	0.0^57801	0.0^57455	0.0^57124	0.0^56807	0.0^56503	0.0^56272	0.0^55934	0.0^55668	-4.3
-4.4	0.0^55413	0.0^55169	0.0^54935	0.0^54712	0.0^54498	0.0^54294	0.0^54098	0.0^53911	0.0^53732	0.0^53561	-4.4
-4.5	0.0^53398	0.0^53241	0.0^53092	0.0^52949	0.0^52813	0.0^52682	0.0^52558	0.0^52439	0.0^52325	0.0^52216	-4.5
-4.6	0.0^52112	0.0^52013	0.0^51919	0.0^51827	0.0^51742	0.0^51660	0.0^51581	0.0^51506	0.0^51434	0.0^51366	-4.6
-4.7	0.0^51310	0.0^51239	0.0^51179	0.0^51123	0.0^51069	0.0^51017	0.0^69680	0.0^69211	0.0^68765	0.0^68339	-4.7
-4.8	0.0^67933	0.0^67547	0.0^67178	0.0^66827	0.0^66492	0.0^66173	0.0^65869	0.0^65580	0.0^65304	0.0^65042	-4.8
-4.9	0.0^64792	0.0^64554	0.0^64327	0.0^64111	0.0^63906	0.0^63711	0.0^63525	0.0^63348	0.0^63179	0.0^63019	-4.9

附表 2 （2）正态分布表

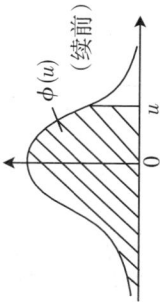

$$\varphi(u) = \int_{-\infty}^{u} \frac{1}{\sqrt{2\pi}} e^{-\frac{u^2}{2}} dx \,(u \geq 0)$$

u	0.00	0.01	0.02	0.03	0.04	0.05	0.06	0.07	0.08	0.09	u
0.0	0.5000	0.5040	0.5080	0.5120	0.5160	0.5199	0.5239	0.5279	0.5319	0.5359	0.0
0.1	0.5398	0.5438	0.5478	0.5517	0.5557	0.5596	0.5636	0.5675	0.5714	0.5753	0.1
0.2	0.5793	0.5832	0.5871	0.5910	0.5948	0.5987	0.6026	0.6064	0.6103	0.6141	0.2
0.3	0.6179	0.6217	0.6255	0.6293	0.6331	0.6368	0.6406	0.6443	0.6480	0.6517	0.3
0.4	0.6554	0.6591	0.6628	0.6664	0.6700	0.6736	0.6772	0.6808	0.6844	0.6879	0.4
0.5	0.6915	0.6950	0.6985	0.7019	0.7054	0.7088	0.7123	0.7157	0.7190	0.7224	0.5
0.6	0.7257	0.7291	0.7324	0.7357	0.7389	0.7422	0.7454	0.7486	0.7517	0.7549	0.6
0.7	0.7580	0.7611	0.7642	0.7673	0.7703	0.7734	0.7764	0.7794	0.7823	0.7852	0.7
0.8	0.7881	0.7910	0.7939	0.7967	0.7995	0.8023	0.8051	0.8078	0.8106	0.8133	0.8
0.9	0.8159	0.8186	0.8212	0.8238	0.8264	0.8289	0.8315	0.8340	0.8365	0.8389	0.9
1.0	0.8413	0.8438	0.8461	0.8485	0.8508	0.8531	0.8554	0.8577	0.8599	0.8621	1.0
1.1	0.8643	0.8665	0.8686	0.8708	0.8729	0.8749	0.8770	0.8790	0.8810	0.8830	1.1
1.2	0.8849	0.8869	0.8888	0.8907	0.8925	0.8944	0.8962	0.8980	0.8997	0.90147	1.2
1.3	0.90320	0.90490	0.90658	0.90824	0.90988	0.91149	0.91309	0.91466	0.91621	0.91774	1.3
1.4	0.91924	0.92073	0.92220	0.92364	0.92507	0.92647	0.92785	0.92922	0.93056	0.93189	1.4

（续前）

续附表 2 (2)

u	0.00	0.01	0.02	0.03	0.04	0.05	0.06	0.07	0.08	0.09	u
1.5	0.93319	0.93448	0.93574	0.93699	0.93822	0.93943	0.94062	0.94179	0.94295	0.94408	1.5
1.6	0.94520	0.94630	0.94738	0.94845	0.94950	0.95053	0.95154	0.95254	0.95352	0.95449	1.6
1.7	0.95543	0.95637	0.95728	0.95818	0.95907	0.95994	0.96080	0.96164	0.96246	0.96327	1.7
1.8	0.96407	0.96485	0.96562	0.96638	0.96712	0.96784	0.96856	0.96926	0.96995	0.97062	1.8
1.9	0.97128	0.97193	0.97257	0.97320	0.97381	0.97441	0.97500	0.97558	0.97615	0.97670	1.9
2.0	0.97725	0.97778	0.97831	0.97882	0.97932	0.97982	0.98030	0.98077	0.98124	0.98169	2.0
2.1	0.98214	0.98257	0.98300	0.98341	0.98382	0.98422	0.98461	0.98500	0.98537	0.98574	2.1
2.2	0.98610	0.98645	0.98679	0.98713	0.98745	0.98778	0.98809	0.98840	0.98870	0.98899	2.2
2.3	0.98928	0.98956	0.98983	$0.9^{2}0097$	$0.9^{2}0358$	$0.9^{2}0613$	$0.9^{2}0863$	$0.9^{2}1106$	$0.9^{2}1344$	$0.9^{2}1576$	2.3
2.4	$0.9^{2}1802$	$0.9^{2}2024$	$0.9^{2}2240$	$0.9^{2}2451$	$0.9^{2}2656$	$0.9^{2}2857$	$0.9^{2}3053$	$0.9^{2}3244$	$0.9^{2}3431$	$0.9^{2}3613$	2.4
2.5	$0.9^{2}3790$	$0.9^{2}3963$	$0.9^{2}4132$	$0.9^{2}4297$	$0.9^{2}4457$	$0.9^{2}4614$	$0.9^{2}4766$	$0.9^{2}4915$	$0.9^{2}50600$	$0.9^{2}5201$	2.5
2.6	$0.9^{2}5339$	$0.9^{2}5473$	$0.9^{2}5604$	$0.9^{2}5731$	$0.9^{2}5855$	$0.9^{2}5975$	$0.9^{2}6093$	$0.9^{2}6207$	$0.9^{2}6319$	$0.9^{2}6427$	2.6
2.7	$0.9^{2}6533$	$0.9^{2}6636$	$0.9^{2}6736$	$0.9^{2}6833$	$0.9^{2}6928$	$0.9^{2}7020$	$0.9^{2}7110$	$0.9^{2}7197$	$0.9^{2}7282$	$0.9^{2}7365$	2.7
2.8	$0.9^{2}7445$	$0.9^{2}7523$	$0.9^{2}7599$	$0.9^{2}7673$	$0.9^{2}7744$	$0.9^{2}7814$	$0.9^{2}7882$	$0.9^{2}7948$	$0.9^{2}8012$	$0.9^{2}8074$	2.8
2.9	$0.9^{2}8134$	$0.9^{2}8193$	$0.9^{2}8250$	$0.9^{2}8305$	$0.9^{2}8359$	$0.9^{2}8411$	$0.9^{2}8462$	$0.9^{2}8511$	$0.9^{2}8559$	$0.9^{2}8605$	2.9
3.0	$0.9^{2}8650$	$0.9^{2}8694$	$0.9^{2}8736$	$0.9^{2}8777$	$0.9^{2}8817$	$0.9^{2}8856$	$0.9^{2}8893$	$0.9^{2}8930$	$0.9^{2}8965$	$0.9^{2}8999$	3.0
3.1	$0.9^{3}0324$	$0.9^{3}0646$	$0.9^{3}0957$	$0.9^{3}1260$	$0.9^{3}1553$	$0.9^{3}1836$	$0.9^{3}2112$	$0.9^{3}2378$	$0.9^{3}2636$	$0.9^{3}2886$	3.1
3.2	$0.9^{3}3129$	$0.9^{3}3363$	$0.9^{3}3590$	$0.9^{3}3810$	$0.9^{3}4024$	$0.9^{3}4230$	$0.9^{3}4429$	$0.9^{3}4623$	$0.9^{3}4810$	$0.9^{3}4991$	3.2

续附表 2 (2)

u	0.00	0.01	0.02	0.03	0.04	0.05	0.06	0.07	0.08	0.09	u
3.3	$0.9^{3}5166$	$0.9^{3}5335$	$0.9^{3}5499$	$0.9^{3}5658$	$0.9^{3}5811$	$0.9^{3}5959$	$0.9^{3}6103$	$0.9^{3}6242$	$0.9^{3}6367$	$0.9^{3}6505$	3.3
3.4	$0.9^{3}6631$	$0.9^{3}6752$	$0.9^{3}6869$	$0.9^{3}6982$	$0.9^{3}7091$	$0.9^{3}7197$	$0.9^{3}7299$	$0.9^{3}7398$	$0.9^{3}7493$	$0.9^{3}7585$	3.4
3.5	$0.9^{3}7674$	$0.9^{3}7759$	$0.9^{3}7842$	$0.9^{3}7922$	$0.9^{3}7999$	$0.9^{3}8074$	$0.9^{3}8146$	$0.9^{3}8215$	$0.9^{3}8282$	$0.9^{3}8347$	3.5
3.6	$0.9^{3}8409$	$0.9^{3}8469$	$0.9^{3}8527$	$0.9^{3}8583$	$0.9^{3}8637$	$0.9^{3}8689$	$0.9^{3}8739$	$0.9^{3}8787$	$0.9^{3}8834$	$0.9^{3}8879$	3.6
3.7	$0.9^{3}8922$	$0.9^{3}8964$	$0.9^{4}0039$	$0.9^{4}0426$	$0.9^{4}0799$	$0.9^{4}1158$	$0.9^{4}1504$	$0.9^{4}1838$	$0.9^{4}2159$	$0.9^{4}2468$	3.7
3.8	$0.9^{4}2765$	$0.9^{4}3052$	$0.9^{4}3327$	$0.9^{4}3593$	$0.9^{4}3848$	$0.9^{4}4094$	$0.9^{4}4331$	$0.9^{4}4558$	$0.9^{4}4777$	$0.9^{4}4983$	3.8
3.9	$0.9^{4}5190$	$0.9^{4}5385$	$0.9^{4}5573$	$0.9^{4}5753$	$0.9^{4}5926$	$0.9^{4}6092$	$0.9^{4}6253$	$0.9^{4}6406$	$0.9^{4}6554$	$0.9^{4}6696$	3.9
4.0	$0.9^{4}6833$	$0.9^{4}6964$	$0.9^{4}7090$	$0.9^{4}7211$	$0.9^{4}7327$	$0.9^{4}7439$	$0.9^{4}7546$	$0.9^{4}7649$	$0.9^{4}7748$	$0.9^{4}7843$	4.0
4.1	$0.9^{4}7934$	$0.9^{4}8022$	$0.9^{4}8160$	$0.9^{4}8186$	$0.9^{4}8263$	$0.9^{4}8338$	$0.9^{4}8409$	$0.9^{4}8477$	$0.9^{4}8542$	$0.9^{4}8605$	4.1
4.2	$0.9^{4}8665$	$0.9^{4}8723$	$0.9^{4}8778$	$0.9^{4}8832$	$0.9^{4}8882$	$0.9^{4}8931$	$0.9^{4}8978$	$0.9^{5}0226$	$0.9^{5}0655$	$0.9^{5}1066$	4.2
4.3	$0.9^{5}1460$	$0.9^{5}1837$	$0.9^{5}2199$	$0.9^{5}2545$	$0.9^{5}2876$	$0.9^{5}3193$	$0.9^{5}3497$	$0.9^{5}3788$	$0.9^{5}4066$	$0.9^{5}4332$	4.3
4.4	$0.9^{5}4587$	$0.9^{5}4831$	$0.9^{5}5065$	$0.9^{5}5288$	$0.9^{5}5502$	$0.9^{5}5706$	$0.9^{5}5902$	$0.9^{5}6089$	$0.9^{5}6268$	$0.9^{5}6439$	4.4
4.5	$0.9^{5}6602$	$0.9^{5}6759$	$0.9^{5}6908$	$0.9^{5}7051$	$0.9^{5}7187$	$0.9^{5}7318$	$0.9^{5}7442$	$0.9^{5}7561$	$0.9^{5}7675$	$0.9^{5}7784$	4.5
4.6	$0.9^{5}7888$	$0.9^{5}7987$	$0.9^{5}8081$	$0.9^{5}8172$	$0.9^{5}8258$	$0.9^{5}8340$	$0.9^{5}8419$	$0.9^{5}8494$	$0.9^{5}8566$	$0.9^{5}8634$	4.6
4.7	$0.9^{5}8699$	$0.9^{5}8761$	$0.9^{5}8821$	$0.9^{5}8877$	$0.9^{5}8931$	$0.9^{5}8983$	$0.9^{6}0320$	$0.9^{6}0789$	$0.9^{6}1235$	$0.9^{6}1661$	4.7
4.8	$0.9^{6}2067$	$0.9^{6}2453$	$0.9^{6}2822$	$0.9^{6}3173$	$0.9^{6}3508$	$0.9^{6}3827$	$0.9^{6}4131$	$0.9^{6}4420$	$0.9^{6}4696$	$0.9^{6}4958$	4.8
4.9	$0.9^{6}5208$	$0.9^{6}5446$	$0.9^{6}5673$	$0.9^{6}5889$	$0.9^{6}6094$	$0.9^{6}6289$	$0.9^{6}6475$	$0.9^{6}6652$	$0.9^{6}6821$	$0.9^{6}6981$	4.9

附表 3　t 值表

df	α P(2):0.50 P(1):0.25	0.20 0.10	0.10 0.05	0.05 0.025	0.02 0.01	0.01 0.005	0.005 0.0025	0.002 0.001	0.001 0.0005
1	1.000	3.078	6.314	1.706	31.821	63.657	127.321	318.309	636.619
2	0.816	1.886	2.920	4.303	6.965	9.925	14.089	22.327	31.599
3	0.765	1.638	2.353	3.182	4.541	5.841	7.453	10.215	12.924
4	0.741	1.533	2.132	2.776	3.747	4.604	5.598	7.173	0.610
5	0.727	1.476	2.015	2.571	3.365	4.032	4.773	5.893	6.869
6	0.718	1.440	1.943	2.447	3.143	3.707	4.317	5.208	5.959
7	0.711	1.415	1.895	2.365	2.998	3.499	4.029	4.785	5.408
8	0.706	1.397	1.860	2.306	2.896	3.355	3.833	4.501	5.041
9	0.703	1.383	1.833	2.262	2.821	3.250	3.690	4.297	4.781
10	0.700	1.372	1.812	2.228	2.764	3.169	3.581	4.144	4.587
11	0.697	1.363	1.796	2.201	2.718	3.106	3.497	4.025	4.437
12	0.695	1.356	1.782	2.179	2.681	3.055	3.428	3.930	4.318
13	0.694	1.350	1.771	2.160	2.650	3.012	3.372	3.852	4.221
14	0.692	1.345	1.761	2.145	2.624	2.977	3.326	3.787	4.140
15	0.691	1.341	1.753	2.131	2.602	2.947	3.286	3.733	4.073

续附表 3

df	α								
	$P(2)$:0.50	0.20	0.10	0.05	0.02	0.01	0.005	0.002	0.001
	$P(1)$:0.25	0.10	0.05	0.025	0.01	0.005	0.0025	0.001	0.0005
16	0.690	1.337	1.746	2.120	2.583	2.921	3.252	3.686	4.015
17	0.689	1.333	1.740	2.110	2.567	2.898	3.222	3.646	3.965
18	0.688	1.330	1.734	2.101	2.552	2.878	3.197	3.610	3.922
19	0.688	1.328	1.729	2.093	2.539	2.861	3.174	3.579	3.883
20	0.687	1.325	1.725	2.086	2.528	2.845	3.153	3.552	3.850
21	0.686	1.323	1.721	2.080	2.518	2.831	3.135	3.527	3.819
22	0.686	1.321	1.717	2.074	2.508	2.819	3.119	3.505	3.792
23	0.685	1.319	1.714	2.069	2.500	2.807	3.104	3.485	3.768
24	0.685	1.318	1.711	2.064	2.492	2.797	3.091	3.467	3.745
25	0.684	1.316	1.708	2.060	2.485	2.787	3.078	3.450	3.725
26	0.684	1.315	1.706	2.056	2.479	2.779	3.067	3.435	3.707
27	0.684	1.314	1.703	2.052	2.473	2.771	3.057	3.421	3.690
28	0.683	1.313	1.701	2.048	2.467	2.763	3.047	3.408	3.674
29	0.683	1.311	1.699	2.045	2.462	2.756	3.038	3.396	3.659
30	0.683	1.310	1.697	2.042	2.457	2.750	3.030	3.385	3.646
31	0.682	1.300	1.696	2.040	2.453	2.744	3.022	3.375	3.633
32	0.682	1.309	1.694	2.037	2.449	2.738	3.015	3.365	3.622
33	0.682	1.308	1.692	2.035	2.445	2.733	3.008	3.356	3.611

续附表 3

α df	P(2):0.50 P(1):0.25	0.20 0.10	0.10 0.05	0.05 0.025	0.02 0.01	0.01 0.005	0.005 0.0025	0.002 0.001	0.001 0.0005
34	0.682	1.307	1.691	2.032	2.441	2.728	3.002	3.348	3.601
35	0.682	1.306	1.690	2.030	2.438	2.724	2.996	3.340	3.591
36	0.681	1.306	1.688	2.028	2.434	2.719	2.990	3.333	3.582
37	0.681	1.305	1.687	2.026	2.431	2.715	2.985	3.326	3.574
38	0.681	1.304	1.686	2.024	2.429	2.712	2.980	3.319	3.566
39	0.681	1.304	1.685	2.023	2.426	2.708	2.976	3.313	3.558
40	0.681	1.303	1.684	2.021	2.423	2.704	2.971	3.307	3.551
50	0.679	1.299	1.676	2.009	2.403	2.678	2.937	3.261	3.496
60	0.679	1.296	1.671	2.000	2.390	2.660	2.915	3.232	3.460
70	0.678	1.294	1.667	1.994	2.381	2.648	2.899	3.211	3.435
80	0.678	1.292	1.664	1.990	2.374	2.639	2.887	3.195	3.416
90	0.677	1.291	1.662	1.987	2.368	2.632	2.878	3.183	4.402
100	0.677	1.290	1.660	1.984	2.354	2.626	2.871	3.174	3.390
200	0.676	1286	1.653	1.972	2.345	2.601	2.839	3.131	3.340
500	0.675	1.283	1.648	1.965	2.334	2.586	2.020	3.107	3.310
1000	0.675	1.282	1.646	1.962	2.330	2.581	2.813	3.098	3.300
∞	0.6745	1.2816	1.6449	1.9600	2.3263	2.5758	2.8070	3.0902	3.2905

附表4　χ² 值表

df	\(P\)												
	0.995	0.990	0.975	0.950	0.900	0.750	0.500	0.250	0.100	0.050	0.025	0.010	0.005
1	…	…	…	…	0.02	0.10	0.45	1.32	2.71	3.84	5.02	6.63	7.88
2	0.01	0.02	0.05	0.10	0.21	0.58	1.39	2.77	4.61	5.99	7.38	9.21	10.60
3	0.07	0.11	0.22	0.35	0.58	1.21	2.37	4.11	6.25	7.81	9.35	11.34	12.84
4	0.21	0.30	0.48	0.71	1.06	1.92	3.30	5.39	7.78	9.49	11.14	13.28	14.86
5	0.41	0.55	0.83	1.15	1.61	2.67	4.35	6.63	9.24	11.07	12.83	15.09	16.75
6	0.68	0.87	1.24	1.64	2.20	3.45	5.35	7.84	10.64	12.59	14.45	16.81	18.55
7	0.99	1.24	1.69	2.17	2.83	4.25	6.35	9.04	12.02	14.07	16.01	18.48	20.28
8	1.34	1.65	2.18	2.73	3.49	5.07	7.34	10.22	13.36	15.51	17.53	20.09	21.96
9	1.73	2.09	2.70	3.33	4.17	5.90	8.34	11.39	14.68	16.92	19.02	21.67	23.59
10	2.16	2.56	3.25	3.94	4.87	6.74	9.34	12.55	15.99	18.31	20.48	23.21	25.19
11	2.60	3.05	3.82	4.57	5.58	7.58	10.34	13.70	17.28	19.68	21.92	24.72	26.76
12	3.07	3.57	4.40	5.23	6.30	8.44	11.34	14.85	18.55	21.03	23.34	26.22	28.30
13	3.57	4.11	5.01	5.89	7.04	9.30	12.34	15.98	19.81	22.36	24.74	27.69	29.82
14	4.07	4.66	5.63	6.57	7.79	10.17	13.34	17.12	21.06	23.68	26.12	29.14	31.32
15	4.60	5.23	6.27	7.26	8.55	11.04	14.34	18.25	22.31	25.00	27.49	30.58	32.80
16	5.14	5.81	6.91	7.96	9.31	11.91	15.34	19.37	23.54	26.30	28.85	32.00	34.27
17	5.70	6.41	7.56	8.67	10.09	12.79	16.34	20.49	24.77	27.59	30.19	33.41	35.72
18	6.26	7.01	8.23	9.39	10.86	13.68	17.34	21.60	25.99	28.87	31.53	34.81	37.16

续附表4

df	\(P\)												
	0.005	0.010	0.025	0.050	0.100	0.250	0.500	0.750	0.900	0.950	0.975	0.990	0.995
19	38.58	36.19	32.85	30.14	27.20	22.72	18.34	14.56	11.65	10.12	8.91	7.63	6.84
20	40.00	37.57	34.17	31.41	28.41	23.83	19.34	15.45	12.44	10.85	9.59	8.26	7.43
21	41.40	38.93	35.48	32.67	29.62	24.93	20.34	16.34	13.24	11.59	10.28	8.90	8.03
22	42.80	40.29	36.78	33.92	30.81	26.04	21.34	17.24	14.04	12.34	10.98	9.54	8.64
23	44.18	41.64	38.08	35.17	32.01	27.14	22.34	18.14	14.85	13.09	11.69	10.20	9.26
24	45.56	42.98	39.36	36.42	33.20	28.24	23.34	19.04	15.66	13.85	12.40	10.86	9.89
25	46.93	44.31	40.65	37.65	34.38	29.34	24.34	19.94	16.47	14.61	13.12	11.52	10.52
26	48.29	45.64	41.92	38.89	35.56	30.43	25.34	20.84	17.29	15.38	13.84	12.20	11.16
27	49.64	46.96	43.19	40.11	36.74	31.53	26.34	21.75	18.11	16.15	14.57	12.88	11.81
28	50.99	48.28	44.46	41.34	37.92	32.62	27.34	22.66	18.94	16.93	15.31	13.56	12.46
29	52.34	49.59	45.72	42.56	39.09	33.71	28.34	23.57	19.77	17.71	16.05	14.26	13.12
30	53.67	50.89	46.98	43.77	40.26	34.80	29.34	24.48	20.60	18.49	16.79	14.95	13.79
40	66.77	63.69	59.34	55.76	51.80	45.62	39.34	33.66	29.05	26.51	24.43	22.16	20.71
50	79.49	76.15	73.42	67.50	63.17	56.33	49.33	42.94	37.69	34.76	32.36	29.71	27.99
60	91.95	88.38	83.30	79.08	74.40	66.98	59.33	52.29	46.46	43.19	40.48	37.48	35.53
70	104.22	100.42	95.02	90.53	85.53	77.58	69.33	61.70	55.33	51.74	48.76	45.44	43.28
80	116.32	112.33	106.63	101.88	96.58	88.13	79.33	71.14	64.28	60.39	57.15	53.54	51.17
90	128.30	124.12	118.14	113.14	107.56	98.64	89.33	80.62	73.29	69.13	65.65	61.75	59.20
100	140.17	135.81	129.56	124.34	118.50	109.14	99.33	90.13	82.36	77.93	74.22	70.06	67.33

附表 5　（1）积差相关系数界值表

$df=n-2$	P(2)0.50 P(1)0.25	0.20 0.10	0.10 0.05	0.05 0.025	0.02 0.01	0.01 0.005	0.005 0.0025	0.002 0.001	0.001 0.0005
1	0.707	0.951	0.988	0.997	1.000	1.000	1.000	1.000	1.000
2	0.500	0.800	0.900	0.950	0.980	0.990	0.995	0.998	0.999
3	0.404	0.687	0.805	0.878	0.934	0.959	0.974	0.986	0.991
4	0.347	0.608	0.729	0.811	0.882	0.917	0.942	0.963	0.974
5	0.309	0.551	0.669	0.755	0.833	0.875	0.906	0.935	0.951
6	0.281	0.507	0.621	0.707	0.789	0.834	0.870	0.905	0.925
7	0.260	0.472	0.582	0.666	0.750	0.798	0.836	0.875	0.898
8	0.242	0.443	0.549	0.632	0.715	0.765	0.805	0.847	0.872
9	0.228	0.419	0.521	0.602	0.685	0.735	0.776	0.820	0.847
10	0.216	0.398	0.497	0.576	0.658	0.708	0.750	0.795	0.823
11	0.206	0.380	0.476	0.553	0.634	0.684	0.726	0.772	0.801
12	0.197	0.365	0.457	0.532	0.612	0.661	0.703	0.750	0.780
13	0.189	0.351	0.441	0.514	0.592	0.641	0.683	0.730	0.760
14	0.182	0.338	0.426	0.497	0.574	0.623	0.664	0.711	0.742
15	0.176	0.327	0.412	0.482	0.558	0.606	0.647	0.694	0.725

续附表 5（1）

$df = n-2$	P(2)0.50 P(1)0.25	0.20 0.10	0.10 0.05	0.05 0.025	0.02 0.01	0.01 0.005	0.005 0.0025	0.002 0.001	0.001 0.0005
16	0.170	0.317	0.400	0.468	0.542	0.590	0.631	0.678	0.708
17	0.165	0.308	0.389	0.456	0.529	0.575	0.616	0.662	0.693
18	0.160	0.299	0.378	0.444	0.515	0.561	0.602	0.648	0.679
19	0.156	0.291	0.369	0.433	0.503	0.549	0.589	0.635	0.665
20	0.152	0.284	0.360	0.423	0.492	0.537	0.576	0.622	0.652
21	0.148	0.277	0.352	0.413	0.482	0.526	0.565	0.610	0.640
22	0.145	0.271	0.344	0.404	0.472	0.515	0.554	0.599	0.629
23	0.141	0.265	0.337	0.396	0.462	0.505	0.543	0.588	0.618
24	0.138	0.260	0.330	0.388	0.453	0.496	0.534	0.578	0.607
25	0.136	0.255	0.323	0.381	0.445	0.487	0.524	0.560	0.597
26	0.133	0.250	0.317	0.374	0.437	0.479	0.515	0.559	0.588
27	0.131	0.245	0.311	0.367	0.430	0.471	0.507	0.550	0.579
28	0.128	0.241	0.306	0.361	0.423	0.463	0.499	0.541	0.570
29	0.126	0.237	0.301	0.355	0.416	0.456	0.491	0.533	0.562
30	0.124	0.233	0.296	0.349	0.409	0.449	0.484	0.526	0.554
31	0.122	0.229	0.291	0.344	0.403	0.442	0.477	0.518	0.546
32	0.120	0.225	0.287	0.339	0.397	0.436	0.470	0.511	0.539

续附表 5（1）

$df=n-2$	$P(2)$ 0.50 $P(1)$ 0.25	0.20 0.10	0.10 0.05	0.05 0.025	0.02 0.01	0.01 0.005	0.005 0.0025	0.002 0.001	0.001 0.0005
33	0.118	0.222	0.203	0.334	0.392	0.430	0.464	0.504	0.532
34	0.110	0.219	0.279	0.329	0.386	0.424	0.458	0.498	0.525
35	0.115	0.216	0.275	0.325	0.381	0.418	0.452	0.492	0.519
36	0.113	0.213	0.271	0.320	0.376	0.413	0.446	0.486	0.513
37	0.111	0.210	0.267	0.316	0.371	0.408	0.441	0.480	0.507
38	0.110	0.207	0.264	0.312	0.367	0.403	0.435	0.474	0.501
39	0.108	0.204	0.261	0.308	0.362	0.398	0.430	0.469	0.495
40	0.107	0.202	0.257	0.304	0.358	0.393	0.425	0.463	0.490
41	0.106	0.199	0.254	0.301	0.354	0.399	0.420	0.458	0.484
42	0.104	0.197	0.251	0.297	0.350	0.384	0.416	0.453	0.479
43	0.103	0.195	0.248	0.294	0.346	0.380	0.411	0.449	0.474
44	0.102	0.192	0.246	0.291	0.342	0.376	0.407	0.444	0.469
45	0.101	0.190	0.243	0.288	0.338	0.372	0.403	0.439	0.465
46	0.100	0.188	0.240	0.285	0.335	0.368	0.399	0.435	0.460
47	0.099	0.186	0.238	0.282	0.331	0.365	0.395	0.431	0.456
48	0.098	0.184	0.235	0.279	0.328	0.361	0.391	0.427	0.451
49	0.097	0.182	0.233	0.276	0.325	0.358	0.387	0.423	0.447
50	0.096	0.181	0.231	0.273	0.322	0.354	0.384	0.419	0.443

附表 5 （2）积差相关系数界值表

$df = n-2$	$P(2)0.50$ $P(1)0.25$	0.20 0.10	0.10 0.05	0.05 0.025	0.02 0.01	0.01 0.005	0.005 0.0025	0.002 0.001	0.001 0.0005
52	0.094	0.177	0.226	0.268	0.316	0.348	0.377	0.411	0.435
54	0.092	0.174	0.222	0.263	0.310	0.341	0.370	0.404	0.428
56	0.090	0.171	0.218	0.259	0.305	0.336	0.364	0.398	0.421
58	0.089	0.168	0.214	0.254	0.300	0.330	0.358	0.091	0.414
60	0.087	0.165	0.211	0.250	0.295	0.325	0.352	0.385	0.408
62	0.086	0.162	0.207	0.246	0.290	0.320	0.347	0.379	0.402
64	0.084	0.160	0.204	0.242	0.286	0.315	0.342	0.374	0.396
66	0.083	0.157	0.201	0.230	0.282	0.310	0.337	0.368	0.390
68	0.062	0.155	0.198	0.235	0.278	0.306	0.332	0.363	0.385
70	0.081	0.153	0.195	0.232	0.274	0.302	0.327	0.358	0.380
72	0.080	0.151	0.193	0.229	0.270	0.298	0.323	0.354	0.375
74	0.079	0.149	0.190	0.226	0.266	0.294	0.319	0.349	0.370
76	0.078	0.147	0.188	0.223	0.263	0.290	0.315	0.345	0.365
78	0.077	0.145	0.185	0.220	0.260	0.286	0.311	0.340	0.361
80	0.076	0.143	0.183	0.217	0.257	0.283	0.307	0.336	0.357
82	0.075	0.141	0.181	0.215	0.253	0.280	0.304	0.333	0.353
84	0.074	0.140	0.179	0.212	0.251	0.276	0.300	0.329	0.349

续附表 5（2）

$df=n-2$	P(2)0.50 P(1)0.25	0.20 0.10	0.10 0.05	0.05 0.025	0.02 0.01	0.01 0.005	0.005 0.0025	0.002 0.001	0.001 0.0005
86	0.073	0.138	0.177	0.210	0.248	0.273	0.297	0.325	0.345
88	0.072	0.136	0.174	0.207	0.245	0.270	0.293	0.321	0.341
90	0.071	0.135	0.173	0.205	0.242	0.267	0.290	0.318	0.338
92	0.070	0.133	0.171	0.203	0.240	0.264	0.287	0.315	0.334
94	0.070	0.132	0.169	0.201	0.237	0.262	0.284	0.312	0.331
96	0.069	0.131	0.167	0.199	0.235	0.259	0.281	0.308	0.327
98	0.068	0.129	0.165	0.197	0.232	0.256	0.279	0.305	0.324
100	0.068	0.128	0.164	0.195	0.230	0.254	0.276	0.303	0.321
105	0.066	0.125	0.160	0.190	0.225	0.248	0.270	0.296	0.314
110	0.064	0.122	0.156	0.186	0.220	0.242	0.264	0.289	0.307
115	0.063	0.119	0.153	0.182	0.215	0.237	0.258	0.283	0.300
120	0.062	0.117	0.150	0.178	0.210	0.232	0.253	0.277	0.294
125	0.060	0.114	0.147	0.174	0.206	0.228	0.248	0.272	0.289
130	0.059	0.112	0.144	0.171	0.202	0.223	0.243	0.267	0.283
135	0.050	0.110	0.141	0.168	0.199	0.219	0.239	0.262	0.278
140	0.057	0.108	0.139	0.165	0.195	0.215	0.234	0.257	0.273
145	0.056	0.106	0.136	0.162	0.192	0.212	0.230	0.253	0.269
150	0.055	0.105	0.134	0.159	0.189	0.208	0.227	0.249	0.264

续附表 5(2)

$df = n-2$	P(2) 0.50 P(1) 0.25	0.20 0.10	0.10 0.05	0.05 0.025	0.02 0.01	0.01 0.005	0.005 0.0025	0.002 0.001	0.001 0.0005
160	0.053	0.101	0.130	0.154	0.183	0.202	0.220	0.241	0.256
170	0.052	0.098	0.126	0.150	0.177	0.196	0.213	0.234	0.249
180	0.050	0.095	0.122	0.145	0.172	0.190	0.207	0.228	0.242
190	0.049	0.093	0.119	0.142	0.168	0.185	0.202	0.222	0.236
200	0.048	0.091	0.116	0.138	0.164	0.181	0.197	0.210	0.230
250	0.043	0.081	0.104	0.124	0.146	0.162	0.176	0.194	0.206
300	0.039	0.074	0.095	0.113	0.134	0.148	0.161	0.177	0.188
350	0.036	0.068	0.088	0.105	0.124	0.137	0.149	0.164	0.175
400	0.034	0.064	0.082	0.098	0.116	0.128	0.140	0.154	0.164
450	0.032	0.060	0.077	0.092	0.109	0.121	0.132	0.145	0.154
500	0.030	0.057	0.074	0.088	0.104	0.115	0.125	0.138	0.146
600	0.028	0.052	0.067	0.080	0.095	0.105	0.114	0.126	0.134
700	0.026	0.048	0.062	0.074	0.088	0.097	0.106	0.116	0.124
800	0.024	0.045	0.058	0.069	0.082	0.091	0.099	0.109	0.116
900	0.022	0.043	0.055	0.065	0.077	0.086	0.093	0.103	0.109
1000	0.021	0.041	0.052	0.062	0.073	0.081	0.089	0.098	0.104

附表 6　等级相关系数界值表

n＼α	P(2) 0.50 P(1) 0.25	0.20 0.10	0.10 0.05	0.05 0.025	0.02 0.01	0.01 0.005	0.005 0.0025	0.002 0.001	0.001 0.0005
4	0.600	1.000	1.000						
5	0.500	0.800	0.900	1.000	1.000				
6	0.371	0.657	0.829	0.886	0.943	1.000	1.000		
7	0.321	0.571	0.714	0.786	0.893	0.929	0.964	1.000	1.000
8	0.310	0.524	0.643	0.738	0.833	0.881	0.905	0.952	0.976
9	0.267	0.483	0.600	0.700	0.783	0.833	0.867	0.917	0.933
10	0.248	0.455	0.564	0.648	0.745	0.794	0.830	0.879	0.903
11	0.236	0.427	0.536	0.618	0.709	0.755	0.800	0.845	0.873
12	0.217	0.406	0.503	0.587	0.678	0.727	0.769	0.018	0.846
13	0.209	0.385	0.484	0.560	0.648	0.703	0.747	0.791	0.824
14	0.200	0.367	0.464	0.538	0.626	0.679	0.723	0.771	0.802
15	0.189	0.354	0.446	0.521	0.604	0.654	0.700	0.750	0.779
16	0.182	0.341	0.429	0.503	0.582	0.635	0.679	0.729	0.762
17	0.176	0.328	0.414	0.485	0.566	0.615	0.662	0.713	0.748
18	0.170	0.317	0.401	0.472	0.550	0.600	0.643	0.695	0.728
19	0.165	0.309	0.391	0.460	0.535	0.584	0.628	0.677	0.712

续附表6

n	α								
	0.50	0.20	0.10	0.05	0.02	0.01	0.005	0.002	0.001
	$P(2)$ 0.50 $P(1)$ 0.25	0.10	0.05	0.025	0.01	0.005	0.0025	0.001	0.0005
20	0.161	0.299	0.380	0.447	0.520	0.570	0.612	0.662	0.696
21	0.156	0.292	0.370	0.435	0.508	0.556	0.599	0.648	0.681
22	0.152	0.284	0.361	0.425	0.496	0.544	0.586	0.634	0.667
23	0.148	0.278	0.353	0.415	0.486	0.532	0.573	0.622	0.654
24	0.144	0.271	0.344	0.406	0.476	0.521	0.562	0.610	0.642
25	0.142	0.265	0.337	0.398	0.466	0.511	0.551	0.598	0.630
26	0.138	0.259	0.331	0.390	0.457	0.501	0.541	0.587	0.619
27	0.136	0.255	0.324	0.382	0.448	0.491	0.531	0.577	0.600
28	0.133	0.250	0.317	0.375	0.440	0.483	0.522	0.567	0.590
29	0.130	0.245	0.312	0.368	0.493	0.475	0.513	0.558	0.589
30	0.128	0.240	0.306	0.362	0.425	0.467	0.504	0.549	0.580
31	0.126	0.236	0.301	0.356	0.418	0.459	0.496	0.541	0.571
32	0.124	0.232	0.296	0.350	0.412	0.452	0.489	0.533	0.563
33	0.121	0.229	0.291	0.345	0.405	0.446	0.482	0.525	0.554
34	0.120	0.225	0.287	0.340	0.399	0.439	0.475	0.517	0.547
35	0.118	0.222	0.283	0.335	0.394	0.433	0.468	0.510	0.539

续附表 6

α	0.001	0.002	0.005	0.01	0.02	0.05	0.10	0.20	$P(2)0.50$
n	0.0005	0.001	0.0025	0.005	0.01	0.025	0.05	0.10	$P(1)0.25$
36	0.533	0.504	0.462	0.427	0.388	0.330	0.279	0.219	0.116
37	0.526	0.497	0.465	0.421	0.383	0.325	0.275	0.216	0.114
38	0.519	0.491	0.450	0.415	0.378	0.321	0.271	0.212	0.113
39	0.513	0.485	0.444	0.410	0.373	0.317	0.267	0.210	0.111
40	0.307	0.479	0.439	0.405	0.368	0.313	0.264	0.207	0.110
41	0.501	0.473	0.433	0.400	0.364	0.309	0.261	0.240	0.108
42	0.495	0.468	0.428	0.395	0.359	0.305	0.257	0.202	0.107
43	0.490	0.463	0.423	0.391	0.355	0.301	0.254	0.199	0.105
44	0.484	0.458	0.419	0.386	0.351	0.298	0.251	0.197	0.104
45	0.479	0.453	0.414	0.382	0.347	0.294	0.248	0.194	0.103
46	0.474	0.448	0.410	0.378	0.343	0.291	0.246	0.192	0.102
47	0.469	0.443	0.405	0.374	0.340	0.288	0.243	0.190	0.101
48	0.465	0.439	0.401	0.370	0.336	0.285	0.240	0.188	0.100
49	0.460	0.434	0.397	0.366	0.333	0.282	0.238	0.186	0.098
50	0.456	0.430	0.393	0.363	0.329	0.279	01235	0.184	0.097

附表 7　r 值的 Z_r 转换表

r	Z_r	r	Z_r	r	Z_r	r	Z_r	r	Z_r
0.000	0.000	0.200	0.203	0.400	0.424	0.600	0.693	0.80B	1.099
0.005	0.005	0.205	0.208	0.405	0.430	0.605	0.701	0.805	1.113
0.010	0.010	0.210	0.213	0.410	0.436	0.610	0.709	0.810	1.127
0.015	0.015	0.215	0.218	0.415	0.442	0.615	0.717	0.815	1.142
0.020	0.020	0.220	0.224	0.420	0.448	0.620	0.725	0.820	1.157
0.025	0.025	0.225	0.229	0.425	0.454	0.625	0.733	0.825	1.172
0.030	0.030	0.230	0.234	0.430	0.460	0.630	0.741	0.830	1.188
0.350	0.350	0.235	0.239	0.435	0.466	0.635	0.750	0.835	1.240
0.040	0.040	0.240	0.245	0.440	0.472	0.640	0.758	0.840	1.221
0.045	0.045	0.245	0.250	0.445	0.478	0.645	0.767	0.845	1.238
0.050	0.050	0.250	0.255	0.450	0.485	0.650	0.775	0.850	1.256
0.055	0.055	0.255	0.261	0.455	0.491	0.655	0.784	0.855	1.274
0.060	0.060	0.760	0.266	0.460	0.497	0.660	0.793	0.860	1.293
0.065	0.065	0.265	0.271	0.465	0.504	0.665	0.802	0.865	1.313
0.070	0.070	0.270	0.277	0.470	0.510	0.670	0.811	0.870	1.333
0.075	0.075	0.275	0.282	0.475	0.571	0.675	0.820	0.875	1.354
0.080	0.080	0.280	0.288	0.480	0.523	0.680	0.829	0.880	1.376

续附表 7

r	Z_r	r	Z_r	r	Z_r	r	Z_r	r	Z_r
0.085	0.085	0.285	0.293	0.485	0.530	0.685	0.838	0.885	1.398
0.090	0.090	0.290	0.299	0.490	0.536	0.690	0.848	0.890	1.422
0.095	0.095	0.295	0.304	0.495	0.543	0.695	0.858	0.895	1.447
0.360	0.100	0.300	0.310	0.500	0.549	0.700	0.867	0.900	1.472
0.105	0.105	0.305	0.315	0.505	0.556	0.705	0.877	0.905	1.449
0.110	0.110	0.310	0.321	0.510	0.563	0.710	0.887	0.910	1.524
0.115	0.116	0.315	0.326	0.515	0.570	0.715	0.897	0.915	1.557
0.120	0.121	0.320	0.332	0.520	0.576	0.720	0.908	0.920	1.589
0.125	0.126	0.325	0.337	0.525	0.583	0.725	0.918	0.925	1.623
0.130	0.131	0.330	0.343	0.530	0.590	0.730	0.929	0.930	1.658
0.135	0.136	0.335	0.348	0.535	0.597	0.735	0.940	0.935	1.697
0.140	0.141	0.340	0.354	0.540	0.604	0.740	0.950	0.940	1.738
0.145	0.146	0.345	0.360	0.545	0.611	0.745	0.962	0.945	1.783
0.150	0.151	0.350	0.365	0.550	0.618	0.750	0.973	0.950	1.832
0.155	0.156	0.355	0.371	0.555	0.626	0.750	0.984	0.955	1.886
0.160	0.161	0.360	0.377	0.560	0.633	0.760	0.996	0.960	1.946
0.165	0.167	0.365	0.383	0.565	0.640	0.765	1.008	0.965	2.014
0.170	0.172	0.370	0.388	0.570	0.648	0.770	1.020	0.970	2.092

续附表 7

r	Z_r	r	Z_r	r	Z_r	r	Z_r	r	Z_r
0.175	0.177	0.375	0.394	0.575	0.655	0.775	1.033	0.975	2.185
0.180	0.182	0.380	0.400	0.580	0.662	0.780	1.045	0.980	2.298
0.185	0.187	0.385	0.406	0.585	0.670	0.785	1.058	0.985	2.443
0.190	0.192	0.390	0.412	0.590	0.678	0.790	1.071	0.990	2.647
0.195	0.198	0.395	0.418	0.595	0.695	0.795	1.085	0.995	2.994

附表 8 （1）F 值表

$P = 0.05$

df_2	df_1（分子的自由度）														
	1	2	3	4	5	6	7	8	9	10	12	14	16	18	20
1	161	200	216	225	230	234	237	239	241	242	244	245	246	247	248
2	18.5	19.0	19.2	19.2	19.3	19.3	19.4	19.4	19.4	19.4	19.4	19.4	19.4	19.4	19.4
3	10.1	9.58	9.28	9.12	9.01	8.94	8.89	8.85	8.81	8.79	8.74	8.71	8.69	8.67	8.66
4	7.71	6.94	6.59	6.39	6.26	6.16	6.09	6.04	6.00	5.96	5.91	5.87	5.84	5.82	5.80
5	6.61	5.79	5.41	5.19	5.05	4.95	4.88	4.82	4.77	4.74	4.68	4.64	4.60	4.58	4.56
6	5.99	5.14	4.76	4.53	4.39	4.28	4.21	4.15	4.10	4.06	4.00	3.96	3.92	3.90	3.87
7	5.59	4.74	4.35	4.12	3.97	3.87	3.79	3.73	3.68	3.64	3.57	3.53	3.49	3.47	3.44
8	5.32	4.46	4.07	3.84	3.69	3.58	3.50	3.44	3.39	3.35	3.28	3.24	3.20	3.17	3.15
9	5.12	4.16	3.86	3.63	3.48	3.37	3.29	3.23	3.18	3.14	3.07	3.03	2.99	2.96	2.94
10	4.96	4.10	3.71	3.48	3.33	3.22	3.14	3.07	3.02	2.98	2.91	2.86	2.83	2.80	2.77
11	4.84	3.98	3.59	3.36	3.20	3.09	3.01	2.95	2.90	2.85	2.79	2.74	2.70	2.67	2.65
12	4.75	3.89	3.49	3.26	3.11	3.00	2.91	2.85	2.80	2.75	2.69	2.64	2.60	2.57	2.54
13	4.67	3.81	3.41	3.18	3.03	2.92	2.83	2.77	2.71	2.67	2.60	2.55	2.51	2.48	2.46
14	4.60	3.74	3.34	3.11	2.96	2.85	2.76	2.70	2.65	2.60	2.53	2.48	2.44	2.41	2.39
15	4.54	3.68	3.29	3.06	2.90	2.79	2.71	2.64	2.59	2.54	2.48	2.42	2.38	2.35	2.33

续附表 8（1）

df_2	df_1（分子的自由度）															df_2
	1	2	3	4	5	6	7	8	9	10	12	14	16	18	20	
16	4.49	3.63	3.24	3.01	2.85	2.74	2.66	2.59	2.54	2.49	2.42	2.37	2.33	2.30	2.28	16
17	4.45	3.59	3.20	2.96	2.81	2.70	2.61	2.55	2.49	2.45	2.38	2.33	2.29	2.26	2.23	17
18	4.41	3.55	3.16	2.93	2.77	2.66	2.58	2.51	2.46	2.41	2.34	2.29	2.25	2.22	2.19	18
19	4.38	3.52	3.13	2.90	2.74	2.63	2.54	2.48	2.42	2.38	2.31	2.26	2.21	2.18	2.16	19
20	4.35	3.49	3.10	2.87	2.71	2.60	2.51	2.45	2.39	2.35	2.28	2.22	2.18	2.15	2.12	20
21	4.32	3.47	3.07	2.84	2.68	2.57	2.49	2.42	2.37	2.32	2.25	2.20	2.16	2.12	2.10	21
22	4.30	3.44	3.05	2.82	2.66	2.55	2.46	2.40	2.34	2.30	2.23	2.17	2.13	2.10	2.07	22
23	4.28	3.42	3.03	2.80	2.64	2.53	2.44	2.37	2.32	2.27	2.20	2.18	2.11	2.07	2.05	23
24	4.26	3.40	3.01	2.78	2.62	2.51	2.42	2.36	2.30	2.25	2.18	2.13	2.09	2.05	2.03	24
25	4.24	3.39	2.99	2.76	2.60	2.49	2.40	2.34	2.28	2.24	2.16	2.11	2.07	2.04	2.01	25
26	4.23	3.37	2.98	2.74	2.59	2.47	2.39	2.32	2.27	2.22	2.15	2.09	2.05	2.02	1.99	26
27	4.21	3.35	2.96	2.73	2.57	2.46	2.37	2.31	2.25	2.20	2.13	2.08	2.04	2.00	1.97	27
28	4.20	3.34	2.95	2.71	2.56	2.45	2.36	2.29	2.24	2.19	2.12	2.06	2.02	1.99	1.96	28
29	4.18	3.33	2.93	2.70	2.55	2.43	2.35	2.28	2.22	2.18	2.10	2.05	2.01	1.97	1.94	29
30	4.17	3.32	2.92	2.69	2.53	2.42	2.33	2.27	2.21	2.16	2.09	2.04	1.99	1.96	1.93	30

续附表 8（1）

df_2	1	2	3	4	5	6	7	8	9	10	12	14	16	18	20	df_2
32	4.15	3.29	2.90	2.67	2.51	2.40	2.31	2.24	2.19	2.14	2.07	2.01	1.97	1.94	1.91	32
34	4.13	3.28	2.88	2.65	2.49	2.38	2.29	2.23	2.17	2.12	2.08	1.99	1.95	1.92	1.89	34
36	4.11	3.26	2.87	2.63	2.48	2.36	2.28	2.21	2.15	2.11	2.03	1.98	1.93	1.90	1.87	36
38	4.10	3.24	2.85	2.62	2.46	2.35	2.26	2.19	2.14	2.09	2.02	1.96	1.92	1.88	1.85	38
40	4.08	3.23	2.84	2.61	2.45	2.34	2.25	2.18	2.12	2.08	2.00	1.95	1.90	1.87	1.84	40
42	4.07	3.22	2.83	2.59	2.44	2.32	2.24	2.17	2.11	2.06	1.99	1.93	1.89	1.86	1.83	42
44	4.06	3.21	2.82	2.58	2.43	2.31	2.23	2.16	2.10	2.05	1.98	1.92	1.88	1.84	1.81	44
46	4.05	3.20	2.81	2.57	2.42	2.30	2.22	2.15	2.09	2.04	1.97	1.91	1.87	1.83	1.80	46
48	4.04	3.19	2.80	2.57	2.41	2.29	2.21	2.14	2.08	2.03	1.95	1.90	1.86	1.82	1.79	48
50	4.03	3.18	2.70	2.56	2.40	2.29	2.20	2.13	2.07	2.03	1.95	1.89	1.85	1.81	1.78	50
60	4.00	3.15	2.76	2.53	2.37	2.25	2.17	2.10	2.04	1.99	1.92	1.86	1.82	1.78	1.75	60
80	3.96	3.11	2.72	2.49	2.33	2.21	2.13	2.06	2.00	1.95	1.88	1.82	1.77	1.73	1.70	80
100	3.94	3.09	2.70	2.46	2.31	2.19	2.10	2.03	1.97	1.93	1.85	1.79	1.75	1.71	1.68	100
125	3.92	5.07	2.68	2.44	2.29	2.17	2.08	2.01	1.96	1.91	1.83	1.77	1.72	1.69	1.65	125
150	3.90	3.06	2.66	2.43	2.27	2.16	2.07	2.00	1.94	1.89	1.82	1.76	1.71	1.67	1.64	150

df_1（分子的自由度）

续附表 8（1）

df_2	\multicolumn{15}{c}{df_1（分子的自由度）}	df_2
	1	2	3	4	5	6	7	8	9	10	12	14	16	18	20	
200	3.89	3.04	2.65	2.42	2.26	2.14	2.06	1.98	1.93	1.88	1.80	1.74	1.69	1.66	1.62	200
300	3.87	3.03	2.63	2.40	2.24	2.13	2.04	1.97	1.91	1.86	1.78	1.72	1.68	1.64	1.61	300
500	3.86	3.01	2.62	2.39	2.23	2.12	2.03	1.96	1.90	1.85	1.77	1.71	1.66	1.62	1.59	500
1000	3.85	3.00	2.61	2.38	2.22	2.11	2.02	1.95	1.89	1.84	1.76	1.70	1.65	1.61	1.58	1000
∞	3.84	3.00	2.60	2.37	2.21	2.10	2.01	1.94	1.88	1.83	1.75	1.69	1.64	1.60	1.57	∞

$P = 0.05$

附表 8　（2）F 值表

df_2	df_1（分子的自由度）														
	22	24	26	28	30	35	40	45	50	60	80	100	200	500	∞
1	249	249	249	250	250	251	251	251	252	252	252	253	254	254	254
2	19.5	19.5	19.5	19.5	19.5	19.5	19.5	19.5	19.5	19.5	19.5	19.5	19.5	19.5	19.5
3	8.65	8.64	8.63	8.62	8.62	8.60	8.59	8.59	8.58	8.57	8.56	8.55	8.54	8.53	8.53
4	5.79	5.77	5.76	5.75	5.75	5.73	5.72	5.71	5.70	5.69	5.67	5.66	5.65	5.64	5.63
5	4.54	4.53	4.52	4.50	4.50	4.48	4.46	4.45	4.44	4.43	4.41	4.41	4.39	4.37	4.37
6	3.86	3.84	3.83	3.82	3.81	3.79	3.77	3.76	3.75	3.74	3.72	3.71	3.69	3.68	3.67
7	3.43	3.41	3.40	3.39	3.38	3.36	3.34	3.33	3.32	3.30	3.29	3.27	3.25	3.24	3.23
8	3.13	3.12	3.10	3.09	3.08	3.06	3.04	3.03	3.02	3.01	2.99	2.97	2.95	2.94	2.93
9	2.92	2.90	2.89	2.87	2.86	2.84	2.83	2.81	2.80	2.79	2.77	2.76	2.73	2.72	2.71
10	2.75	2.74	2.72	2.71	2.70	2.68	2.66	2.65	2.64	2.62	2.60	2.59	2.56	2.55	2.54
11	2.63	2.61	2.59	2.58	2.57	2.55	2.53	2.52	2.51	2.49	2.47	2.46	2.43	2.42	2.40
12	2.52	2.51	2.49	2.48	2.47	2.44	2.43	2.41	2.40	2.38	2.36	2.35	2.32	2.31	2.30
13	2.44	2.42	2.41	2.39	2.38	2.36	2.34	2.33	2.31	2.30	2.27	2.26	2.23	2.22	2.21
14	2.37	2.35	2.33	2.32	2.31	2.28	2.27	2.25	2.24	2.22	2.20	2.19	2.16	2.14	2.13
15	2.31	2.29	2.27	2.26	2.25	2.22	2.20	2.19	2.18	2.16	2.14	2.12	2.10	2.08	2.07

续附表 8（2）

df_2	\multicolumn{15}{c	}{df_1（分子的自由度）}	df_2
	22	24	26	28	30	35	40	45	50	60	80	100	200	500	∞	
16	2.25	2.24	2.22	2.21	2.19	2.17	2.15	2.14	2.12	2.11	2.08	2.07	2.04	2.02	2.01	16
17	2.21	2.19	2.17	2.16	2.15	2.12	2.10	2.09	2.08	2.06	2.03	2.02	1.99	1.97	1.96	17
18	2.17	2.15	2.13	2.12	2.11	2.08	2.06	2.05	2.04	2.02	1.99	1.98	1.95	1.95	1.92	18
19	2.15	2.11	2.10	2.08	2.07	2.05	2.05	2.01	2.00	1.98	1.96	1.94	1.91	1.89	1.88	19
20	2.10	2.08	2.07	2.05	2.04	2.01	1.99	1.98	1.97	1.95	1.92	1.91	1.88	1.86	1.84	20
21	2.07	2.05	2.04	2.02	2.01	1.98	1.96	1.95	1.94	1.92	1.89	1.88	1.84	1.82	1.81	21
22	2.05	2.03	2.01	2.00	1.98	1.96	1.94	1.92	1.91	1.89	1.86	1.85	1.82	1.80	1.78	22
23	2.02	2.00	1.99	1.97	1.96	1.93	1.91	1.90	1.88	1.86	1.84	1.82	1.79	1.77	1.76	23
24	2.00	1.98	1.97	1.95	1.94	1.91	1.89	1.88	1.86	1.84	1.82	1.80	1.77	1.75	1.73	24
25	1.98	1.96	1.95	1.93	1.92	1.89	1.87	1.86	1.84	1.82	1.80	1.78	1.75	1.73	1.71	25
26	1.97	1.95	1.93	1.91	1.90	1.87	1.85	1.84	1.82	1.80	1.78	1.76	1.73	1.71	1.69	26
27	1.95	1.93	1.91	1.90	1.88	1.86	1.84	1.82	1.81	1.79	1.76	1.74	1.71	1.69	1.67	27
28	1.93	1.91	1.90	1.88	1.87	1.84	1.82	1.80	1.79	1.77	1.74	1.73	1.69	1.67	1.65	28
29	1.92	1.90	1.88	1.87	1.85	1.83	1.81	1.79	1.77	1.75	1.73	1.71	1.67	1.65	1.64	29
30	1.91	1.89	1.87	1.85	1.84	1.81	1.79	1.77	1.76	1.74	1.71	1.70	1.66	1.64	1.62	30

续附表 8（2）

df_1（分子的自由度）

df_2	22	24	26	28	30	35	40	45	50	60	80	100	200	500	∞	df_2
32	1.88	1.86	1.85	1.83	1.82	1.79	1.77	1.75	1.74	1.71	1.69	1.67	1.63	1.61	1.59	32
34	1.86	1.84	1.82	1.80	1.80	1.77	1.75	1.73	1.71	1.69	1.66	1.65	1.61	1.59	1.57	34
36	1.85	1.82	1.81	1.79	1.78	1.75	1.73	1.71	1.69	1.67	1.64	1.62	1.59	1.56	1.55	36
38	1.83	1.81	1.79	1.77	1.76	1.73	1.71	1.69	1.68	1.65	1.62	1.61	1.57	1.54	1.53	38
40	1.81	1.79	1.77	1.76	1.74	1.72	1.69	1.67	1.66	1.64	1.61	1.59	1.55	1.53	1.51	40
42	1.80	1.78	1.76	1.74	1.73	1.70	1.68	1.66	1.65	1.62	1.59	1.57	1.53	1.51	1.49	42
44	1.79	1.77	1.75	1.73	1.72	1.69	1.67	1.65	1.63	1.61	1.58	1.56	1.52	1.49	1.48	44
46	1.78	1.76	1.74	1.72	1.71	1.68	1.65	1.64	1.62	1.60	1.57	1.55	1.51	1.48	1.46	46
48	1.77	1.75	1.73	1.71	1.70	1.67	1.64	1.62	1.61	1.59	1.56	1.54	1.49	1.47	1.45	48
50	1.76	1.74	1.72	1.70	1.69	1.66	1.63	1.61	1.60	1.58	1.54	1.52	1.48	1.46	1.44	50
60	1.72	1.70	1.68	1.66	1.65	1.62	1.59	1.57	1.56	1.53	1.50	1.48	1.44	1.41	1.39	60
80	1.68	1.65	1.63	1.62	1.60	1.57	1.54	1.52	1.81	1.48	1.45	1.43	1.38	1.35	1.32	80
100	1.65	1.68	1.61	1.59	1.57	1.54	1.52	1.49	1.48	1.45	1.41	1.39	1.34	1.31	1.28	100
125	1.63	1.60	1.58	1.57	1.55	1.52	1.49	1.47	1.45	1.52	1.39	1.36	1.31	1.27	1.25	125
150	1.61	1.59	1.57	1.55	1.53	1.50	1.48	1.45	1.44	1.41	1.87	1.34	1.29	1.25	1.22	150

续附表 8（2）

df_2	22	24	26	28	30	35	40	45	50	60	80	100	200	500	∞	df_2
200	1.60	1.57	1.55	1.53	1.52	1.48	1.46	1.43	1.41	1.39	1.35	1.32	1.26	1.22	1.19	200
300	1.58	1.55	1.53	1.51	1.50	1.46	1.43	1.41	1.39	1.36	1.32	1.30	1.23	1.19	1.15	300
500	1.56	1.54	1.52	1.50	1.48	1.45	1.42	1.40	1.38	1.34	1.30	1.28	1.21	1.16	1.11	500
1000	1.55	1.53	1.51	1.49	1.47	1.44	1.41	1.38	1.36	1.33	1.29	1.26	1.19	1.13	1.08	1000
∞	1.54	1.52	1.50	1.48	1.46	1.42	1.39	1.37	1.35	1.32	1.27	1.24	1.17	1.11	1.00	∞

df_1（分子的自由度）

附表 8 （3） F 值表

$P = 0.01$

df_2	df_1（分子的自由度）															df_2
	1	2	3	4	5	6	7	8	9	10	12	14	16	18	20	
1	4052	5000	5403	5625	5764	5859	5928	5981	6022	6056	6106	6142	6169	6190	6209	1
2	98.5	99.0	99.2	99.2	99.3	99.3	99.4	99.4	99.4	99.4	99.4	99.4	99.4	99.4	99.4	2
3	34.1	30.8	29.5	28.7	28.2	27.9	27.7	27.5	27.3	27.2	27.1	26.9	26.8	26.8	26.7	3
4	21.2	18.0	16.7	16.0	15.5	15.2	15.0	14.8	14.7	14.5	14.4	14.2	14.2	14.1	14.0	4
5	16.3	13.3	12.1	11.4	11.0	10.7	10.5	10.3	10.2	10.1	9.89	9.77	9.68	9.61	9.55	5
6	13.7	10.9	9.78	9.15	8.75	8.47	8.26	8.10	7.98	7.87	7.72	7.60	7.52	7.45	7.40	6
7	12.2	9.55	8.45	7.85	7.46	7.19	6.99	6.84	6.72	6.62	6.47	6.36	6.27	6.21	6.16	7
8	11.3	8.65	7.59	7.01	6.63	6.37	6.18	6.03	5.91	5.81	5.67	5.56	5.48	5.41	5.36	8
9	10.6	8.02	6.99	6.42	6.06	5.80	5.61	5.47	5.35	5.26	5.11	5.00	4.92	4.86	4.81	9
10	10.0	7.56	6.55	5.99	5.64	5.39	5.20	5.06	4.94	4.85	4.71	4.60	4.52	4.46	4.41	10
11	9.65	7.21	6.22	5.67	5.32	5.07	4.89	4.74	4.63	4.54	4.40	4.29	4.21	4.15	4.10	11
12	9.33	6.93	5.95	5.41	5.06	4.82	4.64	4.50	4.39	4.30	4.16	4.05	3.97	3.91	3.86	12
13	9.07	6.70	5.74	5.21	4.86	4.62	4.44	4.30	4.19	4.10	3.96	3.86	3.78	3.71	3.66	13
14	8.86	6.51	5.56	5.04	4.70	4.46	4.28	4.14	4.03	3.94	3.80	3.70	3.62	3.56	3.51	14
15	8.68	6.36	5.42	4.89	4.56	4.32	4.14	4.00	3.89	3.80	3.67	3.56	3.49	3.42	3.37	15

续附表 8（3）

df_2	\multicolumn{15}{c}{df_1（分子的自由度）}
	1	2	3	4	5	6	7	8	9	10	12	14	16	18	20
16	8.53	6.23	5.29	4.77	4.44	4.20	4.03	3.89	3.78	3.69	3.55	3.45	3.37	3.31	3.26
17	8.40	6.11	5.18	4.67	4.34	4.10	3.93	3.79	3.68	3.59	3.46	3.35	3.27	3.21	3.16
18	8.29	6.01	5.09	4.58	4.25	4.01	3.84	3.71	3.60	3.51	3.37	3.27	3.19	3.13	3.08
19	8.18	5.93	5.01	4.50	4.17	3.94	3.77	3.63	3.52	3.43	3.30	3.19	3.12	3.0.8	3.00
20	8.10	5.85	4.94	4.43	4.10	3.87	3.70	3.56	3.46	3.37	3.23	3.13	3.05	2.99	2.94
21	8.02	5.78	4.87	4.37	4.04	3.81	3.64	3.51	3.40	3.31	3.17	3.07	2.99	2.93	2.88
22	7.95	5.72	4.82	4.31	3.99	3.76	3.59	3.45	3.35	3.26	3.12	3.02	2.94	2.88	2.83
23	7.88	5.66	4.76	4.26	3.94	3.71	3.54	3.41	3.30	3.21	3.07	2.97	2.89	2.83	2.78
24	7.82	5.61	4.72	4.22	3.90	3.67	3.50	3.36	3.26	3.17	3.03	2.93	2.85	2.79	2.74
25	7.77	5.57	4.68	4.18	3.86	3.63	3.46	3.32	3.22	3.13	2.99	2.89	2.81	2.75	2.70
26	7.72	5.53	4.64	4.14	3.82	3.59	3.42	3.29	3.18	3.09	2.96	2.86	2.78	2.72	2.66
27	7.68	5.49	4.60	4.11	3.78	3.56	3.39	3.26	3.15	3.06	2.93	2.82	2.75	2.68	2.63
28	7.64	5.45	4.57	4.07	3.75	3.53	3.36	3.23	3.12	3.03	2.90	2.79	2.72	2.65	2.60
29	7.60	5.42	4.54	4.04	3.75	3.50	3.33	3.20	3.09	3.00	2.87	2.77	2.69	2.62	2.57
30	7.56	5.39	4.51	4.02	3.70	3.47	3.30	3.17	3.07	2.98	2.84	2.74	2.66	2.60	2.55

续附表 8(3)

df_2	1	2	3	4	5	6	7	8	9	10	12	14	16	18	20	df_2
							df_1（分子的自由度）									
32	7.50	5.34	4.46	3.97	3.65	3.43	3.26	3.13	3.02	2.93	2.80	2.70	2.62	2.55	2.50	32
34	7.44	5.29	4.42	3.93	3.61	3.39	3.22	3.09	2.98	2.89	2.76	2.66	2.58	2.51	2.46	34
36	7.40	5.25	4.38	3.89	3.57	3.35	3.18	3.05	2.95	2.86	2.72	2.62	2.54	2.48	2.43	36
38	7.35	5.21	4.34	3.86	3.54	3.32	3.15	3.02	2.92	2.83	2.69	2.59	2.51	2.45	2.40	38
40	7.31	5.18	4.31	3.83	3.51	3.29	3.12	2.99	2.89	2.80	2.66	2.56	2.48	2.42	2.37	40
42	7.28	5.15	4.29	3.80	3.49	3.27	3.10	2.97	2.86	2.78	2.64	2.54	2.46	2.40	2.34	42
44	7.25	5.12	4.26	3.78	3.47	3.24	3.08	2.95	2.84	2.75	2.62	2.52	2.44	2.37	2.32	44
46	7.22	5.10	4.24	3.76	3.44	3.22	3.06	2.93	2.82	2.73	2.60	2.50	2.42	2.35	2.30	46
48	7.20	5.08	4.22	3.74	3.43	3.20	3.04	2.91	2.80	2.72	2.58	2.48	2.40	2.33	2.28	48
50	7.17	5.06	4.20	3.72	5.41	3.19	3.02	2.89	2.79	2.70	2.56	2.46	2.38	2.32	2.27	50
60	7.08	4.98	4.13	3.65	3.34	3.12	2.95	2.82	2.72	2.63	2.50	2.39	2.31	2.25	2.20	60
80	6.96	4.88	4.04	3.56	3.26	3.04	2.87	2.74	2.64	2.55	2.42	2.31	2.23	2.17	2.12	80
100	6.90	4.82	3.98	3.51	3.21	2.99	2.82	2.69	2.59	2.50	2.37	2.26	2.19	2.12	2.07	100
125	6.84	4.78	3.94	3.47	3.17	2.95	2.79	2.66	2.55	2.47	2.33	2.23	2.15	2.08	2.03	125
150	6.81	4.75	3.92	3.45	3.14	2.92	2.76	2.63	2.53	2.44	2.31	2.20	2.12	2.06	2.00	150

续附表 8（3）

$P=0.01$

df_2	\multicolumn{15}{c}{df_1（分子的自由度）}	df_2
	1	2	3	4	5	6	7	8	9	10	12	14	16	18	20	
200	6.76	4.71	3.88	3.41	3.11	2.80	2.73	2.60	2.50	2.41	2.27	2.17	2.09	2.02	1.97	200
300	6.72	4.68	3.85	3.38	3.08	2.86	2.70	2.57	2.47	2.38	2.24	2.14	2.06	1.99	1.94	300
500	6.69	4.65	3.82	3.36	3.05	2.84	2.68	2.55	2.44	2.36	2.22	2.12	2.04	1.97	1.92	500
1000	6.66	4.63	3.80	3.34	3.04	2.82	2.66	2.53	2.43	2.34	2.20	2.10	2.02	1.95	1.90	1000
∞	6.63	4.61	3.78	3.32	3.02	2.80	2.64	2.51	2.41	2.32	2.18	2.08	2.00	1.93	1.88	∞

$P = 0.01$

附表 8　(4) F 值表

df_2	df_1（分子的自由度）															df_2
	22	24	26	28	30	35	40	45	50	60	80	100	200	500	∞	
1	6220	6234	6240	6250	6258	6280	6286	6300	6302	6310	6334	6330	6352	6361	6366	1
2	99.5	99.5	99.5	99.5	99.5	99.5	99.5	99.5	99.5	99.5	99.5	99.5	99.5	99.5	99.5	2
3	26.6	26.6	26.6	26.5	26.5	26.5	26.4	26.4	26.4	26.3	26.3	26.2	26.2	26.1	26.1	3
4	14.0	13.9	13.9	13.9	13.8	13.8	13.7	13.7	13.7	13.7	13.6	13.6	13.5	13.5	13.5	4
5	9.51	9.47	9.43	9.40	9.38	9.33	9.29	9.26	9.24	9.20	9.16	9.13	9.08	9.04	9.02	5
6	7.35	7.31	7.28	7.25	7.23	7.18	7.14	7.11	7.09	7.06	7.01	6.99	6.93	6.90	6.88	6
7	6.11	6.07	6.04	6.02	5.99	5.94	5.91	5.88	5.86	5.82	5.78	5.75	5.70	5.67	5.65	7
8	5.32	5.28	5.25	5.22	5.20	5.15	5.12	5.00	5.07	5.03	4.99	4.96	4.91	4.88	4.86	8
9	4.77	4.73	4.70	4.67	4.65	4.60	4.57	4.54	4.42	4.48	4.44	4.42	4.36	4.33	4.31	9
10	4.36	4.33	4.30	4.27	4.25	4.20	4.17	4.14	4.12	4.08	4.04	4.01	3.96	3.93	3.91	10
11	4.06	4.02	3.99	3.96	3.94	3.89	3.86	3.83	3.81	3.78	3.73	3.71	3.66	3.62	3.60	11
12	3.82	3.78	3.75	3.72	3.70	3.65	3.62	3.59	3.57	3.54	3.49	3.47	3.41	3.38	3.36	12
13	3.62	3.50	3.56	3.53	3.51	3.46	3.43	3.40	3.38	3.34	3.30	3.27	3.22	3.19	3.17	13
14	3.46	3.43	3.40	3.37	3.35	3.30	327	3.24	3.22	3.18	3.24	3.11	3.06	3.03	3.00	14
15	3.33	3.29	3.26	3.24	3.21	3.17	3.13	3.10	3.08	3.05	3.00	2.98	2.02	2.89	2.87	15

续附表 8(4)

$P = 0.01$

df_2	\multicolumn{15}{c	}{df_1（分子的自由度）}	df_2
	8	500	200	100	80	60	50	45	40	35	30	28	26	24	22	
16	2.75	2.78	2.81	2.86	2.89	2.93	2.97	2.99	3.02	3.05	3.10	3.12	3.15	3.18	3.22	16
17	2.65	2.68	2.71	2.76	2.79	2.83	2.87	2.89	2.92	2.96	3.00	3.03	3.05	3.08	3.12	17
18	2.57	2.59	2.62	2.68	2.70	2.75	2.78	2.81	2.84	2.87	2.92	2.94	2.97	3.00	3.03	18
19	2.49	2.51	2.55	2.60	2.63	2.67	2.71	2.73	2.76	2.80	2.84	2.87	2.89	2.92	2.96	19
20	2.42	2.44	2.48	2.54	2.56	2.61	2.64	2.67	2.69	2.73	2.78	2.80	2.83	2.86	2.90	20
21	2.36	2.38	2.42	2.48	2.50	2.55	2.58	2.61	2.64	2.67	2.72	2.74	2.77	2.80	2.84	21
22	2.31	2.33	2.36	2.42	2.45	2.50	2.53	2.55	2.58	2.62	2.67	2.69	2.72	2.75	2.78	22
23	2.26	2.28	2.32	2.37	2.40	2.45	2.48	2.51	2.54	2.57	2.62	2.64	2.67	2.70	2.74	23
24	2.21	2.24	2.27	2.33	2.36	2.40	2.44	2.46	2.49	2.53	2.58	2.60	2.63	2.66	2.70	24
25	2.17	2.19	2.23	2.29	2.32	2.36	2.40	2.42	2.45	2.49	2.54	2.56	2.69	2.62	2.66	25
26	2.13	2.16	2.19	2.2.5	2.28	2.33	2.36	2.39	2.42	2.45	2.50	2.53	2.55	2.58	2.62	26
27	2.10	2.12	2.16	2.22	2.25	2.29	2.33	2.35	2.38	2.42	2.47	2.49	2.52	2.55	2.59	27
28	2.06	2.09	2.13	2.19	2.22	2.26	2.30	2.32	2.35	2.39	2.44	2.46	2.49	2.52	2.56	28
29	2.03	2.06	2.10	2.16	2.19	2.23	2.27	2.30	2.33	2.36	2.41	2.44	2.46	2.49	2.53	29
30	2.01	2.03	2.07	2.13	2.16	2.21	2.25	2.27	2.30	2.34	2.39	2.41	2.44	2.47	2.51	30

续附表 8（4）

$P = 0.01$

df_2	22	24	26	28	30	35	40	45	50	60	80	100	200	500	8	df_2
32	2.46	2.42	2.39	2.36	2.34	2.29	2.25	2.22	2.20	2.16	2.11	2.08	2.02	1.96	1.96	32
34	2.42	2.38	2.35	2.32	2.30	2.25	2.21	2.18	2.16	2.12	2.07	2.04	1.98	1.94	1.91	34
36	2.38	2.35	2.32	2.29	2.26	2.21	2.17	2.14	2.12	2.08	2.03	2.00	1.94	1.90	1.87	36
38	2.35	2.32	2.28	2.26	2.23	2.18	2.14	2.11	2.09	2.05	2.00	1.97	1.90	1.86	1.84	38
40	2.33	2.29	2.26	2.23	2.20	2.15	2.11	2.08	2.06	2.02	1.97	1.94	1.87	1.83	1.80	40
42	2.30	2.26	2.23	2.20	2.18	2.13	2.09	2.06	2.03	1.96	1.94	1.91	1.85	1.80	1.78	42
44	2.28	2.24	2.21	2.18	2.15	2.10	2.06	2.03	2.01	1.97	1.92	1.89	1.82	1.78	1.75	44
46	2.26	2.22	2.19	2.16	2.13	2.08	2.04	2.01	1.99	1.95	1.90	1.86	1.80	1.75	1.73	46
48	2.24	2.20	2.17	2.14	2.12	2.06	2.02	1.99	1.97	1.93	1.88	1.84	1.78	1.73	1.70	48
50	2.22	2.18	2.15	2.12	2.10	2.05	2.01	1.97	1.95	1.91	1.86	1.82	1.76	1.71	1.68	50
60	2.15	2.12	2.08	2.05	2.03	1.98	1.94	1.90	1.88	1.84	1.78	1.75	1.68	1.63	1.60	60
80	2.07	2.03	2.00	1.97	1.94	1.89	1.85	1.81	1.79	1.75	1.69	1.66	1.58	1.53	1.49	80
100	2.02	1.98	1.94	1.92	1.89	1.84	1.80	1.76	1.73	1.69	1.63	1.60	1.52	1.47	1.43	100
125	1.98	1.94	1.91	1.88	1.85	1.80	1.76	1.72	1.69	1.65	1.59	1.55	1.47	1.41	1.37	125
150	1.96	1.92	1.88	1.85	1.83	1.77	1.73	1.69	1.66	1.62	1.56	1.52	1.43	1.38	1.33	150

df_1（分子的自由度）

续附表 8（4）

$P = 0.01$

df_2	df_1（分子的自由度）															df_2
	22	24	26	28	30	35	40	45	50	60	80	100	200	500	∞	
200	1.93	1.89	1.85	1.82	1.79	1.74	1.69	1.66	1.63	1.58	1.52	1.48	1.39	1.33	1.28	200
300	1.89	1.88	1.82	1.79	1.76	1.71	1.66	1.62	1.59	1.55	1.48	1.44	1.35	1.28	1.22	300
500	1.87	1.83	1.79	1.76	1.74	1.68	1.63	1.60	1.56	1.52	1.45	1.41	1.31	1.23	1.16	500
1000	1.88	1.81	1.77	1.74	1.72	1.66	1.61	1.57	1.54	1.50	1.43	1.38	1.28	1.19	1.11	1000
∞	1.83	1.79	1.76	1.72	1.70	1.64	1.59	1.55	1.52	1.47	1.40	1.36	1.25	1.15	1.00	∞

附表9　F_{max}的临界值（哈特莱方差齐性检验）

$$F_{max} = 最大\ S^2/最小\ S^2$$

S_i^2 的 df	α	\multicolumn{11}{c}{$k =$ 变异数的数目}
		2	3	4	5	6	7	8	9	10	11	12
4	0.05	9.60	15.5	20.6	25.2	29.5	33.6	37.5	41.4	44.6	48.0	51.4
	0.01	23.2	37.	49.	59.	69.	79.	89.	97.	106.	113.	120.
5	0.05	7.15	10.8	13.7	16.3	18.7	20.8	22.9	24.7	26.5	28.2	29.9
	0.01	14.9	22.	28.	33.	38	42.	46.	50.	54.	57.	60.
6	0.05	5.82	8.38	10.4	12.1	13.7	15.0	16.3	17.5	18.6	19.7	20.7
	0.01	11.1	15.5	19.1	22.	25.	27.	30.	32.	34.	36.	37
7	0.05	4.99	6.94	8.44	9.70	10.8	11.8	12.7	13.5	14.3	15.1	15.8
	0.01	8.89	12.1	14.5	16.5	18.4	20.	22.	23.	24.	26.	21.
8	0.05	4.43	6.00	7.18	8.12	9.03	9.78	10.5	11.1	11.7	12.2	12.7
	0.01	7.5	9.9	11.7	13.2	14.5	15.8	16.9	17.0	18.9	19.8	21.
9	0.05	4.03	5.34	6.31	7.11	7.80	8.41	8.95	9.45	9.91	10.3	10.7
	0.01	6.54	8.5	9.9	11.1	12.1	13.1	13.9	14.7	15.3	16.0	16.6
10	0.05	3.72	4.85	5.67	6.34	6.92	7.42	7.87	8.28	8.66	9.01	9.34
	0.01	5.85	7.4	8.6	9.6	10.4	11.1	11.8	12.4	12.9	13.4	13.9
12	0.05	3.28	4.16	4.79	5.30	5.72	6.09	6.42	6.72	7.00	7.25	7.48
	0.01	4.1	6.1	6.9	7.6	8.2	87.	9.1	9.5	9.9	10.2	10.6
15	0.05	2.86	3.51	4.01	4.37	4.68	4.95	5.19	5.40	5.59	5.77	5.93
	0.01	4.07	4.9	5.5	6.0	6.4	6.7	7.1	7.3	7.5	7.8	8.0
20	0.05	2.46	2.95	3.29	3.54	3.76	3.94	4.10	4.24	4.37	4.49	4.59
	0.01	3.32	3.8	4.3	4.6	4.9	5.1	5.3	5.5	5.6	5.8	5.9
30	0.05	2.07	2.4	2.61	7.78	2.91	3.02	3.12	3.21	3.29	3.36	3.39
	0.01	2.63	3.0	3.3	3.4	3.6	3.7	3.8	3.9	4.0	4.1	4.2
60	0.05	1.67	1.85	1.96	2.04	2.11	2.17	2.22	2.26	2.30	2.33	2.36
	0.01	1.96	2.2	2.3	2.4	2.4	2.5	2.5	2.6	2.7	2.7	2.7
∞	0.05	1.00	1.00	1.00	1.00	1.00	1.00	1.00	1.00	1.00	1.00	1.00
	0.01	1.00	1.00	1.00	1.00	1.00	1.00	1.00	1.00	1.00	1.00	1.00

附表 10 q 分布的临界值

（各平均数间差异显著时所需的 q 值）

$P = 0.01$

dfw	1−α	2	3	4	5	6	7	8	9	10
						r=等级（跨度）数				
1	.95	18.0	27.0	32.8	37.1	40.4	43.1	45.4	47.4	49.1
	.99	90.0	135	164	186	202	216	227	237	246
2	.95	6.09	8.3	9.8	10.9	11.7	12.4	13.0	13.5	14.0
	.99	14.0	19.0	22.3	24.77	26.6	28.2	29.5	30.7	31.7
3	.95	4.50	5.91	6.82	7.50	8.04	8.48	8.85	9.18	9.46
	.99	8.26	10.6	12.2	13.3	14.2	15.0	15.6	16.2	16.7
4	.95	3.93	5.04	5.76	6.29	6.71	7.06	7.35	7.60	7.83
	.99	6.51	8.12	9.17	9.96	10.6	11.1	11.5	11.9	12.3
5	.95	3.64	4.60	5.22	5.67	6.03	6.33	6.58	6.80	6.99
	.99	5.70	6.97	7.80	8.42	8.91	9.32	9.67	9.97	10.2
6	.95	3.46	4.34	4.90	5.31	5.63	5.89	6.12	6.32	6.49
	.99	5.24	6.33	7.03	7.56	7.97	8.32	8.61	8.87	9.10
7	.95	3.34	4.16	4.69	5.06	5.36	5.61	5.82	6.00	6.16
	.99	4.95	5.92	6.54	7.01	7.37	7.68	7.94	8.17	8.37
8	.95	3.26	4.04	4.53	4.89	5.17	5.40	5.60	5.77	5.92
	.99	4.74	5.63	6.20	6.63	6.96	7.24	7.47	7.68	7.87
9	.95	3.20	3.95	4.42	4.76	5.02	5.24	5.43	5.60	5.74
	.99	4.60	5.43	5.96	6.35	6.66	6.91	7.13	7.32	7.49
10	.95	3.15	3.88	4.33	4.65	4.91	5.12	5.30	5.46	5.60
	.99	4.48	5.27	5.77	6.14	6.43	6.67	6.87	7.05	7.21
11	.95	3.11	3.82	4.25	4.57	4.82	9.03	5.20	5.35	5.49
	.99	4.39	5.14	5.62	5.97	6.25	6.48	6.67	6.84	6.99
12	.95	3.08	3.77	4.20	4.51	4.75	4.95	5.12	5.27	5.40
	.99	4.32	5.04	5.50	5.84	6.10	6.32	6.51	6.67	6.81
13	.95	3.06	3.73	4.15	4.45	4.69	4.88	5.05	5.19	5.32
	.99	4.26	4.96	5.40	5.73	5.98	6.19	6.37	6.53	6.67
14	.95	3.03	3.70	4.11	4.41	4.64	4.83	4.99	5.13	5.25
	.99	4.21	4.89	5.32	5.63	5.88	6.08	6.26	6.41	6.54
16	.95	3.00	3.65	4.05	4.33	4.56	4.74	4.90	5.03	5.15
	.99	4.13	4.78	5.19	5.49	5.72	5.92	6.08	6.22	6.35
18	.95	2.97	3.61	4.00	4.28	4.49	4.67	4.82	4.96	5.07
	.99	4.07	4.70	5.09	5.38	5.60	5.79	5.94	6.08	6.20
20	.95	2.95	3.58	3.96	4.23	4.45	4.62	4.77	4.90	5.01
	.99	4.02	4.64	5.02	5.29	5.51	5.69	5.84	5.97	6.09
24	.95	2.92	3.53	3.90	4.17	4.37	4.54	4.65	4.81	4.92
	.99	3.96	4.54	4.91	5.17	5.37	5.54	5.69	5.81	5.92
30	.95	2.89	3.49	3.84	4.10	4.30	4.46	4.60	4.72	4.83
	.99	3.89	4.45	4.80	5.05	5.24	5.40	5.54	5.56	5.76
40	.95	2.86	3.44	3.79	4.04	4.23	4.39	4.52	4.63	4.74
	.99	3.82	4.37	4.70	4.93	5.11	5.27	5.39	5.50	5.60
60	.95	2.83	3.40	3.74	3.98	4.16	4.51	4.44	4.55	4.65
	.99	3.76	4.28	4.60	4.82	4.99	5.13	5.25	5.36	5.45
120	.95	2.80	3.36	3.69	3.82	4.10	4.24	4.36	4.48	4.56
	.99	3.70	4.20	4.50	4.71	4.87	5.01	5.12	5.21	5.30
∞	.95	2.77	3.31	3.63	3.86	4.03	4.17	4.29	4.39	4.47
	.99	3.64	4.12	4.40	4.60	4.76	4.88	4.99	5.08	5.16

参 考 文 献

[1] 张厚粲，徐建平.现代心理与教育统计学 [M].第3版.北京：北京师范大学出版社，2004.

[2] 杜晓新.心理与教育研究中实验设计与SPSS数据处理 [M].北京：北京大学出版社，2013.

[3] 潘玉进.教育与心理统计：SPSS应用 [M].杭州：浙江大学出版社，2006.

[4] 张敏强.教育与心理统计学 [M].第3版.北京：人民教育出版社，2010.

[5] 陈国英.心理与教育统计学 [M].成都：四川大学出版社，2006.

[6] 王孝玲.教育统计学 [M].第4版.上海：华东师范大学出版社，2000.

[7] 梁荣辉，章炼，封文波.教育心理多元统计学与SPSS软件 [M].北京：北京理工大学出版社，2005.

[8] 林英典.教育统计学 [M].广州：广东高等教育出版社，2000.

[9] 范晓玲.教育统计学与SPSS [M].长沙：湖南师范大学出版社，2005.

[10] 王景英.小学教育统计与测量 [M].北京：人民教育出版社，2002.

[11] 漆书青.教育统计与测量 [M].沈阳：辽宁大学出版社，2007.

[12] 舒华.心理与教育研究中的多因素实验设计 [M].第2版.北京：北京师范大学出版社，2010.

[13] 胡义秋.教育与心理研究方法 [M].湘潭：湘潭大学出版社，2015.

[14] [美]迪米特洛夫.心理与教育中高级研究方法与数据分析从研究设计到SPSS [M].王爱民，韩瀚，张若舟，等，译.北京：中国轻工业出版社，2015.

[15] 于义良，罗蕴玲，安建业.概率统计与SPSS应用 [M].第1版.西安：西安交通大学出版社，2009.

[16] 王正朋，陈星，梁中英.实用统计学 [M].成都：电子科技大学出版社，2013.

[17] 卢家楣.教育科学研究方法 [M].上海：上海教育出版社，2012.

[18] 和学新，徐文彬.教育研究方法 [M].北京：北京师范大学出版社，2015.

[19] 徐文彬，吴红梅.教育统计学 [M].南京：南京师范大学出版社，2007.

[20] 杨晓明.SPSS在教育统计中的应用 [M].北京：高等教育出版社，2004.

[21] 简小珠，戴步云.SPSS 23.0统计分析在心理学与教育学中的应用 [M].北京：北京师范大学出版社，2017.

[22] 王志祥，柏传志.基于SPSS的基础教育的测量与评价 [M].苏州：苏州大学出版社，2016.

[23] 张瑜，牟晓云.统计学原理与应用 [M].南京：东南大学出版社，2014.

[24] 张慈，薛晓光，王大永.SPSS 21.0行业统计分析与应用 [M].北京：清华大学出版社，2016.

[25] 唐军.基于SPSS的教育研究数据处理及案例解析 [M].上海：上海教育出版社，2018.

[26] 张姝玥，唐文清.心理与教育研究中的数据分析：SPSS应用教程 [M].北京：科学出版社，2018.

[27] 张奇.SPSS for Windows在心理学与教育学中的应用 [M].北京：北京大学出版社，2009.

[28] 张屹，周平红.教育研究中定量数据的统计与分析［M］.北京大学出版社，2015.

[29] 张黎.教育统计的世界：统计原理与SPSS应用［M］.北京：新华出版社，2017.

[30] 郑日昌，吴九君.心理与教育测量［M］.北京：人民教育出版社，2011.

[31] 沈南山.数学教育测量与统计分析［M］.合肥：中国科学技术大学出版社，2017.

[32] 邱浩政.量化研究与统计分析：SPSS中文视窗版数据分析范例解析［M］.重庆：重庆大学出版社，2009.

[33] 丁雪梅，陈承祯，孙博兴，等.不同实验教学模式满意度分析中统计方法的选择及在SPSS19.0软件上的实现［J］.实验室研究与探索，2018，37（11）：198–203.

[34] 皮学尚.不同教学方法在教育统计与测量教学中的应用研究［J］.高教视野，2015（11）：12，14.

[35] 赖德信.中小学教师工资收入及其影响因素的实证研究［J］.教师教育研究，2014，26（1）：54–61.

[36] Abbott, Martin Lee. Understanding educational statistics using Microsoft Excel and SPSS. NewJersey: John Wiley & Sons. 2011（9）.

[37] Paul Connolly. Quantitative data analysis in education: a critical introduction using SPSS［M］. London: Routledge Taylor & Francis Group. 2007.

后　　记

　　《教育与心理统计学》一书是为满足师范院校师生、教师继续教育和各级教育行政干部的教学与培训的需要而撰写的。嘉应学院教育科学学院的李运华老师负责全书的总体策划、内容框架的设计以及大部分内容的撰写工作；陕西师范大学民族教育学院2018级硕士研究生杨新宇主要负责前三章及其余各章最后一节SPSS 21.0在教育与心理统计中的应用操作的撰写工作，以及本书的图表绘制、附件附表的整理编制和文字校对等工作。

　　本书经多年的思考酝酿、策划撰写，几易其稿，终与读者见面。值此书即将出版发行之际，我们对在本书撰写过程中给予大力支持与鼓励的嘉应学院领导和教育科学学院的领导及同人们，在本书出版过程中给予支持与帮助的广东第二师范学院的林英典教授和江西高校出版社的编辑，表示衷心感谢。

　　在撰写本书的过程中，我们参考了大量的书籍等文献资料，在此对文献的作者们一并表示衷心感谢。

编著者

2020年3月